广东省高校省级重大科研项目

珠三角地区第三方物流的全球供应链网络嵌入研究（2017WTSCX129）



# 供应链网络嵌入

## 第三方物流与制造企业发展战略

孙晓波◎著

中国经济出版社
CHINA ECONOMIC PUBLISHING HOUSE
·北 京·

**图书在版编目（CIP）数据**

供应链网络嵌入：第三方物流与制造企业发展战略／孙晓波著．--北京：中国经济出版社，2021.3

ISBN 978-7-5136-6417-2

Ⅰ．①供… Ⅱ．①孙… Ⅲ．①制造工业-工业企业管理-供应链管理-研究-中国 Ⅳ．①F426.4

**中国版本图书馆 CIP 数据核字（2021）第 023822 号**

组稿编辑　崔姜薇
责任编辑　夏军城
责任印制　马小宾
封面设计　任燕飞

**出版发行**　中国经济出版社
**印 刷 者**　北京九州迅驰传媒文化有限公司
**经 销 者**　各地新华书店
**开　　本**　710mm×1000mm　1/16
**印　　张**　16
**字　　数**　262 千字
**版　　次**　2021 年 3 月第 1 版
**印　　次**　2021 年 3 月第 1 次
**定　　价**　68.00 元
**广告经营许可证**　京西工商广字第 8179 号

**中国经济出版社**　**网址** www.economyph.com　**社址** 北京市东城区安定门外大街 58 号　**邮编** 100011

# 前言

CONTENTS

企业的发展需要打破组织的界限，这已成为理论界的共识。相关研究已非常深入成熟，已形成完备的理论体系和丰富的方法论，并逐步借鉴社会学、心理学等理论和研究方法。本书以嵌入性理论为基础，通过融合多个理论，对第三方物流与制造企业的供应链网络嵌入进行研究，分析企业的网络嵌入问题。

针对第三方物流与制造企业互动，基于动态视角分析研究变量及变量间的逻辑关系，从双边视角梳理相关研究的理论基础，在此基础上对第三方物流与制造企业互动相关研究进行梳理。在创新和企业互动领域已有文献基础上，以创新理论和动态能力理论为主要依据，将物流企业创新能力分为四个维度：技术创新能力、过程创新能力、市场创新能力、产品和服务创新能力；以社会资本理论和市场营销理论为主要依据，将物流企业—制造企业互动分为三个维度：结构维度、关系维度、过程维度。以客户价值理论和社会资本理论为主要依据，提出物流企业创新能力与企业互动互为促进的命题，通过开展物流企业和制造企业双边调查，获取样本企业一手数据进而对相关问题进行实证分析。以此为基础，通过对物流企业与制造企业开展双边成组调查，深入分析企业互动的维度构成以及维度间的关系，进一步推进企业互动方面的研究；将企业互动的三个维度作为一个整体置于同一模型，分析企业互动与制造企业物流绩效的关系，通过曲线拟合发掘企业互动对制造企业物流绩效的影响。

基于现有供应链整合文献，研究供应链整合维度间的关系；通过调查供应链上各级企业供应链整合情况，深入分析整合维度之间的关系；探讨供应链整合对企业客户服务运作和客户服务绩效的作用机理；考虑环境不确定情况下，供应链整合对企业客户价值的作用，为企业供应链管理实践提供理论依据，丰富供应链整合理论体系。基于此，分析3PL与制造企业供应链网络嵌入机理；从双边视角对企业供应链网络嵌入的模式、作用和绩效进行探讨，并对其互动、协调与治理机制的整合进行分析。

物流业作为国民经济基础性、纽带性、引导性行业，是区域经济发展的战略核心，是产业结构调整与优化的战略着眼点，珠三角地区第三方物流嵌入全球供应链网络，能够有效地推动区域产业结构的调整与升级，促进相关产业融入国际价值链。珠三角是我国外向型经济最为发达的地区，“一带一路”倡议、港珠澳大桥建成通车、粤港澳大湾区建设等，将进一步推动珠三角区域外向型经济的发展。在此过程中，如何有效顺应现代产业体系的发展方向，分阶段、分步骤合理有序地进行区域产业结构的调整与升级，是迫切需要解决的问题。本书基于理论研究，结合“一带一路”倡议下3PL战略、粤港澳大湾区3PL发展模式以及珠海3PL发展，从政策体系、区域物流发展、物流行业发展、企业策略四个层面提出系统性建议。

# 目录
CONTENTS

## 第1部分　理论基础与文献回顾



## 第2部分　物流企业与制造企业双边互动

# 第 1 部分

# 理论基础与文献回顾

# 第1章　理论基础

## 1　嵌入性理论

### 1.1　嵌入性理论的提出

嵌入，即一个或多个东西加入并融合于某种事物内部，恰好达到吻合的状态。嵌入性，是指某一事物内生于其他事物，是一个用以测量焦点事物与其他事物之间紧密程度的概念。在经济理论分析中，经济行为作为一种过程，并不是孤立的，而是嵌入在经济和非经济制度之中，嵌入性强调组织经济行为与社会体系之间的相互引导、促进和限制。嵌入性（embeddedness）理论，是由卡尔·波兰尼（Karl Polanyi）在其著作《大转型：我们时代的政治经济起源》（1944）中首次提出，被广泛用于经济理论分析，并发展成为新经济社会学研究中的一个核心理论，对经济社会学方面的研究产生了重大影响。在新经济社会学中，"网络嵌入性"是指经济行动主体的经济行为已嵌入社会关系网络之中，受网络成员之间的关系及整个关系网络属性的影响（Gulati，1998）。经过几代研究者多年努力，该理论逐渐形成较为完整的嵌入性理论体系，并广泛应用于社会网络、组织发展、社会资本、战略联盟等多个研究领域。

波兰尼认为，"人类经济嵌入并缠结于经济与非经济制度之中，将非经济制度包括在内，是极其重要的""经济作为一种制度过程，是嵌入在经济和非经济制度之中的"。也就是说，嵌入性是保证市场经济秩序所必需的。将市场中经济与非经济制度嵌入于社会是人类历史的本质和普遍逻辑，经济牢牢地附属于整体社会是其本质所在。

### 1.2　嵌入性理论的发展

随着对嵌入性理论研究的不断深入，不同学者从不同视角对嵌入性理论进行了分类研究，具体如表 1-1 所示。

**表 1-1 嵌入性理论的分类及主要观点**

| 研究学者 | 划分种类 | 主要观点 |
| --- | --- | --- |
| 格兰诺维特（Granovetter） | 关系嵌入（relational embeddedness） | 基于互惠预期而发生的双向关系 |
| | 结构嵌入（structural embeddedness） | 网络参与者之间相互联系的多维总体性结构 |
| 祖京（Zukin）、迪马吉奥（Dimaggio） | 结构嵌入（structural embeddedness） | 行为主体经济交换活动受网络结构的影响和制约 |
| | 认知嵌入（cognative embeddedness） | 行为主体在进行选择时受周边环境和原有思维意识的引导或限制 |
| | 文化嵌入（cultural embeddedness） | 行为主体在进行经济活动时受传统价值观、信念、信仰、宗教、区域传统的制约 |
| | 政治嵌入（political embeddedness） | 行为主体的行为受到其所处的政治环境、政治体制、权利结构等的影响 |
| 哈哥多（Hagedoom） | 环境嵌入（environmental embeddedness） | 企业行为受所处国家性质和产业特性的影响 |
| | 组织间嵌入（interorganizational embeddedness） | 企业行为受所处网络环境、关系积累、合作历史的影响 |
| | 双边嵌入（dyadic embeddedness） | 企业行为受合作企业不断重复的关系的影响 |
| 海里（Halinen）、托恩卢斯（Tomroos） | 垂直嵌入（vertical embeddedness） | 网络中不同层级之间的关系 |
| | 水平嵌入（horizontal embeddedness） | 位于某一特定网络层次上的成员的关系 |

（1）格兰诺维特的观点

格兰诺维特（Gramovetter）在其著作《经济行为和社会结构：嵌入问题》中揭示了经济行为嵌入到社会关系中的作用机制，他认为个体或组织的决策和行为会受到社会结构的影响。在他看来，行动者所有的行动依据其自身的人际关系开展，因此在很大程度上受到其自身社会网络的制约，即个体或组织的经济活动是嵌入一定的社会制度里的。

格兰诺维特认为，在学术界存在着两种截然不同的思维方式：一是“低度社会化”，即新古典经济学一味强调个体的自由意志和理性算计，忽视行动者所处的社会环境；二是“过度社会化”，即社会学过度突出制度、规范和习俗文化的影响，而个体行动者却被忽略了。格兰诺维特针对这两种偏向提出了自己的观点：从宏观角度看，习俗、文化和政治等因素无不影响着行动者的决定；从微观角度看，行动者也不可避免地夹杂于复杂的社会关系网络之中，会受到同伴的影响。“现实中的个体行动者进行经济行动，固然有着理性算计和个人偏好，但是不可避免地杂糅着非理性动机，行动者会不断和周围的社会网络交换信息、情报，受到影响，甚至改变偏好。行动者的行为既是自主的，也是嵌入其所在的社会关系当中的。”

（2）祖京、迪马吉奥的观点

随着研究的深入，格兰诺维特的嵌入性理论也暴露出某些不足，如明显忽视文化因素对嵌入效果的影响，对强连带的功能既没有深入阐述，也没有相关经验研究等。众多学者对中国社会的研究表明，即使在实现理性行为的情况下，强连带的某些功能也是弱连带无法实现的。格兰诺维特认为弱连带的功能之一是能够提供更广泛的信息，成为团体间的桥梁，这是强连带不具有的优势。基于此观点，祖京（Zukin）和迪马吉奥（Dimaggio）在格兰诺维特的基础上更进一步，对嵌入的定义进行了拓宽，划分出结构嵌入、认知嵌入、文化嵌入与政治嵌入四种类型，进一步突出了认知、文化和政治因素等对嵌入结果的影响。

（3）哈哥多的观点

哈哥多（Hagedoom）指出，关系嵌入强调交易成员间的信任关系，如交易成员是否只狭隘地考虑自身短期利益的最大化，而罔顾对方的利益，人为制造交易双方之间的知识和信息不对称。哈哥多认为，组织行为与其所处国家和产业环境、社会网络有着密切的关系，且两个组织间的双边关系也相互影响。因此，哈哥多将嵌入性分为三个层次：环境嵌入性、组织间嵌入性和双边嵌入性。哈哥多的三个层次的嵌入性表现为从宏观联系到中观联系再到微观联系的组织嵌入性。在合作关系中，相互信任是指其中任何一方对对方诚实具有信心，它包含认知和行为的成分，是以双边预期特性和互惠性为基础的。因此，在双边嵌入性中，相互承诺是双方建立信任及合作关系的关键要素。

（4）海里、托恩卢斯的观点

海里（Halinen）、托恩卢斯（Tomroos）基本继承了格兰诺维特的观点，他们认为关系的强度与对关系的投入呈正相关，认识时间越长，互动频率越高，亲密度随之增强，互惠性亦随之扩大；反之则为弱连带。结构性嵌入则注重研究网络的整体性以及行动者在网络中的功能。“桥”抑或

“结构洞”是结构性嵌入的关键概念，在一个网络中，两点之间的唯一路径即为“桥”，占据“桥”的位置即可形成信息优势和控制优势，为维持这种优势，第三者竭力控制另外两者之间的信息传递，不让其轻易联系。强连带的功能主要在于推动行动者建立信任、认同、感情支持等表达性行为，在商业关系中亦如此。合同与契约并非确保商业合作的唯一保证，更重要的是取得对方的信任。因此，他们认为在网络中存在不同层级之间的相互交流，他们将这种交流模式分为不同层级之间的关系和某一特定网络层次上的成员的关系，即“垂直嵌入”和“水平嵌入”。

### 1.3 关系性嵌入和结构性嵌入

基于第三方物流与制造企业嵌入供应链网络这一主题，这里着重介绍格兰诺维特的关系性嵌入与结构性嵌入，他的观点更适合应用于战略联盟方面的研究。

在格兰诺维特看来，关系性嵌入描述了行动者之间关系的性质或质量，它的含义是经济行动者嵌入其所在的关系网络中，他们的行为要受关系网络影响和决定。研究者认为，企业之间的关系嵌入性指的是一种特殊而密切的合作关系，与纯粹的市场交易关系有着明显的区别。结构性嵌入关注的是诸多社会组织参与者在社会网络中的结构位置，研究重点是社会组织参与者在社会网络中的位置对社会组织参与者行为和绩效的影响。关系性嵌入集中于两个或两个以上社会组织参与者互利共惠而发生的双向关系，包含组织间的合作、资源交换和共享性知识的开发等。行动者所有的行动，依据其自身的人际关系开展，在很大程度上受到其自身社会网络的制约，即个体或组织的经济活动是嵌入一定的社会制度里的。嵌入性网络理论指出，嵌入性会使行动者更有可能追求由信任与互惠培养出来的长期合作关系，而不是狭隘地追求短期利益最大化。

## 2 供应链管理理论

### 2.1 供应链管理基本理论

（1）供应链管理的概念

供应链管理是在西方管理理念演进过程中产生的集成管理思想和方

法。它通过对从原料供应者到最终客户的整个供应链活动过程进行协调、控制和优化，将正确的产品按照数量、质量、状态和价格要求适时送达客户，从而满足客户需求，实现总成本最小的目标。

供应链管理包含不同因素，涉及多个环节，主要针对配送中心和路线的分销网络进行配置，实现对供应链的管理。一家公司的网络配置可以包括不同的节点，但是在许多情况下是由各个不同的公司组成网络中的不同节点。同一家公司在所谓的供应链中分工率很高，这使得供应链流动原料在供应链配送中心等节点位置有一定地位。不同公司组成产业链可实现信息与资源的共享，最终实现对各个节点进行供应链管理；通过对产业链的控制，在物联网中应用最新的技术提升服务质量，利用计算机和网络建立企业和企业之间的联系，有利于企业之间商业活动的实施，促进企业进一步实现经营目的，扩大经营市场，保障业务流程整合。通过利用计算机网络控制供应链流动，对于整合优化供应链有很强的作用，在整合优化供应链层面使用正确的策略完成公司整体战略的实施，在激烈的市场竞争环境中通过有效管理，进而推进企业有效运营。

（2）供应链管理的目标

供应链管理的最终目的有三个：提升客户的最大满意度，即提高交货的可靠性、及时性和灵活性等；降低公司的成本，即降低库存，减少生产及分销等费用；企业整体“流程品质”最优化，即去除错误成本，降低风险。为保持一定的客户服务水平，采用供应链管理方式，将供应商、制造商以及渠道商等统一到一个体系之下，通过分销等管理方法使成本达到最小；通过设立配送中心有效地组织产品生产和流转各个环节，通过围绕核心企业统一供应链的各个环节，将信息流、物流、资金流涉及的所有方合成一体，最终实现供应商、生产商运作的统一。消费者将成为信息流、物流、资金流服务的最终端，并成为产品生产和流通最为重要的服务对象。

（3）供应链管理的特征

制造到仓库配送中心，实际上要经过严密的流程整合才能够实现，具体来说需要连接上下游厂商，保障仓库配送中心至渠道的顺畅。通过维持整个供应链的可持续性降低系统的总成本，进而根据整个供应链总成本协调制度，最大限度地减少库存。基于此，通过供应链运作整合与供应链成员梳理以推进供应链管理，减少供应链管理的沟通成本，实现供应链企业对信息的共享。同时，促进供应商、制造商、批发零售商等以及各个运作环节的紧密合作，协调处理流程中可能存在的问题，保证供应链管理的关键节点顺利运行。

（4）供应链管理的意义

供应链优化的最终目标是满足客户需求，降低成本、提高运营效率，具体表现为：①改善供应链客户满意程度，是供应链优化管理的最终目的，也是企业的最终目标。②可以改善企业管理，供应链管理和流程优化对于重建和设计供应链结构至关重要。③整体协同成本控制，实现供应链各个环节的标准化，进而优化运营成本。④可通过扩大组织边界来控制库存水平，实时更新信息列表，为解决高库存问题提供一个有效途径。⑤压缩产品的生产周期，可以显著提高供应链预测的准确性，这不仅体现在产品生产中，还体现在与生产相关的各个环节。通过供应链企业的有效合作，可以显著提高客户的满意度。

## 2.2 供应链管理的产生背景

在技术不断发展的今天，产品的更新速度越来越快，商品的快速流通让新产品的价值迅速缩水。由于消费者需求的变化，企业库存在不断地变动，库存的风险逐渐升高，因此市场的多元化和不确定性使现代化库存管理尤为重要。为了适应动态变化的市场环境，运用科学管理方法对供应链进行管理非常必要。竞争市场环境下优质服务十分必要，准时送达客户所需产品，能有效提升客户满意度，客户服务水平的提升需要控制企业的供应链，实现供应链的精益化管理。

## 2.3 供应链管理的发展

随着企业供应链管理不断优化及其模式不断发展，供应链协同、供应链管理外包、第三方物流和第四方物流等管理模式的出现对供应链管理发展具有里程碑式的意义。

（1）供应链协同

“协同”源于物理学中混合物的增效作用（“1+1>2”）。对于企业来讲，协同效应是指各部门相互配合、步伐统一，从而达到业务、目标和资源间的协调同步。协同效应不只体现在企业内部，也体现在企业之间，即供应链成员间的协同。两家或两家以上企业（供应链上下游企业）结成联盟，贡献各自的资源并整合成供应链整体的竞争力。协同作用使产品设计、采购、生产制造、运输、库存等流程之间的衔接更为顺利，同时能够打通障碍，根据实际供需情况来调整执行计划。

（2）供应链管理外包

外包（outsourcing）是指利用、借助企业外部资源（技术、知识、资金、时间）实现资源的配置和优化。企业外包不需要新投资，合作方可以帮助企业扩大规模，提供进入新市场的途径，提供产品和专利技术支持或帮助企业获取人、财、物等支持。从决策方面来看，外包对应的是“核心”与“非核心”，即企业将聚焦点放在有核心竞争力的业务上，自营擅长业务，将非核心部分以契约形式转移给外部企业，以降低成本和风险。企业如果选择自行投资、基建、制造、装配、运输和销售，可能会导致巨大债务压力和产品、服务推出的延迟，增加企业经营风险。早期的外包集中在制造业，随着信息技术和交通运输业的发展，外包实践形式越来越丰富，服务外包的地位越发重要。供应链管理服务业务指的就是承接客户的外包。

（3）第三方物流（3PL）和第四方物流（4PL）

在供应链管理中，物流是基础，第三方物流、第四方物流隶属于外包服务。3PL 是由专业物流公司所提供的一定规模的个性化、系统化的契约服务。3PL 可以使生产型企业做好主业，将物流活动和过程托付给专业物流公司管理，从而达到降低企业的外部物流成本、提高物流效率的目的。但是，3PL 注重的是物流中具体的操作，如运输、仓储、配送等，专业化程度高，功能却较为单一，并不能满足全球化背景下企业多样化的个性需求。4PL 则是结合 3PL 和供应链管理形成的一种物流服务形式。按照《现代物流实用词典》的描述，4PL 可以理解为以整个供应链的物流过程为着眼点，将传统第三方安排之外的功能进行整合，提供包括物流战略分析与规划、业务流程组合、上下游企业对接等供应链物流综合解决方案，其更加注重企业物流过程的长远发展。供应链管理服务提供的是 4PL 服务。

## 2.4 供应链管理基本策略

供应链管理基本策略包括供应商库存管理（VMI）、JIT 准时化及延迟化（postponement）、有效客户响应（ERC）和快速响应（QR）。

供应商库存管理是对多级供应链的库存管理，是针对传统客户发出订单持续补货的模式，将多级供应链问题转化为单级库存，并通过市场需求预测在供应链环境下进行库存管理，以实际或预测为基准了解客户和市场的实际需求。消费需求信息是供应商库存管理的关键。供应商管理库存进行补货的解决方案，能够有效确定库存水平，快速应对消费需求。供应商库存管理通过计划预测库存量，平衡库存量与消费需求，维护库存至合理水平。

供应商库存管理的最大优势，在于能够主动灵活解决库存补货问题，供应商库存管理基于市场变化，把销售资料转化为库存结果。供应商库存管理能够实现产品配给，掌握客户库存进而降低交易成本。库存管理责任的转移会使客户的积极性受到影响，供应商库存管理的局限性主要体现在企业库存风险的转移方面。

JIT 准时化是日本丰田公司在二十世纪五六十年代首次提出并实践的生产管理模式，JIT 最为重要的内容是降低成本，在有效调用各类资源的基础上消除生产过程中不必要的浪费。明确附加价值这一概念并在不增加附加成本的原则下，进行工作安排以实现产能的最大化，是准时生产制的精髓。生产过程中，库存被减至最小是“零库存”管理的主要内容，主要控制方法是消除导致浪费的所有可能诱因。“零库存”管理在准时生产制模式下，通过产品质量把控供应链的优化，真正实现无库存生产，消除不必要的成本，并实现生产效率的提升。准时生产制使库存最小化，是供应链管理的重要方法。

延迟是产品生产时间和位置无限接近客户需求的策略。依据客户需求，在设计和制造产品时采取柔性策略，先生产出中间产品或模块，再延迟制造，基于需求的差异化对产品外观、功能和数量进行调整，完成最终产品。

有效客户响应和快速响应。有效客户响应和快速响应分别由美国杂货行业和纺织服装行业发展而来，都需要以技术支持为前提，且要求成员的高度配合，两者的区别在于，有效客户响应重在避免不必要的成本耗费，而快速响应强调运行效率。有效客户响应以满足客户需求和将物流过程费用降至最低为目标，且反应准确、及时，使供应链流程达到最优。快速响应要求企业改变传统的经营方式，开发和应用现代信息技术，与供应链各方建立充分合作的伙伴关系，实现信息共享，努力缩短产品生产周期，调整批量，降低库存。

# 3 交易成本理论

## 3.1 交易成本的内涵

罗纳德·哈里·科斯（Ronald H. Coase）(1937) 首次提出交易成本理论，他认为市场和企业是两种可以相互替代的资源配置手段，成本决定某项活动是在企业内部进行还是外包。威廉姆森（Williamson）(1975) 进一步发展了交易成本理论，提出影响交易成本的因素，即人的有限理性和机会主义行为：有限理性基于人的认知能力有限；机会主义是指在经济活动中，人们本能的利己性，尽可能地保护和提高自身利益，甚至不惜以损害他人的利益为代价。机会主义行为受三个变量影响：资产专用性、不确定性、交易的频率。资产专用性越高，潜在的机会主义行为的可能性越大；交易的不确定性和市场的多变性与合作双方的有限理性和机会主义行为密切相关；交易频率越高，意味着交易双方的交易量越大且经常进行，从而产生较高的交易费用（骆温平，2007）。交易成本理论的核心是交易费用的最小化，交易成本的下降是企业间合作的最基本动力，交易费用的下降是企业选择组织治理结构的决定因素。组织的治理结构包括市场结构，即以价格机制配置资源；层级制，即以公司内部行政手段配置资源；混合制，介于市场结构和层级制之间。

所谓交易成本（Transaction Costs），是指在一定的社会关系中，人们自愿交往、彼此合作达成交易所支付的成本，即人—人关系成本。它与一般的生产成本（人—自然界关系成本）是对应概念。从本质上说，有人类交往互换活动，就会有交易成本。

（1）科斯的交易成本理论

交易成本理论的提出者是诺贝尔经济学奖得主，美国芝加哥大学教授罗纳德·哈里·科斯，在他的两篇代表作《企业的性质》和《社会成本问题》中，科斯创造性地提出“交易费用”这一概念，“利用价格机制的费用”或“利用市场的交换手段进行交易的费用”，包括提供价格的费用、讨价还价的费用、订立和执行合同的费用等。在执行市场交易的过程中，发现交易对手、确定交易价格、实施交易监督、确保合同履行，这些工作都需要花费一定的成本。罗纳德·哈里·科斯认为一旦假定交易成本为零，而且对产权（财产使用权，即运行和操作中的财产权利）界定是清晰的，那么法律规范并不影响合约行为的结果。进一步来说，在完全竞争条件下，私人成本等于社会成本。

（2）威廉姆森的交易成本理论

威廉姆森提出了交易成本经济学这一理论，交易成本经济学常被用来解释许多不同的行为。“交易”，不仅要考虑最基本的买卖交易，还要考虑日常情感交流等其他社会性因素，无论是经济交易还是政治交易，都有三个关键因素会对交易成本产生影响，分别是交易发生的不确定性、频率以及资产的专属性（Transaction-specific Investments）。在威廉姆森的研究中，他着重强调：节省交易成本是一个经济组织最核心的问题所在。交易成本涉及与经济活动相关的实际资源的消耗，无论是国家、企业、组织或是个人都会因为进行社会交易而产生成本。因此，交易成本很难有明确的界定与界限，因为所有与交易相关、为促成交易实现、交易发生前后产生的费用都可以被泛指为交易成本。

## 3.2 交易成本产生的原因

罗纳德·哈里·科斯在其1937年发表的《企业的性质》一文中，将交易成本解释为“利用价格机制的成本”，他认为企业组织作为市场的替代同样存在内部“管理费用”。阿罗（1969）认为，交易成本在通常情况下妨碍了市场形成，在特殊情况下阻止了市场形成，由此将交易成本定义为“经济制度运行的费用”。阿罗的学生威廉姆森继承了老师的衣钵，形象地将交易成本比喻为“经济世界中的摩擦力”，他认为交易成本是“经济系统运转所要付出的代价或费用”。可见，威廉姆森在罗纳德·哈里·科斯的基础上，将研究领域扩展到所有市场经济组织及各种经济组织中不同形态的交易关系。

交易成本经济学将经济组织问题作为一个合约问题提出，交易成本在威廉姆森看来就是从合约角度定义的运用不同组织、不同制度的成本。因而，交易成本是运用经济制度的成本，是由于制度摩擦所导致的成本，特别是由于产权不清所导致的摩擦成本。

## 3.3 交易成本的性质

交易成本是机会成本。交易成本在某种意义上，是指在一次交易中可能发生或者已发生的成本。可能发生是针对它与其他的可能交易而言，即比较哪个交易更可取，而放弃交易的成本就是机会成本。

交易成本是对稀缺资源的损耗。一般来说，为达成交易总是需要信息收集；另外，由于人的机会主义行为导致的交易方利益的损害，由此引起的诉讼费用，很大程度上是对稀缺资源的一种浪费。

交易成本是经济主体之间知识、信息不对称的结果，是利益冲突与调和过程中损耗的资源。在市场交易中无时无刻都有交易成本的产生，如进行市场调查、获取商品和劳务的价格分布和质量信息、寻找潜在的卖家和买家、获得与他们行为有关的各种信息等。当价格可以商议时，交易成本具体表现为确定买家和卖家的真实要价而进行的讨价还价过程。

## 3.4 交易成本的影响因素

（1）人的因素

交易成本经济学是在新的人性假设基础上研究合约行为问题的，现实经济生活中的人并不是古典经济学所研究的“经济人”，而是“契约人”，“契约人”都处于交易之中，并用或明或暗的合约来协调他们的交易活动。所谓“契约人”，是指在有限理性前提下，为减小机会主义的风险，保障与实施契约，使交易成本最小化的行为人。“契约人”的行为特征不同于“经济人”的理性行为，具体表现为有限理性和机会主义行为。有限理性是说，主观上追求理性，但客观上只能有限地做到这一点的行为特征。就是说，通常人们经济活动的动机是有目的的、理性的，但仅是有限条件下的理性行为。所谓的机会主义行为，是指人们在交易过程中不仅追求个人利益的最大化，而且通过不正当的手段来谋求自身的利益，如随机应变、投机取巧、有目的和有策略地提供不确实的信息，利用别人的不利处境施加压力等。人的有限理性和机会主义行为的存在，导致了交易活动的复杂性，以及交易成本的增加。正是基于人的有限理性与人的机会主义行为，严重的合约问题才会产生，从而使交易方式的选择成为必要。但是，这两种行为特征对交易活动的影响，还要看交易过程的特点。

（2）与特定交易有关的因素

威廉姆森认为，某些交易要按这种方式来组织，而其他交易要按那种方式来组织，其中必有经济上的合理原因，因此有必要找出是什么原因使各种交易彼此不同。威廉姆森通过与交易有关的因素，即他所谓交易的三个维度——资产专用性、不确定性和交易频率，一一对这个问题进行了解释。不同的维度与交易成本有关，三者中，资产专用性最重要、最独特，最能把交易成本经济学与其他经济组织理论区分开来。当然，不确定性和交易频率也起着重要作用。

（3）交易的市场环境因素

威廉姆森指出，交易开始时有大量的供应商参加竞标，并不意味着此后这种条件还会存在。事后竞争是否充分，依赖于所涉及的货物或者服务，是否受到专用性人力或物质资产投资的支持。如果没有这样的专用性投资，最初的赢家就不能发挥对非赢家的优势。尽管供应商也许会继续供应相当长的一段时间，但这不过是其一直在应对来自合格对手的竞争性叫价。相反，一旦存在专用性投资，就不能假定竞争对手还处于同一起跑线。在这种情况下，最初的完全竞争市场就被垄断市场所代替，最初的“大数目竞争条件”就让位于事后的“小数目条件”，这一个过程被威廉姆森称为“根本性转变”。持续交易关系终止会造成经济价值的损失，并且使处于垄断一方的机会主义行为的可能性大增，非垄断一方将为此交易的继续维持付出相当大的成本代价。

## 4 分工理论

分工具有悠久历史，它伴随着人类社会的发展而产生，经历了原始社会、奴隶社会、封建社会、资本主义社会和社会主义社会等多个社会制度。分工是劳动行为的外在表现形式，并随着社会发展不断细化，并促使专业化的产生；分工与专业化相互依赖，难以分割。分工理论作为一种基础性理论，对社会运作和经济发展的作用极为关键。

分工理论最早可追溯至古希腊时期，柏拉图在《理想国》中就曾论述了专业化和分工对增进社会福利的意义，并分析了分工产生的原因以及分工的作用。柏拉图认为，人的各种需求是分工产生的根源，“在我看来，之所以要建立一个城邦，是因为我们每一个人不能单靠自己达到自足，我们需要许多东西……因此我们每个人为了各种需要，招来各种各样的人。由于需要许多东西，我们邀集许多人住在一起，作为伙伴和助手，这个公共住宅区，我们叫它为城邦”。可见，柏拉图是从人类的需要及其满足来论述分工起源的。同时期的色诺芬在《经济论》中提出了分工问题，从现实意义角度进行探讨，认为分工能够满足人的生存需要，并提出分工与市场的密切关系；其在《居鲁士的教育》中阐述了分工存在的必要性思想。色诺芬认为，在小城镇中，匠人必须熟练掌握制作多种生活用品的技能，即便如此，他也很难找到雇主来维持生计。但大城市的情况则不同，人不需要掌握生产各种产品的全部过程，只需要熟练地从事某一手艺或工序就能够使他谋生。可见色诺芬认为分工乃属一种客观现象，它存在的必要性在于它一定会长期存在于社会当中。

1776年3月，亚当·斯密（Adam Smith）在其著作《国富论》中第一次提出劳动分工的观点，并系统全面地阐述了劳动分工对提高劳动生产率和增进国民财富的巨大作用。亚当·斯密认为，分工和专业化的发展导致生产效率的提高，是经济增长的关键。在《国富论》中，亚当·斯密用前三章的篇幅阐述了分工理论，即《论分工》《论促成分工的原理》《分工受限于市场范围》，可见其对分工理论的重视。在《论分工》中，开篇第一句“劳动生产力上最大的增进，以及运用劳动时所表现的更大的熟练、技巧和判断力，似乎都是分工的结果”，从一开始，亚当·斯密明确提出了劳动生产力的提高是分工带来的结果。亚当·斯密列举了扣针制造工厂生产的例子，证明了分工促进生产力提高这一事实。亚当·斯密认为，社会分工起源于人们的交换倾向和交换能力。在他看来，分工不是一种为获取集体效益而缓慢产生的自发的人类倾向，这种倾向是天然的性能，为人类所共有，亦为人类所特有。他说：“引出上述许多利益的分工，原不是人类智慧的结果，尽管人类智慧见到分工会产生普遍富裕并想利用它来实现普遍富裕。它是不以广大效用为目标的一种人类倾向所缓慢而逐渐造成的结果，这种倾向就是互通有无，物物交换，互相交易。”这种互通有无，物物交换的一般倾向，使得人们因为各种才能所生产的产物聚集成一个共同资源，即想要获得个人利益，就要顾及他人的利益。从中可以看出，分工是人们在经济活动中所追求的个人利益，分工也在人们追求自身利益的驱使下，不断向前发展。此外，市场的范围亦会影响分工的程度。“由于是交换能力引起了分工，所以分工的程度就必然总是要受到交换能力大小的限制。换句话说，要受到市场大小的限制。”这段话高度概括了分工的起源以及分工与交换的关系，即分工源于交易的需要，而交易的能力大小又影响分工的发展。市场范围越大，人们的需求就越多，需求的大量增长意味着人们需要通过分工和专业化，提高生产效率，生产更多商品，来获取最大利润。这一理论很好地阐释了市场与分工之间的关系，拓宽市场，能够获得更大的利益。综观亚当·斯密的分工理论，可概括为以下三个核心结论：一是分工可以提高劳动生产效率；二是分工源于交换的需要；三是分工的深入程度与市场范围大小呈正相关。以亚当·斯密为代表的古典经济学，认为分工带来的专业化水平的提升会导致技术进步，技术进步产生报酬递增，市场范围的扩大又依赖于分工的进一步深化。因此，分工既是经济进步的原因又是其结果。

马克思的分工理论继承了亚当·斯密的社会分工理论内涵，并在其基础上进行了丰富与发展。他从社会分工和劳动力的内在联系来考察社会分工问题，提出分工是生产力发展的需要和结果。分工作为生产活动的表现形式，既能解释生产活动的内涵，也能促进社会历史的发展；分工不仅体现了生产力的性质，也体现了生产关系的性质。在分工和交换的关系上，马克思认为分工和交换互为条件，他指出，“分工越向前发展，产品就越不是交换手段，于是就需要一种独立于每个人的特殊生产之外的一般交换手段”。在分工与市场经济的关系上，马克思认为，“各种使用价值或商品体的总和，表现了同样多种的，按照属、种、科、亚种、变种分类的有用劳动的总和，即表现了社会分工”。由此可以看出，马克思认为分工是市场经济形成的基础和动力，分工的广度和专业化程度影响了市场规模的大小。马克思主义分工理论是一个内容丰富、逻辑缜密的理论体系，其深刻的科学内涵阐释了分工理论的特征与本质，对于我们深入了解及发展分工理论具有重要的现实意义。

19 世纪末，英国经济学家马歇尔在其著作《经济学原理》中论述了分工以及大规模生产，强调分工、专业化和规模经济在财富创造中的绝对作用。但与古典经济学将分工视为理论的核心不同，新古典经济学只是将分工作为外生的假定因素之一。自马歇尔之后，经济学研究对于资源配置问题越发重视，分工问题逐渐被忽视。直到 20 世纪 50 年代，随着产业组织和经济增长理论的发展，经济学界才再次认识到分工对于经济发展的重要意义。杨格（Allyn Young）（1928）重新发掘了亚当·斯密定理，并将其视为“在全部经济学文献中是最有阐述力并富有成果的基本原理之一”，提出用资源配置问题替代分工问题是不正确的。首先他认为“分工取决于市场规模，而市场规模又取决于分工”，这就是著名的杨格（Allyn Young）定理，它解释了报酬递增、分工和市场规模之间的关系，定义了分工概念和衡量分工的标准并分析了劳动生产率对分工的影响。他在前人研究的基础上，对于分工问题有了新的解释：分工取决于市场规模，而市场规模又取决于分工，市场规模扩大导致分工深化，分工深化又进一步导致市场规模的扩大，这是一个循环累计、互为因果的过程。杨格定理表明：一方面分工受到市场规模的限制；另一方面，市场规模又取决于购买力，即生产的数量，也就是分工的水准。

20 世纪 80 年代以来，以杨小凯为代表的经济学家，通过对分工问题进一步研究，重新把分工问题作为经济学研究的核心内容，将古典经济学关于分工和专业化的思想变成决策和均衡模型，构建起新兴古典经济学的理论框架。杨小凯在古典经济学对于分工及专业化的研究基础上，借助超边际分析工具，充分融合当代经济学主流观点与方法，以专业化经济、分工和经济组合作为主要研究对象，系统阐述分工与专业化对于经济增长的重要意义。其理论本质仍是通过交易效率提高促进分工活动深化，导致市场需求的不断扩大以及产品生产环节的延伸，从而形成产业结构的变动。

20 世纪 90 年代以来，随着经济全球化的发展，产品内分工得到快速发展，产品内分工是指产品生产过程中的不同工序和区段，被拆分到不同国家进行，各个国家利用自身优势参与产品生产价值链的特定环节，并进行专业化分工生产的形式。这一分工方式吸引了越来越多的经济学家对此进行研究，成为分工理论新的研究热点。

## 5 资源依赖理论

资源依赖理论萌芽于 20 世纪 40 年代，是组织理论的重要理论流派，在社会学、经济学、管理学中都有着广泛的应用。它基于组织与外部环境的关系研究，是研究组织变迁活动的重要理论。早期人们对组织的研究着眼于组织内部，即机构设置、人员激励、权责分配等问题，从 20 世纪 60

年代开始，对于组织的研究逐渐转向组织外部环境上来。20 世纪 70 年代以后，资源依赖理论被广泛应用到组织关系的研究当中，目前与新制度主义理论并列为组织研究中两个最重要的流派。

## 5.1 资源依赖理论的萌芽和发展

1949 年，塞尔兹尼克（Selznick）对田纳西流域的研究为资源依赖理论提供了坚实基础。在对田纳西工程的研究中，塞尔兹尼克较为系统地分析了草根组织，并参与大型公共设施管理过程中的资源动员策略，指出组织并不只是一个简单的效率机器，而是受环境影响的，组织是与周围的环境相互作用不断变化，适应周围社会环境的产物。1958 年，汤普森（Thompson）和麦克艾文（McEwen）的研究确立了组织关系的三种类型：联盟（像合资企业的联盟）、商议（包括合同的谈判）和共同抉择（为吸收干扰性因素进入一个组织的决策机构）。1967 年，汤普森建立了综合性的组织间权力的依赖模式，吸收了爱默森、布劳及迪尔的理论。他指出，一个组织对另外一个组织的依赖，与这个组织对它所依赖的那个组织能够提供的资源或服务的需要成正比，与无可替代的其他组织提供相同的资源或服务的能力成反比。据此，1970 年扎尔德（Zald）从政治经济视角出发探讨组织的关系，主要从组织内外的政治结构来解释组织变迁的方向和过程。但是这一方法着重于组织内外的政治结构，当焦点组织的自主性被削弱时，对资源的控制就会转入另一个组织的手中。为了解决这一问题，组织从事正式与非正式联盟，包括横向联盟：发生在同一市场的参与者中的合法手段，如合并；非法手段，如垄断。纵向联盟：消费者、供给者和分销者，包括合并、合资和联合董事。在这个过程中，扎尔德认为组织可以通过运用正式和非正式两种方式来互相影响。

20 世纪 70 年代，资源依赖理论形成，费佛尔（Pfeffer）和萨兰奇科（Salancik）是资源依赖理论的集大成者。他们在合著的《组织的外部控制：对资源依赖的分析》中提出了四个重要假设，对组织赖以生存的资源，大体来说分为三类：一是基础资源，包括资金、场地、人力、物品等；二是信息，包括政策、制度、项目来源等；三是合法性，包括社会支持、政府许可等。在组织依赖上，费佛尔和萨兰奇科认为依赖是可以相互的，即一个组织可以依赖于另一个组织，两个组织也可以同时相互依赖。在霍利的人类生态学观点的基础上，费佛尔和萨兰奇科对竞争性互依和共生性互依进行了区分。组织能够采取许多策略来处理互依性，这些策略包括合并、并购、合资、联盟以及交叉董事会等机制，委托组织代表加入对方公司的决策部门。

1983年，伯特（Burt）提出了“结构自主性”模式来解释共同抉择和公司绩效。伯特认为，社会网络中的行为者将会受益，只要他们避免依赖其他人，在社会结构中占据非竞争性位置，并且受到那些占据竞争性位置的竞争者的依赖。1990年，贝克尔（Baker）对公司以何种方式处理与其他公司的资源依赖关系，做了详细的探讨与研究，将资源依赖理论向商业实践方向推进了一步，从而使理论研究的重点转移到理论的应用实践上来。

资源依赖理论源于开放系统的观点，认为任何企业都处于开放的环境中，企业必须通过交换才能获取生存和发展所需的资源（吴剑峰、吕振艳，2007），没有任何一个企业组织是能够自给自足的。亨利·福特的工业王国梦想，即便在当时也只是理想的乌托邦，组织需要与环境进行交换，并借此生存与发展。资源依赖理论源于两个基本假设：一是组织运行需要多种异质资源，这些资源不可能由企业自己完全提供；二是组织的运作由多种业务构成，这些业务活动企业无法独自全部完成。企业在与其他企业进行资源交换时，企业间就产生了资源依赖。资源依赖理论可分为内生的依赖性（或称为结构依赖性）和外生的依赖性（或称为过程依赖性），内生或结构依赖源于对方企业所拥有资源的稀缺性（不可替代性），外生或过程依赖则源于双方企业所拥有资源的内在关联（贾生华 等，2007），合作企业双方的资源依赖，使得双方企业的利益更加紧密地联系在一起（Dyer et al.，1998）。企业为有效管理和其他企业的依赖关系，需要控制关键的资源以降低依赖性，来提高合作企业对自身的依赖。资源依赖理论在一定程度上揭示了组织对占有资源的自身选择能力，关注组织为了管理与其所处环境中的其他组织的互依性，而采取的策略行动（马迎贤，2005）。

## 5.2 资源依赖理论及相关理论假设

资源依赖理论认为，一个组织为了保证自己能够存活，会竭力减轻对外部资源的依赖，并积极寻求替代资源，而这种替代资源是影响组织间相互关系的关键性资源，长期掌握这种资源对一个组织保持长期活力的重要性不言而喻。

资源依赖理论提出了四个重要假设：组织最关心的是生存；为了生存，组织需要资源，而组织自己通常不能生产这些资源；组织必须与它所依赖的环境中的因素互动，这些因素通常包含其他组织；组织生存建立在一个控制它与其他组织关系的能力基础之上。组织对环境的依赖程度取决于三个决定性因素：一是重要性：资源对组织生存的重要性；二是竞争性：组织内部或外部一个特定群体获取或处理使用资源的程度；三是稀缺性：替代资源的存在程度。综观资源依赖理论，其核心假设是：组织需要通过获取环境中的资源来维持生存。其主要观点包括：第一，组织获取资源的能力是其存续下去最重要的因素，这里的资源包括组织内部的管理制度、组织结构权力配置，以及外部与其他组织的资源交换；第二，组织间的资源依赖会使被依赖的一方对依赖方产生一定程度的权力和制度控制，甚至介入依赖方的内部结构；第三，组织间的依赖关系是可以调节的，组织内部权力配置与外部限制是组织行为的动力与条件，并促使组织摆脱资源依赖，维持组织的独立性。也就是说，资源依赖理论假设组织必须要从环境进行交换以维持自身的生存，没有什么资源是组织能够完全自给的。资源依赖理论让组织认识到可以通过采取各种策略来改变自己、适应环境和提升自身竞争力。这种理论在多变的外部环境下，对于组织采取怎样的行为及确定怎样的目标有着很好的解释与指导作用。

## 6 社会资本理论

20 世纪 70 年代以来，经济学、社会学、行为组织理论以及政治学等多个学科，都不约而同地开始关注一个概念——社会资本（social capital），一个被各学科广泛使用的跨学科概念，世界各国学者用此概念解释经济现象以及社会发展中产生的各类问题，使得该概念受到了空前关注。社会资本的概念最初由经济学中“资本”概念演变而来，一般指个人在一种组织结构中所处的位置上所获得利益的价值。

第一个对社会资本进行系统分析的是法国社会学家皮埃尔·布尔迪厄（Pierre Bourdieu）。布尔迪厄认为，资本有着不同的表现形式，可划分为经济资本、文化资本和社会资本，三者可以相互转化。资本需要不断积累，

个体能够利用社会关系和关系网络这样的资本，来获得更多的社会资源。1981 年，他在《社会资本随笔》一文中指出，“社会资本是现实或潜在的资源集合体，这些资源与拥有或多或少制度化的共同熟识和认可的关系网络有关，换言之，与一个群体中的成员身份有关。”社会资本正是通过关系网来实现，这种关系网是静态的。布尔迪厄关于社会资本理论的研究有着三个显著特点：一是注重研究个体的社会资本；二是重视社会资本的形成过程；三是运用网络分析方法研究社会资本。

美国经济学家詹姆斯·科尔曼（James S. Coleman）以微观和宏观的联结为切入点对社会资本进行了研究，是社会资本理论研究的集大成者。1988 年，詹姆斯·科尔曼在《美国社会学杂志》上发表了题为《社会资本在人力资本创造中的作用》一文，对社会资本做了初步论述。他认为社会资本是“许多具有两个共同之处的主体：他们都由社会结构的某些方面组成，而且他们都有利于行为者的特定行为——不论他们是结构中的个人还是法人”，后又在其所著的《社会理论的基础》一书中，更进一步地阐释了社会资本理论。詹姆斯·科尔曼认为，“社会结构资源作为个人拥有的资本财产，即社会资本。社会资本的定义由其功能而来，它不是某种单独的实体而是具有各种形式的不同实体，其共同特征有两个：它们由构成社会结构的各个要素所组成；它们为结构内部的个人行动提供便利。和其他资本形式一样，社会资本是生产性的，是否拥有社会资本，决定了人们是否可能实现某种既定的目标。与其他形式的资本不同，社会资本存在于人际关系的结构之中，它既不依附于独立的个人，也不存在于物质生产过程中。”因此，他把社会结构资源作为个人拥有的资本财产叫作社会资本，其主要存在于人际关系和结构之中，并为结构内部的个人行为提供便利。詹姆斯·科尔曼的社会资本理论主要来源于他对社会行为的分析：第一，詹姆斯·科尔曼认为社会资本是社会学应有的内容，它来源于人们对社会学的理解与研究；第二，社会资源也来源于对社会结构中微观与宏观整合的需要；第三，詹姆斯·科尔曼的社会资本理论也得益于经济学和社会学的发展。詹姆斯·科尔曼对于社会资本理论的贡献集中体现在，他区分了资本的三种类型以及社会资本的五种形态，揭示了社会资本所具有的独特特征以及在社会整合中的功能。他认为每个自然人从一出生就拥有三种资本：一是由遗传天赋形成的人力资本；二是由物质性先天条件（如土地、货币等）构成的物质资本；三是由自然人所处的社会环境所构成的社会资本。各种资本是可以相互转换的，一种资本可转换成另一种形式的资本。詹姆斯·科尔曼认为社会资本与物质资本、人力资本是相并存的，每个人生来就具有这三种资本。其中物质资本是有形的，社会资本和人力资本是无形的，三者之间可以转换。社会资本可划分为五种形式：一是义务与期望。詹姆斯·科尔曼认为，“社会环境的可信任程度，即应尽的义务是否履行，以及个人承担义务的范围，影响了这种形式的社会资本存在的可能性。”当社会环境的可信程度提高时，个人愿意承担的义务可能性就越大，他的社会资本也就越多。二是信息网络。即行动者可以以社会关系网络来获取信息。三是规范与有效惩罚。詹姆斯·科尔曼认为，“社会规范是人们有意创造的，如果规范为社会成员所遵守，他们将获益；如果人们违背规范，他们将受到伤害。”四是权威关系。“当某位行动者有权控制另一位行动者的某些行动时，他和后者之间就存在着权威关系”。五是多功能社会组织和有意创建的组织。詹姆斯·科尔曼认为，本来为某一目的建立的组织同样可以服务于其他目的，由此形成了可以使用的社会资本。这就体现出了社会资本的多功能性。

美国政治学家罗伯特·普特南（Robert D. Putnam）在詹姆斯·科尔曼研究的基础上，将社会资本从个人层面上升到集体层面，并把其引入政治学研究中，从自愿群体的参与程度的角度来研究社会资本，将社会资本理论研究推向了一个新的高度，为社会资本理论研究注入了新的活力。1993年，普特南在《让民主的政治运转起来》一书中，提出了公民参与网络这一重要概念，指出“与物质资本和人力资本相比，社会资本指的是社会组织的特征，例如信任、规范和网络，它们能够推动协调和共同行动来提高社会效率”。普特南认为，由于一个地区具有共同的历史渊源和独特的文化环境，人们容易相互熟知并成为一个关系密切的社区，组成紧密的公民参与网络。这一网络通过各种方式对破坏人们信任关系的人或行为进行惩罚而得到加强。这种公民精神及公民参与所体现的就是社会资本，因此在普特南看来，互惠互信的社会组织，对于衡量社会资本的有效性具有重要意义。他认为，社会资本是一种团体的甚至国家的财产，而不是个人的财产，所以发展社会资本不应将重点放在增加个人资源方面，而应强调群体组织的发展，为各种社会组织的存在留下空间。普特南利用社会资本解释经济增长和社会发展问题，扩大了社会资本的应用范围，激发了经济学、政治学等领域学者对社会资本理论的研究，具有很大的实际意义。

林南（Nan Lin）提出了“社会资源”理论，并在此基础上提出了社会资本理论。在对社会资源的研究中，他指出，社会资源的利用是个人实现其目标的有效途径，个人资源在很大程度上影响着其所能获得的社会资源。社会资源仅仅与社会网络相联系，而社会资本则是从社会网络中动员了的社会资源。林南将社会资本和社会资源联系起来，对于我们认识关系在网络中的作用有着重要的启示。林南在《社会资本——关于社会结构与行动的社会资本》一书中，为社会资本下了定义：“社会资本——作为在市场中期望得到回报的社会关系投资——可以定义为在目的性行动（purpose action）中被获取的和（或）被动员的、嵌入在社会结构中的资源。”从中可以看出，社会资本由资源、嵌入在社会结构中、行动三个重要部分组成。所谓资源，在林南看来，就是“在一个社会或群体中，经过某些程序而被群体认为是有价值的东西，这些东西的占有会增加占有者的生存机遇”。林南认为资源可分为个人资源和社会资源，个人资源指个人拥有的财富、知识、地位等可以为个人直接支配的资源；社会资源指那些嵌入于个人社会关系网络中的资源，如权力、财富、声望等，这种资源存在于人与人之间的关系之中。林南和詹姆斯·科尔曼都承认价值、规范和意义是社会资本的构成内容。当主体动用社会网络获得相关信息和资源后，才能表示社会资本在起作用。由此可以看出，社会网络是潜在的社会资本，社会资本是起作用的社会网络，体现了动态过程。林南定义的社会资本强调了社会资本的先在性，它存在于一定的社会结构之中，人们必须遵循其中的规则才能获得行动所需的社会资本；同时该定义也说明了人的行动的能动性，人能够通过有目的的行动获得社会资本。林南在对社会资本下定义时兼顾了社会结构的制约性，同时也肯定了人的社会目的性和能动性。

社会资本理论源于社会学和经济学，社会资本原本是一个社会学概念，20世纪90年代以来，许多组织理论方面的学者，将社会资本的概念应用于组织内和组织间相关问题的研究。基于社会资本作为研究组织行为和企业战略的重要概念，社会资本理论亦成为研究企业及企业之间问题的重要理论。社会资本是指嵌入在个体或企业网络关系之中，通过个体或企业网络关系，可以得到的实际或潜在资源的总和（Nahapiet et al.，1998）。社会资本与其他资本的最大区别，在于社会资本的产生和维持不取决于单一行为主体，而是取决于行为主体之间的关系（Coleman，1988），其嵌入在行为主体之间形成的关系结构之中，是企业通过经济领域中的各个方面所建立起的各种网络来摄取稀缺资源的一种能力，需要经过积累和再生产，是企业发展不可缺少的要素之一（边燕杰 等，2000）。企业内部和企业之间的关系是一种社会资本，企业内在的社会关系，可以融合组织内部的行为主体，通过组织内部的协同以实现组织目标；企业外部的社会资本起着桥梁的作用，连接其他行为主体，从而获得关键性资源以加强竞争优势（Alder et al.，2002），是组织竞争成功的最后决定因素（Burt，1992）。社会资本具有积聚性和再生产性，镶嵌于企业的关系网络之中；企业通过关系网络，可获得来自关系网络的实际或潜在的资源。纳哈皮特（Nahapiet）和戈沙尔（Ghoshal）（1998）将属于组织的心理认同（认知面），组织内各类连带的网络（结构面），以及通过网络、规范、认同建立的信任（关系面），都纳入社会资本的范围内，形成完整的社会资本结构。社会资本在管理学界的衡量可分为三个维度：结构维度、认知维度和关系维度。

社会资本是企业间关系的联结剂（McGrath et al.，2005），企业通过社会资本获取运营所需的资源，协调组织内、组织间的各种业务活动，降低不确定性。组织间良好的关系是组织成功的关键，物流企业与制造企业之间的联结，可帮助双方获取关系租金，合作双方通过建立关系，可实现帕累托边界外推，产生超额租金。这种租金的获取，依赖于交易的存在以及交易完成的方式，组织间通过长期的合作形成特定的关系，可以跨越企业边界，嵌入组织间的常规惯例和程序，以产生关系租金（罗珉，2007），关系租金的产生使双方的绩效得以提升。

中国物流专业化运营起步较晚，物流行业发展处于初级阶段，行业规制不规范，物流市场不健全。在此大背景下，企业社会资本中的关系维度（相较于结构维度和认知维度）对企业的作用更大，对企业更有意义和价值（陈菲琼，2003）。戴尔（Dyer）和辛格（Singh）（2000）认为关系资本是关系型合作的基础。克莱克（Clercq）和萨皮恩扎（Sapienza）（2006）认为关系资本的实质，就是对企业组织间关系质量的衡量。物流企业与制造企业合作关系的提升与深化，伴随/引致双方原有运营的变更，甚至有可能涉及企业战略性决策的调整，如此将会给企业带来风险（主要由合作伙伴的机会主义行为导致）和不确定性。寄希望于合作之初订立完备契约，以应对风险和不确定性几乎是不可能完成的任务，而且事先订立的契约，对偶然发生的事件缺乏适应性，加之企业间合作关系的动态发展，使得严格、详尽的合同反而可能会导致实际的冲突（Williamson，1975）。以企业间关系资本为核心的关系契约，在很大程度上与正式契约相互补充、互为渗透并相互强化（Poppo et al.，2000）。关系契约能有效调节双方企业合作过程中不稳定因素的影响，面对冲突时可以在没有第三方干涉的情况下，使交易得以继续进行（Macenil，1980）。企业间合作关系的提升既需要正式契约的刚性支撑，也需要关系契约的柔性维护（万俊毅等，2013）。

社会资本理论将企业关系资本视为一种生产性资源，与企业的其他资源一起为企业创造价值。古典和新古典经济学中的企业价值创造理论，将企业视为各种有形资本投入的组合体。资源基础观认为企业的价值创造，源于企业内难以被模仿的异质资源，分析限于企业内部的资源。新经济时代的企业处于开放的商业环境中，传统的企业内部资源分析已无法完全解释企业价值创造的全部；与此同时，学者们注意到，经济学对人性的完全理性假设存在极大的缺陷，经济学研究对人性的假设，从“经济人”到“契约人”再发展到“社会人”（张其仔，2002），学者们开始关注人的社会性对企业组织的作用，进而发现企业与外部环境中利益相关组织的关系资本要素，成为企业价值创造的又一关键因素。企业的价值创造已从传统的 $V=f(K, L)$，演化升级为 $V=f(K, L, R_C)$ （注：$V$ 表示企业价值；$K$ 表示资金；$L$ 表示劳动；$R_C$表示关系资本）。企业关系资本是唯一一个具备整合能力的资本（杨孝海，2010），它能够整合企业内部和企业外部的资源，共同为企业创造价值。企业内部整合与外部整合互为促进，物流企业与制造企业的内部整合与外部整合匹配，能够带来客户价值的提升（孙晓波 等，2014）；同时物流企业与制造企业良好的合作关系，可以帮助企业通过关系作用实现增值，为企业带来关系性租金。

# 第2章　企业网络嵌入

## 1　企业网络嵌入的内涵与特征

### 1.1　企业网络嵌入的内涵

企业的经济行为具有社会嵌入性，企业网络嵌入即企业嵌入于它与外部组织建立的各种关系网络之中。通过嵌入供应链网络，企业获得了其所需的信息、知识、资金等资源；在此基础上，提高了创新能力和竞争力。在不确定环境下，通过网络嵌入获取企业所需的资源，已成为企业克服成长劣势的有效选择。

网络嵌入性是企业网络理论中的一个重要概念，表征了企业在网络中的位置、地位及其与网络中其他企业之间的相互关系，这些属性决定了企业在网络中所能聚集、整合和配置的资源数量，进而影响企业在网络中的行为与绩效。

### 1.2　企业网络嵌入的特征

企业网络嵌入的特征主要有以下几点：

（1）以嵌入双方中长期成长价值为目标。

（2）制造型企业与第三方物流企业及上下游企业呈主从关系。嵌入企业基于自身先进的技术资源和能力，在合作创新产品的研发环节具有较强的自主性，但是在战略规划实施中处于从属地位。

（3）持股不控股，嵌入不融合。清晰的股权关系保证了企业和嵌入企业的利益一致性，规避了利益冲突；明确了嵌入双方的合作边界以及组织关系定位，减少了彼此在权利和责任方面的矛盾。

（4）嵌入企业拥有先进的科技研发能力及前沿技术成果；企业通过对

研发企业的嵌入式接纳，可以共享优势研发资源，减少自研发的试错成本及沉没成本，提高企业技术能力，实现企业的技术战略布局。

# 2 企业网络嵌入的模式与分类

## 2.1 企业网络嵌入的模式

学者们从不同角度对网络嵌入性进行了分类，其中主流也是基础分类，是结合组织、战略及管理等领域的有关研究成果，对嵌入性进行划分，分为关系性嵌入、结构性嵌入、认知性嵌入及文化嵌入。组织间嵌入主要有关系性嵌入与结构性嵌入。关系性嵌入或网络联结观研究的主要是关系要素即网络参与者间的相互联系。结构性嵌入或网络位置观研究的主要是网络参与者间相互联系的多维总体性结构问题，强调网络双边嵌入性。

## 2.2 企业网络嵌入的分类

（1）关系性嵌入

关系嵌入强调主体间的理解、信任、承诺、互惠性等关系特征。多重网络嵌入下，集群企业的关系嵌入是一个动态变化的连续统一体，同时具备强弱联结优势，弱联结可确保多样化、异质性知识的获取，强联结则有利于提高知识特别是隐性知识的传递质量及知识创造的绩效。

（2）结构性嵌入

结构性嵌入关注于行动者在网络中的位置，一般通过网络规模、密度、位置等指标进行衡量。企业在网络中的位置形成接近创新信息和资源的入口，影响企业获取异质性资源，从而影响创新绩效。多重网络具有密集性和稀疏性相结合的特点，节点的密集性有利于信任和协作关系的维系，而稀疏性使得占据结构洞的节点可获取更多的异质性资源，进而促进创新。

（3）认知性嵌入

知识性嵌入相比于关系性嵌入和结构性嵌入，强调的是行动者在网络中知识资源作用的发挥，对于某一节点而言，可以表征为与其相联结的网络节点的知识丰富度和异质度。知识嵌入关注行动者在网络中知识资源的丰富度和异质度对其经济行为和绩效的影响，可通过知识多样性、知识异质度等指标进行度量。因此，对于某一节点而言，知识嵌入可以表征与其有关系联结的个体网络的知识丰富度和异质度。相联结的网络节点的知识越丰富、异质度越高，集群企业就越有可能获取高价值的信息和知识资源，进而提高知识、创造绩效。合作伙伴的多样性会带来知识的多样化，进而增加企业的知识广度和创新能力。

（4）文化嵌入

文化因素对组织行为、组织结构及组织的管理过程会产生重要的影响，包括对组织战略和目标的集体理解、规定个人行动的意识形态，以及组织的控制系统和组织的规则系统。近期的许多研究，如对市场意识形态的研究、对生产文化及行业逻辑的研究，以及关于管理和管理工作信念系统的研究等，都是与组织文化研究相关联。通常人们对文化的理解只停留在民族文化的简单认知上，这对文化的全面认知产生了很大限制。文化主义研究著述突破了这种局限，其中存在着两种文化观点：一种将文化视为社会规范和价值体系；另一种则将其视为信念系统和基本的行为逻辑，并且是与各种认知机制相联系。

## 3 企业网络嵌入的作用

对于企业网络嵌入，专家学者分别从不同研究角度进行阐释。易朝辉（2012）结合网络理论和资源观，构建起网络嵌入、创业导向与新创企业绩效的概念模型，发现企业网络的关系性嵌入、结构性嵌入和认知性嵌入对于提高企业绩效均有正面影响，但其作用力依次降低。企业嵌入性网络的不同，会带来竞争结果的差异，即企业嵌入在网络中的位置、结构及其关系强度不同，会带来企业绩效的差异。韩莹和陈国宏（2016）通过对结构嵌入、关系嵌入、知识嵌入三个维度构成的多重网络嵌入构面，经实证研究得出多重网络对企业知识共享会产生显著影响，且能够直接促进企业动态能力的提升。梁娟和陈国宏（2015）通过构建多重网络嵌入影响集群企业知识创造绩效的概念模型，以福建省三大产业集群为对象，研究得出多重网络嵌入对知识创造绩效影响关系作用的发挥有赖于动态能力，但不同能力的中介作用机制存在差异；吸收能力在关系嵌入和知识嵌入过程中发挥完全中介效应，创造能力在结构嵌入和知识嵌入过程中发挥完全中介效应。郭劲光（2006）分析了嵌入性理论的发展，并以企业网络中的嵌入性为基点，对各种嵌入类型与企业绩效之间的关系进行了探讨。研究发现强关系嵌入与弱关系嵌入，或是高密度与低密度网络嵌入，并不存在必然的矛盾，在不同条件下，对于不同的行动主体或是不同的行动目的而言，它们所起的作用完全不同。

（1）强关系网络嵌入的作用。强关系有利于企业获取高质量的信息和进行默会性知识的交流，可作为某种社会控制机制，起到治理和规范联盟行动者行为的目的。故强关系是一种信任、互惠、长期的关系，能够抑制行动者的短视行为，起到维系合作、共同获利的作用。

（2）弱关系网络嵌入的作用。弱关系可给行动者带来优势，是由于其能够使行动者嵌入于一个更加分散化的网络之中。

（3）高密度网络嵌入的作用。嵌入于紧密联结的网络中的企业成员，更容易拥有共同的行为预期，因此有利于网络中成员行为规范的形成和实施。此外，高密度网络能起到治理行动者行为的目的，这种治理可以认为是建立在信任基础之上的。在高密度网络中，行动者通过网络的相互联结而建立的信任是一种网络层次上的系统信任，系统会按照预期的设计实现其功能，网络成员的行为会受到整体网络的限制，网络具有监视和裁决机会主义行为的功能，因此有助于合作机制的维系。

（4）低密度网络嵌入的作用。嵌入于低密度网络中的企业成员，沟通相对较少。松散的联结易于形成社会集群之间传递信息的通道，容易获取多个领域的信息，便于团体间传递非重复性的信息，增加网络中成员修正原先观点的机会，即联合其他网络成员来抵消社会结构的限制以取得结构利益。

## 4 企业网络嵌入的绩效

从网络理论和资源观角度，网络的关系性嵌入、结构性嵌入和认知性嵌入都有利于改进新创企业绩效，但其作用程度依次降低；创业导向与创业绩效正相关，并在结构性网络嵌入、关系性网络嵌入与绩效之间起着中介作用，而在认知性网络嵌入对创业绩效的促进中不发挥中介作用。从网络联结强度与密度角度，在环境需要对开发进行低投入的情况下，网络的联结强度、密度与网络企业的绩效呈负相关；相反，在环境需要对开发进行低投入的情况下，网络的联结强度和密度正相关于网络企业的绩效。宋娟娟等（2017）根据物流服务集成商（Logistics Service Integrator，LSI）从物流服务供应链（Logistics Service Supply Chain，LSSC）网络中获取资源类型的不同，结合 LSSC 网络的特点，借鉴勒克纳（Lechner）等的企业间网络分类，将 LSSC 子网络分为社会关系网络、物流协作网络、物流创新网络、声誉网络和市场网络，并在此基础上，对各子网络间的关系及其对 LSI 绩效的影响进行分析。宋波等（2019）采用计算机仿真和统计分析相结合的方法，深入研究网络嵌入模式选择对双元创新偏好下研发合作网络创新绩效的影响。位置嵌入模式总是最有利于其长期创新绩效的提升，而环境波动性和复杂性特征对创新绩效产出具有短期调节作用，且在一定程度上决定结构嵌入模式，更有助于增强开发式创新偏好研发合作网络的短期绩效；而位置嵌入则更有助于提升探索式创新偏好研发合作网络的短期绩效。

# 第 2 部分

# 物流企业与制造企业双边互动

# 第3章　第三方物流与制造企业互动

## 1　企业层面联动的界定与内涵分析

联动是指若干相关联事物中的一个事物发生变化，其他事物随着变化，蕴含相互关联和互动之意（吕涛 等，2007），行业之间的联动是以产业关联为基础的产业协作活动。物流业属于生产性服务业，生产性服务业与制造业的产业关联不言而喻，迪勒克（DilekC. K）和博卡（BoCarlaaon）（1999）通过研究生产性服务业与制造业之间的双向互动关系，提出生产性服务业是对制造业的补充和支持，同时服务业依赖于制造业的发展。弗朗索瓦（Francois）（1990）提出生产性服务业与制造业是相互作用、互为依赖、共同发展的互补性关系。刘志彪（2006）指出，现代生产者服务业的发展需以制造业的发展为基础，并与制造业联动推进现代生产者服务业的发展。周向宇（2007）的研究表明，生产性服务业的发展能够通过一系列机制促进制造业的产业结构优化和升级，生产性服务业与制造业之间存在着非常紧密的关联，两业之间的良性互动能够促进各自的发展。随着产业分工的细化和现代市场经济的发展，传统的生产组织范式发生变革（原毅军 等，2009）。物流的运作环节最初是分散在不同的部门之中，即运输、仓储等企业中的不同部门；企业的发展使得物流环节的整合越发必要，企业开始对各个物流环节进行统一管理和运营，企业内部的各个物流环节也从不同的部门独立出来而成为一个综合性物流部门。基于企业资源的约束和构建核心竞争力的需要，企业开始专注自己最为有效的运作部分而将物流运作外包给专业物流公司。企业物流进入专业化和社会化阶段，企业物流运作的剥离与外包催生物流行业的形成与发展。韦琦（2011）认为物流业与制造业联动遵循物流环节分离、物流产业分离、两业集聚联动、两业扩散联动的路径。随着制造业结构的变革，物流服务作为制造业的中间投入要素，已经越来越多地融入并支撑制造业的发展，制造业的发展又会带动物流业的发展，物流业与制造业进入了双向互动的新阶段（Karmarkar，2005）。彭本红和冯良清（2010）研究了现代物流业与先进制造业的共生关系，指出现代物流业与先进制造业之间的合作是一种互惠互利的关系。彭本红（2009）分析现代物流业与先进制造业的互动关系，借用协同学序参量演化方程探讨了互动的演化机理。研究表明只有两者协同时，系统才能够整体稳定，现代物流业与先进制造业的共生与协同是产业演化的必然结果。

宏观层面的产业关联引致物流业与制造业的联动，相应的微观层面的企业联动源于物流企业与制造企业的运作关联，制造企业是第三方物流运作需求的主体，大约占第三方物流需求总量的90%。然而在制造企业与物流企业合作过程中，物流企业更多的还是作为制造企业的从属，被动地参与合作，远没有达到双方联动的状态。理论界关于企业层面联动的研究也较为零散。李虹（2009）基于物流业与制造业产业联动开展研究，认为企业层面的联动是双方企业之间在具体运作上的协作活动。王海萍（2012）认为联动是介于企业组织和市场之间的一种中间组织形态，其形成和发展源于企业对交易成本的权衡。中间组织的产生是基于市场和科层组织的失效，中间组织处于市场和科层组织的中间地带，既具有市场的价格机制，同时也具有企业的组织协调机制。王佐（2009）指出联动发展的机理在于制造业企业资源配置方式选择和对物流管理是自营还是外包之交易成本的权衡。德瓦拉（Devaala）和凡登（Vanden）（1998）经研究发现，随着市场竞争的加剧，制造企业对贯穿于供应链的生产性服务的需求在持续增加。何黎明（2009）指出制造企业与物流企业加强深度合作，结成战略合作伙伴关系，联动发展的趋势日益显现，物流社会化程度进一步提高。麦金尼斯（Mcginnis）和科恩（Kohn）（2002）认为，随着全球经济一体化和企业竞争压力的不断加大，物流运作逐渐被看作是降低费用和增强服务优势的有力手段。陈（Chen）和拉巴尼（Larbani）（2005）对不同的供应链联盟绩效进行了系统仿真研究，并通过算例分析了由两个供应企业、三个制造企业、两个物流企业、三个客户组成的供应链价格联盟问题，为物流企业和制造企业之间的深度合作提供了理论支持。联动源于运作关联，关联在于原来在同一企业或行业内的运作发生分离。何明珂（2007）指出，由于制造企业规模的扩大和专业化分工的细化，以及外部市场环境竞争的加剧，企业专注于核心竞争力的构建而将物流等业务外包，由此产生了制造和物流等活动的分离。相关联的运作具有互补性以共创价值，联动可以有效降低双方企业的成本，提升竞争优势。随着制造企业与物流企业合作程度的加深和范围的扩大，制造企业开始从战略层面考虑物流外包，双方企业联动的内容也不再仅仅局限于简单的物流活动，转而向更为复杂、个性化定制的战略协作发展（沈文装，2014）。物流企业在与制造企业的合作过程中逐步调整自身的战略定位，通过合作提升自身的运营能力和创新能力（Hertz，2001），以更好地与制造企业的战略需求相匹配，创造客户价值。基于上述对物流业与制造业联动和企业层面联动方面文献的回顾和分析，我们将物流企业与制造企业联动界定为：物流企业与制造企业以客户价值创造为合作导向，合作双方互以对方的变化而调整自身的运营为基础，修正自身的行为以获得合作方的正反馈，强化、深化、优化物流企业与制造企业间的合作，共同为客户创造价值增值。

物流企业与制造企业联动的内涵可以从三个层面进行理解：

（1）合作关系层面，物流企业与制造企业联动是指双方企业深层次的合作，双方企业之间的合作关系从最初松散的交易型关系发展成为紧密的伙伴型关系。

（2）双边互动层面，物流企业与制造企业联动具有双向性特点，双方企业不断地双向反馈、调整向上发展；联动是一个螺旋上升的过程，是双方企业均主动地参与合作，而非单方主动去适应合作方的要求。

（3）价值创造层面，物流企业与制造企业联动是一种有效的资源配置方式，以为客户创造价值为导向，整合与共享双方企业资源。

## 2 第三方物流企业与制造企业互动研究

动态的商业环境在加剧企业竞争强度的同时，也为企业提供了更多策略路径，企业的战略柔性成为企业必备素质。当合作企业均以自身路径发展和调整时，企业间合作将变得更为复杂，单边（多采用货主企业）视角下分析这种变化缺乏系统性和整体性。本小节以双边视角对研究货主企业与3PL企业关系的文献进行系统梳理，从动态视角分析文献研究的变量及变量间的逻辑关系，从双边视角梳理文献研究的理论基础，基于此找出差距并提出建议。

制造企业与物流企业联动的起始点是制造企业的物流外包，本部分以与物流外包相关的词为主题词，查找 1990 年至今的文献，筛选标准为：①双边或多边视角研究物流外包的文献；②单边视角研究双方间关系的文献。本部分从研究视角与第三方物流界定的动态演化、互动研究涉及的主要因素和互动研究的主要基础理论三个方面展开，述评国外文献中关于 3PL 企业与制造企业互动的研究，并提出研究空间和研究展望。

## 2.1 研究视角与第三方物流界定的动态演化

从现有的文献来看，研究物流外包关系和企业互动的文献，主要采用实证研究和案例分析两种方法，其他方法包括仿真优化、归纳描述和演绎描述等，所占比重较小。单边视角和多边视角文献所使用的主要方法所占比例有较大差异：单边视角下研究的文献，大多采用实证方法；双边视角下研究的文献，大多采用案例分析方法。

从 20 世纪 80 年代物流外包兴起至今，已有多位学者从不同角度界定了第三方物流（3PL），不同定义侧重点各有不同。第三方物流是指利用外部物流服务提供商运营传统上由组织自行运营的物流操作业务，包括整个物流流程或部分物流活动，物流服务提供商为了客户的收益至少提供包括基本仓储和运输的管理与运营活动。第三方物流服务提供商被认为是供应链成员企业的支持性组织，支持性成员企业只是为供应链中的主要成员企业提供资源、知识或设备。3PL 在与企业合作过程中，处于被动、从属地位，企业外包往往只选择外包标准化、规范化的物流运作。随着双方的发展和企业新诉求的驱动（货主企业进一步降低交易成本、专注核心业务等；3PL 参与运作增值服务、提高自身资产利用率等），货主企业有把更为复杂的物流活动外包的动力；同时 3PL 企业具备参与高端运营的能力（很多时候并未被货主企业所使用），3PL 企业有积极主动地参与合作的意愿。现有文献更多的是从单边角度（货主企业）研究企业外包（外包决策、伙伴选择、外包收益等）；而从双边角度（货主企业和 3PL 企业）研究的文献较少（参考物流外包的综述文献，以双边视角研究的文献只占很小比例）。3PL 与货主企业合作的深化以及 3PL 主动性的增强，使得双边关系具有演进性、动态性特点。货主企业单边角度关注物流外包的单个阶段或整个过程，其结论的得出必然是建立在一些值得商榷的假设之上，只考虑企业自身的运营而忽视双边关系的双向性和整体性。由此得出的结论，其可信性和实际意义将大打折扣；而采取双边角度进行研究，在对整体优化和双边关系本质的把握上更为有效。

综合以上分析，我们认为有必要在对3PL已有的研究基础上，考虑双边关系的互动和不断演进的特点，从以下三个方面对3PL的界定进行补充和扩展：

（1）双边联动的研究视角。

（2）动态协调物流运营以匹配双方的调整。

（3）长期互惠的双赢关系的形成与发展。

## 2.2 第三方物流企业与制造企业互动研究涉及的主要因素

研究物流外包关系的模型可大体分为三个阶段：决策阶段、设计阶段、实施阶段。在每一个阶段，学者们都针对性地提出了相应的研究变量或影响因素。兰伯特（Lambert）（1999）强调关系组建的主要驱动变量（资产或成本效率）、催化变量（文化的相融性）、主要构成因素（联合计划与控制）和关系产出成果（提升客户服务水平和竞争优势）。拉霍温（Laarhoven）（2000）通过对同一样本双边关系的纵向比较研究，提出驱动因素主要有成本和投资、服务和质量、战略柔性、核心竞争力（注：按重要性排序），并发现驱动因素不具有动态性。关系产出因素包括成本降低、客户服务水平提高、获取竞争优势。斯坦克（Stank）和多尔蒂（Daugherty）（1997）提出外包关系形成的积极促进变量（资产专用性等）和消极抑制变量（交易成本和行业结构因素）。查普曼（Chapman）（2003）、帕纳伊得斯（Panayides）（2007）提出组织学习是合作关系成功的先决条件。克内梅尔（Knemeyer）和墨菲（Murphy）（2005）提出关系属性（资产专用性和沟通）对合作关系产出因素的影响。高尔夫（Golicic）和门泽尔（Mentzer）（2006）提出关系类型（紧密程度）对合作关系产出因素的影响。哈尔多森（Halldorsson）和斯科特拉森（Skjott-Larsen）（2004）提出主要的产出变量（新的竞争优势和创新）和先决条件（信息公开和知识、技能共享）。摩尔（Moore）和坎宁安（Cunningham）（1999）认为货主企业和3PL之间高水平的平等、承诺、信任是双方建立有效双边关系的基础。

已有文献无论是从某一个阶段或同时以几个阶段的变量作为研究对

象，均很少考虑关系的动态特点。双边关系的动态性决定了变量逻辑关系具有动态性的特点，由此可知，无论以哪一位置为起点，反馈机制都是必要的，以便更好地修正和调整整个系统；双边联动关系的动态性还反映在同一变量所处关系类型和阶段位置的不同，会有不同程度的增强或弱化。也就是说，企业间合作之初的决策指标与当时的战略相契合，合作的深化使得最初的决策指标可能成为阻碍合作关系发展的障碍，需要进行动态调整。

综上分析，我们得出变量间一般性的逻辑关系，如图 3-1 所示。

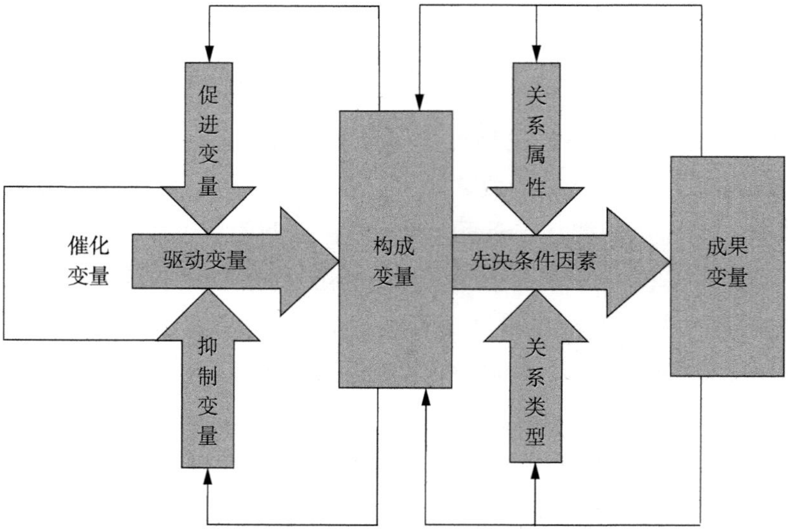


**图 3-1　变量间一般性的逻辑关系**

## 2.3　互动研究的主要基础理论

关于物流外包的研究，缺乏系统的理论基础和分析框架，现有研究多集中于案例研究和实证研究，理论基础薄弱，双边视角下的理论分析更加离散，缺乏系统性。货主企业和 3PL 企业的主要关注点不同，双边角度分析所应用的理论存在不同的理论视角。例如，货主企业主要关注成本和核心竞争力，应用交易成本理论和资源基础理论分析物流外包；3PL 企业关注资产利用率，应用范围经济理论和规模经济理论分析物流业务运作。研究货主企业与物流服务提供商的互动过程，针对货主企业和 3PL 企业所应用的理论不一致，理论结合显得尤为重要。

在研究物流外包的文献中，经济类文献倾向于采用交易成本理论、契约理论、委托代理理论，管理类文献多选取资源基础理论和核心竞争力视角。但若仅从经济理论或管理理论视角研究物流外包，会忽视外包主体间的相互关联和影响，不利于揭示外包的实质以指导企业实践。近年来，从社会交互理论视角来解释外包受到许多学者的关注。双边角度分析物流外包采用单一理论很难有效地解释整个过程，多个理论相结合的研究方法为很多学者所使用。哈尔多森（Halldorsson）和斯科特拉森（Skjott-Larsen）（2004）应用交易成本理论、委托代理理论和网络分析理论研究货主企业与3PL之间的关系。哈尔多森（Halldorsson）和天（Tage）（2004）应用交易成本理论和核心能力理论分析物流外包关系。鲁道夫（Rudolf）等（2011）应用交易成本理论和关系营销理论研究了物流服务提供商对客户的适应以取得外包关系的成功。古尔布兰德森（Gulbrandsen）等（2009）应用交易成本理论和资源基础理论，通过案例研究物流外包决策问题。基姆（Kim）等（2009）应用交易成本理论和资源基础理论，通过案例研究分析双边各自构建跨组织关系的因素。史蒂文（Steven）等（2009）以交易成本理论和社会交互理论为基础，开展实证研究。盖德（Gadde）和胡尔登（Hulthen）（2009）采用工业网络模型从整体上分析物流外包，得出货主企业和物流服务提供商互动的加强能够提高外包绩效。摩尔（Moore）和坎宁安（Cunningham）（1999）以社会交换理论为基础，研究发现有效的双边关系与货主企业和3PL之间高水平的平等、承诺、信任相关。克内梅尔（Knemeyer）等（2003）、克内梅尔（Knemeyer）和墨菲（Murphy）（2004，2005）将市场营销理论引入合作关系分析理论框架中。克恩（Kern）和威尔科克斯（Willcocks）（2000）将社会交互理论引入合作关系分析理论框架中。考克斯（Cox）（1996）应用核心能力理论和交易成本理论，结合物流外包的整合程度，将物流外包分为四种类型：市场交易、客户定制、联合物流解决方案及内部物流解决方案。

综观现有对物流外包的研究文献，应用最为广泛的理论有资源基础理论、交易成本理论、委托代理理论及社会交互理论。

（1）资源基础理论。资源基础理论认为企业是资源的集合，企业要具有竞争优势，企业的资源必须具有一系列特性：价值性、稀缺性、难以模仿性和非替代性。企业物流外包可弥补企业物流资源的不足，物流作业涉及企业的多个环节，货主企业与物流服务提供商的密切合作可以进一步提升货主企业资源的竞争优势特性。

（2）交易成本理论。科斯（Coase）（1937）首次提出交易成本理论，认为市场和企业是两种可以相互替代的资源配置手段，成本决定某项活动是在企业内部还是外包进行。威廉姆森（Williamson）（1985）进一步发展了交易成本理论，提出影响交易成本的原因是人的有限理性和机会主义行为，机会主义行为受三个变量影响：资产专用性、不确定性、交易的频率。企业所需的物流资产专用性低则交易成本低；反之，高资产专用性会提高物流服务供应商机会主义行为的概率，导致交易成本提高。此外，交易成本还与交易的不确定性正相关。物流外包是介于市场与企业内部之间的一种组织形态，是企业对成本权衡的结果，即交易成本的大小决定了企业与物流服务提供商的关系模式。

（3）委托代理理论。委托代理理论认为企业在专业化发展过程中，将业务交给他人完成，会产生目标冲突和信息不对称，为规避由此带来的风险，需设计适当的委托代理合同以协调和激励双方行为。双边视角下研究货主企业与物流服务提供商的关系具有动态性，双方的目标一致情形和信息对称情况不断变化。

（4）社会交互理论。社会交互理论是以经济学、心理学、人类学等学科为基础发展起来的社会学理论，被用来描述由心理学和经济学衍生出来的人的行为和行为动机的心理学命题。跨组织交互理论认为，成功的关键很大程度上取决于社会交互行为。组织关系的走向依赖于过去的合作关系质量，外包可以使参与者进行资源交换，外包关系的发展是一个动态演进的过程。

资源基础理论限于分析企业内部资源对外部资源的依赖程度；交易成本理论不局限于资源的依赖程度，而是权衡资源的属性；交互理论强调双方形成承诺、互惠的社会交互关系后，交易关系才可能免于交易的风险而持久保持，企业与物流服务提供商才能最终形成稳定的合作关系；委托代理理论分析双边互动过程中信息不对称和目标冲突的情况，随着双方各自的变化，合作程度和合作范围亦不断演变，出现信息对称→信息不对称→信息对称和互动双方目标一致→目标冲突→目标一致的循环。

物流外包互动关系形成和发展的不同阶段，都需要同时应用多个理论分析才能更加全面、具体（见图 3-2）。

（1）决策阶段。决策阶段的货主企业结合自身资源状况和物流运作对企业的重要性以及物流市场的竞争情况，辨别企业的物流外包需求；3PL

企业则考虑资产专用性和范围经济。据此，交易成本理论和资源基础理论成为许多学者在这一阶段使用的理论。

（2）设计阶段。双边视角下分析物流外包的设计，是一个动态交互的过程。货主企业与3PL企业充分沟通以寻求最佳合作，同时要面对信息不对称和目标冲突的情况。这一阶段，交易成本理论和委托代理理论是使用最为广泛的理论。

（3）实施阶段。在物流外包实施阶段，技术、信息以及适应过程非常重要。此外，为规避信息不对称和目标冲突，需进行有效的监督和激励。这一阶段，委托代理理论应用较多；近年来，社会交互理论和学习理论也受到学者们的重视。

（4）评估反馈阶段。过去合作关系质量的好坏决定组织关系的继续或中断。双方通过对彼此的评估及双方双向反馈，进一步强化信任和承诺，同时涉及正式合同的修订和企业内、外部资源的重新权衡。这一阶段，社会交互理论是研究人员分析应用的主要理论。此外，交易成本理论和委托代理理论的应用也较多。

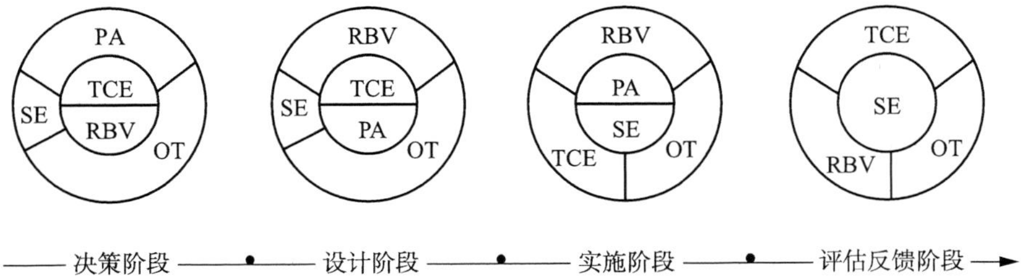


**图3-2 物流外包互动关系的形成与发展**

注：TCE（Transaction Cost Economic）：交易成本理论；PA（Principal Agent Theory）：委托代理理论；SE（Social Exchange Theory）：社会交互理论；RBV（Resource-Based View）：资源基础理论；OT（other theories）：其他理论。

资料来源：根据相关参考文献整理。

每一个阶段，由不同的理论结合使用作为主要理论基础，并辅以相关理论，不同的理论应用会导致双边关系的不同走向；同时其他理论的辅助作用也非常关键，不可或缺。有效的理论结合可以使我们从多个方面分析问题，有助于我们更好地理解过去并指导未来实践。

## 2.4 研究展望

随着物流企业的发展和其他行业的企业进入物流行业（如金融、IT、咨询），物流行业所能提供的增值服务范围进一步拓宽，实际上3PL企业已经开始为货主企业提供更多的增值服务并且更多地参与企业的运营。但货主企业对物流服务提供商所提供的服务的观念，仍停留在之前的运作层面上，看成传统的业务型操作。第三方物流企业与制造企业的互动程度低、主动性差，没有形成良好的互动机制。通过对已有文献的梳理，我们认为研究第三方物流企业与制造企业互动，可以从以下六个方面进行：

（1）动态性视角。整个互动关系研究过程中涉及的变量和因素具有动态性，需不断地依据组织内、外部环境及双边关系的变化进行反馈与修正。

（2）理论结合应用的进一步扩展。除本书所提到的资源基础理论、交易成本理论、委托代理理论、社会交互理论外，还有很多理论（包括最近为学者较多提及的市场营销理论、网络理论、演化博弈理论、学习理论等）应用于研究物流外包的关系上。理论的相互结合、相互补充可以帮助我们更好地理解物流外包关系的动态性和整体性。

（3）组织结构和人力资源的变化。物流外包的动态性涉及双方组织结构的变化和员工心理的变化，未来的研究可细化物流外包的不同程度和不同阶段对双方组织结构和相关员工的影响，以及这种影响对物流外包程度和关系的反作用。

（4）多边视角即供应链视角和网络视角。双边视角的选取只考查了物流服务提供商与供应链中的核心企业的联动，没有考虑与供应链网络中其他成员的联动，可将视角选取为3PL与供应链中核心企业以及上、下游企业的联动即多边联动，进而拓展至整个供应链网络联动的研究。

（5）环境因素。现有文献很少考虑宏观环境（政治、经济、社会文化、技术）和企业层面的微观环境（主要有企业规模、合作时长、双方权力等）对双方企业互动的影响。未来的研究应重视外部宏观环境和企业内部、企业之间微观环境对双方关系和互动行为以及路径的作用。

（6）纵向研究。关于物流外包的纵向研究较少（Robert Lied；佐治亚理工学院），双边或多边视角下的纵向研究还没有开展，未来可以尝试从双边和多边视角对物流外包进行纵向研究。

# 第 4 章　制造企业与 3PL 互动及 3PL 创新能力

## 1　概述

社会发展与技术进步催生出多种新兴的商业模式，制造业物流外包的层次和程度较之前有很大延伸和扩充，这对物流服务提供企业提出了更高的要求，物流企业被动地迎合、适应制造企业需求的变化，已不足以保证双方企业合作关系的持续。物流企业属于生产性服务业，通过运用物流设备和营运网络为制造企业提供产品或服务。由于制造企业对物流服务需求动态变化，其他行业中的企业可利用专业优势进入物流服务领域（Hertz et al.，2003），决定了物流企业需要通过与制造企业互动以及时、准确了解制造企业的需求，并对可能的潜在需求做出预判，在与制造企业不断互动的过程中满足制造企业的需求。物流企业主动参与合作，与制造企业互动成为物流企业维系良好合作关系的必由之路。现有文献关于企业互动的研究多见于社会资本领域，本小节将社会资本领域对企业互动的研究与物流外包理念相结合，以社会资本理论和市场营销理论为理论依据，提出企业互动的三个维度：结构维度、过程维度和关系维度。

物流行业的快速发展，物流技术、物流设施的快速更新，物流企业的创新能力至关重要。物流企业创新可以有效满足制造企业对物流服务深度和广度上的要求，有效降低物流服务成本和改进服务质量，提升制造企业的物流绩效（Tian et al.，2010）。物流企业创新能力的提升能够有效改善物流企业与制造企业的关系（Wallenburg，2009；Wallenburg et al.，2011），深化双方企业合作。现有关于物流企业创新能力的研究多参考制造企业创新能力研究的文献（Hogan et al.，2011），物流服务的特性使这种简单的“拿来”并不能有效地对物流企业创新能力做出相应的研究（Hipp et al.，2005）。我们在已有文献的基础上（以服务业创新研究文献为主），以创新理论和动态能力理论为理论支撑，构建物流企业创新能力衡量指标体系，进而分析物流企业创新能力与制造企业—物流企业的交互作用机理。

# 2 概念发展

## 2.1 物流企业创新能力

企业的创新能力是企业获取收益、向客户传递价值的关键能力（Calantone et al.，2002；Panayides，2006），可以有效推动企业在动态的市场环境中获得竞争优势，不断将知识和创意转化为新产品、流程或体系，为企业和投资者创造价值增值的能力（Lawson et al.，2001）。由于企业创新能力的动态性本质（Busse et al.，2011），动态能力理论作为资源基础理论的动态延展（Barreto，2010），更适合用来分析物流企业的创新能力。企业通过不断创新获得应对环境变化的能力，以更好地应对企业可能面临的核心知识与能力的惰性倾向，这种及时更新现有知识和能力的能力即动态能力（Teece et al.，1997）。由于研究人员的目的和视角不同，对企业创新能力的界定和衡量具有很大的差异（见表 4-1）。本小节在已有研究的基础上，结合物流企业创新能力研究的具体特征，以创新理论和动态能力理论为主要理论支撑，选取技术创新能力、过程创新能力、产品或服务创新能力、市场创新能力四个维度构建衡量物流企业创新能力的指标体系。

**表 4-1 企业创新能力的分析维度**

| 研究者及年份 | 技术创新能力 | 过程创新能力 | 市场创新能力 | 产品或服务创新能力 |
|---|---|---|---|---|
| Ngo 和 O'Cass（2009） | √ | √ | — | √ |
| Yang（2012） | √ | √ | — | — |
| Panayides（2006） | — | √ | √ | — |
| Jenssen 和 Randoy（2002） | — | √ | √ | √ |
| Wiegmans 等（2007） | √ | √ | — | — |
| Wang 和 Ahmed（2004） | — | √ | √ | √ |
| Grawe（2009） | — | — | — | √ |

续表

| 研究者及年份 | 技术创新能力 | 过程创新能力 | 市场创新能力 | 产品或服务创新能力 |
|---|---|---|---|---|
| Nasution 和 Mavondo（2008） | — | √ | — | — |
| Hogan 等（2011） | √ | — | √ | — |
| Calantone 等（2002） | — | — | — | √ |

资料来源：根据本书参考文献整理。

### 2.1.1 技术创新能力

物流企业的技术创新能力具体体现在企业对先进的物流技术和信息通信技术的开发与应用上。物流企业属于生产性服务业，与制造企业有很高的关联度，其创新能力必然会受到制造企业需求和市场不确定性的影响。另外，技术创新本身所具有的不确定性、高风险性、技术积累和路径依赖等特征（张红波，2013），使得物流技术创新更多的是渐进式的应用创新（Busse et al.，2009）。物流企业的创新能力更倾向于对现有技术的有效应用，以达到满足客户需求和优化企业资源配置的双重目的。物流装备与信息技术紧密结合，实现高度自动化是物流行业未来的发展趋势（魏际刚，2006）。最近关于物流技术创新能力的文献，有很大一部分重点关注研究物流信息技术、无线通信、数据识别等方面开发与应用（Chapman et al.，2003）。

### 2.1.2 过程创新能力

物流企业的过程创新能力和产品或服务创新能力无法严格区分（Hogan et al.，2011），对产品或服务的运作和传递过程而言，过程创新就是产品或服务生产、传递的程序或规则的变化；过程创新能力和技术创新能力同样无法严格区分，在有些文献中，过程创新能力也被认为是技术创新能力的子因素（Wang et al.，2004），人们通过过程创新能力表述企业运营流程的创新能力、新技术开发与应用过程的掌控能力等。过程创新能力是企业联结与重构资源和能力组合的重要能力，对企业创新非常重要。

### 2.1.3 产品或服务创新能力

产品或服务创新是新服务的开发和原有服务的改良、升级、重新组合等，产品或服务创新是企业创新的具体呈现，产品或服务创新能力是企业创新能力的重要构成部分，创新型的产品或服务为企业扩展现有业务、进入新的业务领域提供机会，甚至可以通过创新型的产品或服务构建进入壁垒（Danneels et al.，2001），形成企业核心竞争优势以更有效地参与竞争。物流企业的产品或服务创新能力是一种整合企业内部资源和利用外部机会的高阶能力，相较于制造企业的产品或服务创新，物流企业的产品或服务创新更多地表现在新的服务理念、流程和方法等方面，是在服务逻辑范式下基于客户价值导向的创新，产品或服务创新能力是以客户价值为导向，开发、改善产品或服务的能力。

### 2.1.4 市场创新能力

物流企业的市场创新能力指物流企业在市场中拓展新的细分市场，进入全新领域的营销创新能力，通过价格（price）、产品（product）、渠道（place）、促销（promotion）等方面的创新改变与市场上其他主体间的关系，与竞争对手进行低成本或差异化竞争，满足现有客户的要求并开发新客户，更好地应对客户的需求变化和未来可能出现的需求。

## 2.2 物流企业—制造企业互动

企业互动是指合作企业之间的相互交流、合作及相互影响，区别于主体的孤立运营，一方主体的行为会引致合作方的反应与回馈（王琳，2011），是企业合作关系的深化。基于企业间合作对企业绩效的作用越发重要，市场营销领域和供应链管理领域的学者均加强了企业间关系的研究。社会资本是关系的联结剂（McGrath et al.，2005），社会资本理论视角下企业互动与企业绩效的关系，互动维度的选取多为结构维度（Capaldo，2007；Wynstra et al.，2006）和关系维度（Cousins et al.，2006；Johnston et al.，2004），或两个维度在同一模型中（Lawson et al.，2008；Villena et al.，2011；Autry et al.，2008）；市场营销理论和供应链管理理论视角下企业互动与企业绩效的关系，互动维度的选取多为关系维度（Kim et al.，2009）和过程维度（Hertz et al.，2003；Judith et al.，2010；Deepen et al.，2008），或结合交易成本理论、委托代理理论将两个维度置于同一模型中（Large et al.，2011；Large，2011）。本章以市场营销理论、供应链管理理论和社会资本理论为主要理论支撑，综合分析现有文献的互动维度为划分依据，提出关系维度、结构维度和过程维度来研究企业互动与企业绩效的关系。关系维度是指双方企业之间的信任、承诺、互惠等，可有效反映企业互动的强度；结构维度是指用于界定企业间的角色关系的一种行政安排（王琳，2011），反映互动的深度、互动的频率；过程维度是指由于企业互动的动态性特征而加以考虑的维度，包括适应和沟通（Van der Valk et al.，2008，2009）。表4-2归纳了企业互动的主要维度划分。

**表4-2 企业互动的主要维度划分**

| 维度划分 | 具体维度 | 理论视角 | 研究者及年份 |
|---|---|---|---|
| 单一维度 | 结构维度 | 网络结构理论<br>关系管理视角 | Capaldo（2007）；<br>Wynstra等（2006） |
| | 互动强度 | 资源依赖理论 | 周丹、魏江（2013） |
| | 关系维度 | 社会资本理论<br>供应链管理理论<br>市场营销理论 | Cousins等（2006）；<br>Johnston等（2004）；<br>Kim等（2009） |
| | 过程维度 | 战略管理理论<br>委托代理理论<br>市场营销理论 | Hertz和Alfredsson（2003）；<br>Judith和Joseph（2010）；<br>Deepen等（2008） |
| 双维度 | 互动强度；互动深度 | 资源依赖理论 | 周丹（2012） |
| | 互动强度；互动时间 | 知识转移理论 | 樊春等（2010） |
| | 交互强度；执行程度 | 市场营销理论 | Gadrey和Gallouj（1998） |
| | 互动频率；互动密度 | 创新理论 | Yam等（2011） |
| | 结构维度<br>过程维度 | 关系管理视角 | Van der Valk等（2008，2009） |
| | 结构维度<br>关系维度 | 社会资本理论<br>供应链管理理论 | Lawson等（2008）<br>Autry和Griffis（2008） |
| | 关系维度<br>过程维度 | 市场营销理论<br>供应链管理理论 | Large等（2011）<br>Large（2011） |
| 三维度 | 项目协同；信息交换<br>协同战略 | 市场营销理论<br>组织管理理论 | Foss等（2011） |
| | 结构维度；关系维度<br>规范化 | 社会资本理论 | Villena等（2011）<br>Hughes和Perrons（2011） |

资料来源：根据本书参考文献整理。

## 2.3 创新能力与企业互动的关系

组织创新领域内已有大量文献证实了组织创新能力对组织绩效的正向作用（Busse et al，2011；Panayides，2006），企业互动领域也有大量文献证实企业互动对企业绩效的正向影响（Lawson et al.，2008；Villena et al.，2011）。物流企业的绩效提升是以制造企业物流绩效提升为首要前提条件

(Tian et al., 2010) 的，物流企业的创新能力正向作用于自身的绩效，是以客户价值提升作为桥梁，客户价值的有效提升需要其与客户进行深层次的合作 (Wynstra et al., 2006)、加强沟通与相互适应 (Deepen et al., 2008)、与客户维系良好的关系 (Cousins et al., 2006)，此亦为企业互动衡量指标体系的三个维度（结构维度、过程维度、关系维度）。依此逻辑思路，提出如下命题：

**命题1：物流企业创新能力对制造企业—物流企业互动具有正向促进作用。**

物流企业绩效提升的关键是其所服务客户的成功，客户价值导向是物流企业在服务质量与服务成本之悖反组合中选择的主导逻辑。客户价值理论明示客户的价值随时间变动 (Flint et al., 2000; Flint et al., 2002)，物流企业应聚焦客户需求的变化，与客户互动，将客户价值的动态性特点作为物流企业创新能力提升的机会 (Flint et al., 2005)。

企业互动的过程维度是基于企业互动的动态性特征而考虑的维度，包括适应和沟通。物流服务提供商 (LSP) 加强与客户的沟通可避免由信息不对称而引致的风险，与客户的相互适应过程本身就是 LSP 不断调整自身运营，主动改进过程；企业运营过程中与其他组织的重复性协同能够提高 LSP 的整体创新能力 (Chapman et al., 2003)。相较于供应商和其他 LSP，客户是 LSP 最主要的协同合作伙伴 (Flint et al., 2005)，长期的物流外包合作关系比短期的合作关系更能促进 LSP 创新能力的提升，LSP 应努力积累关系资本以作为企业创新能力提升的前提 (Busse et al., 2011)。LSP 的员工与客户企业的直接互动是 LSP 创新能力发展的重要前因，合作伙伴通过互动交换隐性知识，管理人员的互动可打破企业内部部门间的藩篱，优化双方企业的资源配置。高层管理人员的互动可加强企业间的战略匹配，使得 LSP 的创新更具前瞻性，物流企业与制造企业互动的深度和频率对物流企业创新能力有正向的影响。基于上述关于企业互动（过程维度、关系维度、结构维度）与物流企业创新能力关系的分析，提出如下命题：

**命题2：制造企业—物流企业互动对物流企业创新能力具有正向促进作用。**

基于以上命题，本书研究的初始概念模型如图4-1所示。

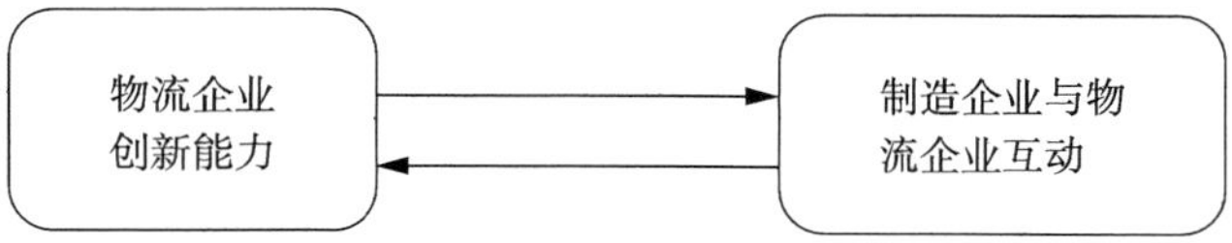


图 4-1 初始概念模型

# 3 研究设计

## 3.1 研究样本

物流领域利用双边调查（dyadic research）数据的实证研究较少，本章以有合作关系的第三方物流企业和制造企业（相互对应）为调查对象，企业创新能力题项由物流企业填写，企业互动题项由制造企业填写。调查问卷的设计主要参考国外文献，结合中国情况进行调整。问卷设计完成之初，与物流企业、制造企业的高管和科研机构物流领域专家共同研讨，对问卷进行修正，在上海分别找寻30家第三方物流企业和制造企业对问卷进行了预填写，进行初步检验，并确定最终问卷。出于地域经济发展程度不同的考虑，调研企业选择上海、北京、合肥、杭州、沈阳和珠海等城市，共选择300家物流企业和300家制造企业，分别联系物流企业和制造企业以及其主要合作公司，初步确定双方均有意向时，进行问卷收集。以物流企业为起点（针对最主要的客户）共发放问卷238对，收回127对，有效问卷32对，有效率25.2%；以制造企业为起点（针对最主要的物流服务商）共发放问卷156对，收回108对，有效问卷65对，有效率41.7%。本次调研共收集有效问卷97对，整体有效率32.3%。

## 3.2 变量设计与测量

本研究的变量测量指标以现有研究文献中的指标为主要参考，指标测量采用七分李克特（Likert）量表。

### 3.2.1 企业创新能力

（1）技术创新能力。企业技术创新能力的指标设计主要参考 Yang（2012）和 Hogan 等（2011）使用的测量指标，测量分值“1”表示完全不重视，“7”表示非常重视，主要测量物流企业对信息系统和先进技术的应用与开发，共选取 3 个指标。

（2）过程创新能力。过程创新能力的指标设计主要参考 Yang（2012）、Panayides（2006）、Wang 和 Ahmed（2004）使用的测量指标。测量中分值“1”表示完全不重视，“7”表示非常重视，主要测量物流企业运营系统、管理流程等 3 个指标。

（3）市场创新能力。市场创新能力的指标设计主要参考 Panayides（2006）、Wang 和 Ahmed（2004）、Hogan 等（2011）使用的测量指标。测量中分值“1”表示完全不符合，“7”表示非常符合，主要测量物流企业的营销方式创新和产品及服务市场战略创新等 3 个指标。

（4）产品或服务创新能力。产品或服务创新能力的指标设计主要参考 Wang 和 Ahmed（2004）、Grawe 等（2009）使用的测量指标。测量中分值“1”表示完全不符合，“7”表示非常符合，分别从满足客户特定需求和与竞争对手相比较的产品及服务创新等 4 个方面进行衡量。

### 3.2.2 制造企业—物流企业互动

（1）结构维度。结构维度的指标设计主要参考 Capaldo（2007）、Yam 等（2011）、Van der Valk 等（2008，2009）使用的测量指标。测量中分值“1”表示完全不重视，“7”表示非常重视，主要测量企业互动深度、互动频率等 3 个方面。

（2）关系维度。关系维度的指标设计主要参考 Cousins 等（2006）、Autry 和 Griffis（2008）使用的测量指标。测量中分值“1”表示完全不同意，“7”表示非常同意，主要测量企业间的信任、承诺等关系表现，共选取 5 个指标。

（3）过程维度。过程维度的指标设计主要参考 Deepen 等（2008）、Van der Valk 等（2008，2009）、Chen 等（2004）使用的测量指标。测量中分值“1”表示完全不符合，“7”表示非常符合，主要测量物流企业的沟通和适应能力，共选取 5 个指标。

## 3.3 信度、效度检验

通过 Cronbach's alpha 对构成变量的内部一致性进行检验，结果如表 4-3 所示。变量的信度范围为 0.775~0.917，均高于 0.7，说明本书所采用的理论结构变量在样本数据中有很好的内部一致性。

表 4-3　变量的 Cronbach's alpha 系数

| 变量 | 技术创新 | 过程创新 | 市场创新 | 产品或服务创新 | 结构维度 | 关系维度 | 过程维度 |
|---|---|---|---|---|---|---|---|
| Cronbach's alpha 系数 | 0. 917 | 0. 853 | 0. 882 | 0. 775 | 0. 842 | 0. 908 | 0. 876 |

效度检验包括内容效度和结构效度，本章的变量皆来自现有文献，并参考企业高管和本领域专家的意见，具有良好的内容效度；结构效度通过因子分析（Factor Analysis）进行检验，因子分析之前先进行样本充分性检验，即样本充分性 KMO（Kaiser-Meyer-Olykin）测试系数检测和巴特莱特球体检验（Bartlett Test of Sphericity），KMO 大于 0. 70、Bartlett's 显著性概率均为 0. 000，即可进行因子分析；采用主成分分析法依照特征值大于 1 的原则提取公共因子，选用方差最大法进行旋转，使因子具有最大的解释性。当指标项的因子荷载值均大于 0. 5，而且累计解释方差的比例大于 50%，则通过效度检验，企业创新能力与企业互动的效度检验结果如表 4-4 所示。

表 4-4　效度检验

| 效度 | 企业创新能力 | 制造企业—物流企业互动 |
|---|---|---|
| KMO | 0. 842 | 0. 793 |
| Bartlett's | 0. 000 | 0. 000 |
| 累计解释方差（%） | 78. 43 | 82. 54 |

注：所有指标项的因子载荷均大于 0. 5。

## 3. 4　实证分析

物流企业创新能力和企业互动均由多个维度组成，不同维度衡量其不同的方面。这种具有多维度特性的因素，如若只是作为一个整体来分析很大程度上会忽视维度间的关系对结果的影响，不利于发现事物的本质。同时，企业在运营与管理过程中也很难做到有的放矢，影响优先级别的有效确定与资源的合理分配。本书以物流企业创新能力和企业互动的具体维度作为研究对象，通过相关分析和多元回归分析发掘创新能力与企业交互作用的内在本质。

### 3. 4. 1　相关分析

使用 Pearson 相关分析法分析企业创新能力的各个维度与企业互动的

各个维度之间的相关性，Pearson 相关分析结果如表 4-5 所示。

**表 4-5 企业创新能力与企业互动的 Pearson 相关分析**

| 创新能力类型 | 结构维度 | 关系维度 | 过程维度 |
|---|---|---|---|
| 技术创新能力 | 0.598** | 0.805** | 0.913** |
| 过程创新能力 | 0.735** | 0.743** | 0.784** |
| 市场创新能力 | 0.863** | 0.729** | 0.704** |
| 产品或服务创新能力 | 0.845** | 0.791** | 0.805** |

注：**表示 0.01 水平上相关性显著（双尾）。

从表 4-5 可以发现，在 0.01 显著性水平下，物流企业创新能力的四个维度与制造企业—物流企业互动的三个维度均呈正相关关系。

（1）对于企业互动的结构维度，物流企业的市场创新能力与其相关性最大，然后依次为产品或服务创新能力、过程创新能力、技术创新能力。

（2）对于企业互动的关系维度，物流企业的技术创新能力与其相关性最大，然后依次为产品或服务创新能力、过程创新能力、市场创新能力。

（3）对于企业互动的过程维度，物流企业的技术创新能力与其相关性最大，然后依次为产品或服务创新能力、过程创新能力、市场创新能力。

（4）对于物流企业的技术创新能力，企业互动的过程维度与其相关性最大，然后依次为关系维度、结构维度。

（5）对于物流企业的过程创新能力，企业互动的过程维度与其相关性最大，然后依次为关系维度、结构维度。

（6）对于物流企业的市场创新能力，企业互动的结构维度与其相关性最大，然后依次为关系维度、过程维度。

（7）对于物流企业的产品或服务创新能力，企业互动的结构维度与其相关性最大，然后依次为过程维度、关系维度。

### 3.4.2 多元回归分析

在上述相关分析的基础上，以企业创新能力各个维度作为自变量，企业互动各个维度分别作为因变量进行多元回归分析，结果如表 4-6 所示。

**表 4-6　企业创新能力对企业互动的回归分析**

<table>
<tr><th>因变量</th><th>进入模型顺序</th><th>Beta</th><th>T 值</th><th>Sig.</th><th>调整后 $R^2$</th><th>$F$</th></tr>
<tr><td rowspan="3">企业互动的结构维度</td><td>常数项</td><td></td><td>2. 049</td><td>0. 043</td><td rowspan="3">0. 783</td><td></td></tr>
<tr><td>市场创新能力</td><td>0. 520</td><td>5. 675</td><td>0. 000</td><td>174. 070**</td></tr>
<tr><td>产品创新能力</td><td>0. 401</td><td>4. 385</td><td>0. 000</td><td></td></tr>
<tr><td rowspan="3">企业互动的关系维度</td><td>常数项</td><td></td><td>2. 128</td><td>0. 036</td><td rowspan="3">0. 740</td><td></td></tr>
<tr><td>产品创新能力</td><td>0. 443</td><td>6. 006</td><td>0. 000</td><td>137. 751**</td></tr>
<tr><td>技术创新能力</td><td>0. 491</td><td>6. 647</td><td>0. 000</td><td></td></tr>
<tr><td rowspan="3">企业互动的过程维度</td><td>常数项</td><td></td><td>1. 634</td><td>0. 106</td><td rowspan="3">0. 882</td><td></td></tr>
<tr><td>产品创新能力</td><td>0. 317</td><td>6. 372</td><td>0. 000</td><td>359. 574**</td></tr>
<tr><td>技术创新能力</td><td>0. 689</td><td>13. 841</td><td>0. 000</td><td></td></tr>
</table>

注：** 表示 $p<0.01$。

因变量为企业互动的结构维度，回归分析进入模型的顺序为常数项、市场创新能力、产品创新能力，调整后的 $R^2$ 为 0. 783，可解释总体变异的 78. 3%；因变量为企业互动的关系维度，回归分析进入模型的顺序为常数项、产品创新能力、技术创新能力，调整后的 $R^2$ 为 0. 740，可解释总体变异的 74. 0%；因变量为企业互动的过程维度，回归分析进入模型的顺序为常数项、产品创新能力、技术创新能力，调整后的 $R^2$ 为 0. 882，可解释总体变异的 88. 2%。回归方程分别为：

企业互动的结构维度 = 0. 520×市场创新能力+0. 401×产品创新能力。

企业互动的关系维度 = 0. 443×产品创新能力+0. 491×技术创新能力。

企业互动的过程维度 = 0. 317×产品创新能力+0. 689×技术创新能力。

由回归方程得到标准化系数矩阵，如表 4-7 所示。

**表 4-7　标准化系数矩阵**

| 创新能力类型 | 互动的结构维度 | 互动的关系维度 | 互动的过程维度 | $\sum$ |
|---|---|---|---|---|
| 技术创新能力 | — | 0. 491 | 0. 689 | 1. 180 |
| 过程创新能力 | — | — | — | — |
| 市场创新能力 | 0. 520 | — | — | 0. 520 |
| 产品创新能力 | 0. 401 | 0. 443 | 0. 317 | 1. 161 |
| $\sum$ | 0. 921 | 0. 934 | 1. 006 | |

企业创新能力各个维度对企业互动各个维度的促进作用见图 4-2。

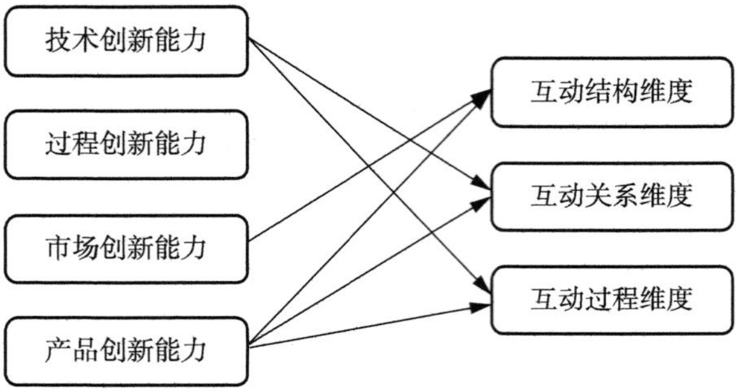


**图 4-2　企业创新能力各个维度对企业互动各个维度的促进作用**

注："——►"表示正向促进作用。

在上述相关分析的基础上，以企业互动各个维度作为自变量，企业创新能力各个维度分别作为因变量进行回归分析，结果如表 4-8 所示。

**表 4-8　企业互动对企业创新能力的回归分析**

| 因变量 | 进入模型顺序 | Beta | T 值 | Sig. | 调整后 $R^2$ | $F$ |
|---|---|---|---|---|---|---|
| 技术创新能力 | 常数项 | 0. 913 | −0. 018 | 0. 986 | 0. 833 | 478. 879** |
| | 过程维度 | | 21. 883 | 0. 000 | | |
| 过程创新能力 | 常数项 | | 1. 641 | 0. 104 | 0. 675 | |
| | 过程维度 | 0. 529 | 6. 448 | 0. 000 | | 100. 485** |
| | 结构维度 | 0. 363 | 4. 426 | 0. 000 | | |
| 市场创新能力 | 常数项 | | 0. 260 | 0. 796 | 0. 758 | |
| | 结构维度 | 0. 712 | 9. 599 | 0. 000 | | 151. 487** |
| | 关系维度 | 0. 205 | 2. 768 | 0. 007 | | |
| 产品创新能力 | 常数项 | | 0. 647 | 0. 519 | 0. 798 | |
| | 结构维度 | 0. 552 | 8. 542 | 0. 000 | | 190. 716** |
| | 过程维度 | 0. 417 | 6. 458 | 0. 000 | | |

注：**表示 $p<0.01$。

因变量为物流企业的技术创新能力，回归分析进入模型的顺序为常数项、企业互动过程维度，调整后的 $R^2$ 为 0. 833，可解释总体变异的 83. 3%；因变量为物流企业的过程创新能力，回归分析进入模型的顺序为常数项、企业互动过程维度、结构维度，调整后的 $R^2$ 为 0. 675，可解释总体变异的 67. 5%；因变量为物流企业的市场创新能力，回归分析进入模型的顺序为常数项、企业互动结构维度、关系维度，调整后的 $R^2$ 为 0. 758，可解释总体变异的 75. 8%；因变量为物流企业的产品创新能力，回归分析进入模型的顺序为常数项、企业互动结构维度、过程维度，调整后的 $R^2$ 为 0.798，可解释总体变异的 79.8%。回归方程分别为：

物流企业的技术创新能力=0.913×企业互动的过程维度。

物流企业的过程创新能力=0.529×企业互动的过程维度+0.363×企业互动的结构维度。

物流企业的市场创新能力=0.712×企业互动的结构维度+0.205×企业互动的关系维度。

物流企业的产品创新能力=0.552×企业互动的结构维度+0.417×企业互动的过程维度。

由回归方程得到标准化系数矩阵，如表 4-9 所示。

**表 4-9 标准化系数矩阵**

| 互动维度 | 技术创新能力 | 过程创新能力 | 市场创新能力 | 产品创新能力 | ∑ |
|---|---|---|---|---|---|
| 互动的结构维度 | — | 0.363 | 0.712 | 0.552 | 1.627 |
| 互动的关系维度 | — | — | 0.205 | — | 0.205 |
| 互动的过程维度 | 0.913 | 0.529 | — | 0.417 | 1.859 |
| ∑ | 0.913 | 0.892 | 0.917 | 0.969 | — |

企业互动各个维度对企业创新能力各个维度的促进作用如图 4-3 所示。

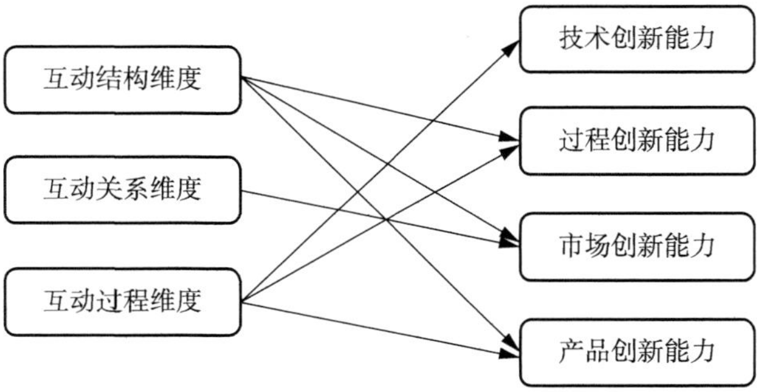


**图 4-3 企业互动各个维度对企业创新能力各个维度的促进作用**

注："——►"表示正向促进作用。

## 4 分析及启示

通过相关分析，我们得到物流企业创新能力的四个维度与制造企业—物流企业互动的三个维度两两正相关。在相关分析的基础上，采用多元回归分别分析企业创新能力各维度对企业互动各维度的影响程度和企业互动各维度对企业创新能力各维度的影响程度，回归分析结果表明：

（1）企业创新能力各维度对企业互动各维度的作用。市场创新能力和产品创新能力正向作用于企业互动的结构维度，且市场创新能力的作用大于产品创新能力；技术创新能力和产品创新能力正向作用于企业互动的关系维度，且技术创新能力的作用大于产品创新能力；技术创新能力和产品创新能力正向作用于企业互动的过程维度，且技术创新能力的作用大于产品创新能力。将标准化系数汇总成标准化系数矩阵，发现物流企业创新能力中的技术创新能力对企业互动的影响最大（$\sum=1.180$）。物流企业属于支持性服务行业（Hertz et al.，2003），其突出特点是客户价值导向，物流企业的技术创新能力有助于物流企业更好地适应制造企业对物流需求层次的提高，信息通信技术的使用能够促进双方企业的良性互动；过程创新能力对企业互动无影响，究其原因，过程创新能力更多的是与其他几个创新能力维度融为一体，通过其他维度发挥作用。运营过程中，创新能力经常被作为技术创新能力或产品创新能力的子因素（Hogan et al.，2011；Wang et al.，2004），企业互动的过程维度受物流企业创新能力的影响最大（$\sum=1.006$）。从动态能力视角，企业的创新能力使企业持续将知识、创意转换为新产品、流程或体系（Lawson et al.，2001），可以强化企业间的沟通和相互适应，即正向作用于企业互动的过程维度。

（2）企业互动各维度对企业创新能力各维度的作用。企业互动的三个维度，只有过程维度正向作用于物流企业创新能力的技术创新能力维度，企业互动的另外两个维度对技术创新能力的作用不显著；企业互动的结构维度和过程维度正向作用于过程创新能力维度，且过程维度的作用大于结构维度；企业互动的结构维度和关系维度正向作用于市场创新能力维度，且结构维度的作用大于关系维度；企业互动的结构维度和过程维度正向作用于产品创新能力维度，且结构维度的作用大于过程维度。将标准化系数汇总成标准化系数矩阵，发现企业互动中的过程维度对物流企业创新能力的影响最大（$\sum=1.859$），物流企业与制造企业互动正向作用于物流企业的创新能力。物流企业利润的实现以客户企业价值的提升为前提，物流企业创新能力的提升以更好地满足客户的需求和需求的变化为逻辑起点，加强与客户的沟通，及时获悉客户的需求变化，更好地与客户的运营相适应，是物流企业创新能力提升的最大驱动力。技术创新能力只受到过程维度的促进，物流领域的技术创新更多倾向于应用创新（Busse et al.，2011），在与制造企业相互适应和不断沟通的前提下，采用新的技术或设备以满足制造企业的要求。物流企业创新能力中的产品创新能力维度受企业互动的影响最大（$\sum=0.969$），从客户价值理论视角分析（Flint et al.，2002），物流企业与制造企业互动，以客户价值提升为动机和目的，具体表现为物流企业所提供的创新型产品和服务能够提升客户价值。产品或服务创新能力是物流企业创新能力的具体呈现，物流企业与制造企业各个层次的高频率互动，不断沟通和相互适应，能够有效促进物流企业产品或服务创新能力的提升。

## 5 结论

本章在已有创新领域和企业互动领域文献的基础上，以创新理论和动态能力理论为主要理论依据，将物流企业创新能力分为四个维度：技术创新能力、过程创新能力、市场创新能力、产品或服务创新能力；以社会资本理论和市场营销理论为主要理论依据，将物流企业—制造企业互动分为三个维度：结构维度、关系维度、过程维度。以客户价值理论和社会资本理论为主要理论依据，提出物流企业创新能力与企业互动互为促进的命题，通过对物流企业和制造企业的双边调查，获取97对样本企业一手数据，进行实证分析，实证研究结果表明：

（1）物流企业创新能力的四个维度与物流企业—制造企业互动的三个维度分别具有显著的两两相关性。

（2）物流企业创新能力与物流企业—制造企业互动存在交互作用，互为促进；但物流企业创新能力的各个维度和企业互动的各个维度并非全部具有交互作用（见图4-4）。

（3）物流企业创新能力的各个维度对企业互动的促进作用差异较大，$\sum\in(0, 1.180]$；但物流企业创新能力对企业互动的每个维度的促进作用差异较小，$\sum\in[0.921, 1.006]$。

（4）企业互动的各个维度对物流企业创新能力的促进作用差异较大，$\sum\in[0.205, 1.859]$；但企业互动对物流企业创新能力的每个维度的促进作用差异较小，$\sum\in[0.892, 0.969]$。

（5）技术创新能力对企业互动的影响最大，过程创新能力对企业互动无影响；产品或服务创新能力对企业互动的三个维度均有促进作用，市场创新能力只对结构维度有促进作用，技术创新能力对关系维度和过程维度有促进作用，企业互动的三个维度中，过程维度受企业创新能力的影响最大。物流企业应重点加强技术创新能力和产品或服务创新能力的培育，以更好地主动参与合作，进而与制造企业展开良性互动。

（6）企业互动的过程维度对物流企业创新能力影响最大，关系维度只影响市场创新能力，结构维度正向促进过程创新能力、市场创新能力、产品或服务创新能力，过程维度正向促进技术创新能力、过程创新能力、产品或服务创新能力；物流企业创新能力的四个维度，产品或服务创新能力受企业互动的影响最大。合作双方企业需加强沟通和适应，以及企业各个层级的高频率互动，以提升物流企业的创新能力。

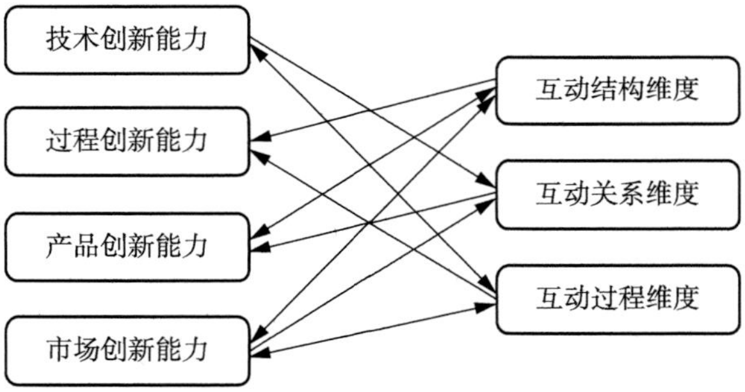


**图 4-4　企业创新能力各个维度与企业互动各个维度的关系**

注：单箭头表示促进作用，双箭头表示相互促进作用。

研究不足：

（1）受调研条件限制，本研究的样本数较少，在一定程度上可能会影响研究结论的稳定性，后续的研究可以扩大样本量。

（2）样本数据为截面数据。

（3）样本企业都是中国的企业，研究结论是否具有普适性未为可知。

（4）企业创新维度之间和企业互动维度之间可能存在没有考察的关系。

研究展望：

（1）收集时间序列数据，进行纵向研究。

（2）分析企业创新能力的各维度和企业互动的各维度内部之间可能存在的关系。

# 第5章　制造企业与3PL互动及制造企业物流绩效

## 1　概述

制造企业外包物流运作以获取专业化服务，专注提升自身核心竞争力。随着与第三方物流企业合作的深化及制造企业自身的发展，制造企业对物流运作的要求越来越高，对物流企业提供的物流服务范围和服务水平提出了新的要求。物流企业被动地对制造企业的物流需求变化做出反应，已不能适应制造企业的要求，这种被动的（reactive）配合不足以保证双方合作关系的持续。物流企业与制造企业互动（interactive），以提高制造企业的物流绩效逐渐引起学者们的关注。本章在已有研究的基础上，通过对物流企业与制造企业进行双边成组调查，深入分析企业互动的维度构成以及维度间的关系，进一步推进企业互动方面的研究；将企业互动的三个维度作为一个整体置于同一模型中（Villena et al.，2011），分析企业互动与制造企业物流绩效的关系，通过曲线拟合揭示企业互动对制造企业物流绩效影响的实质。

## 2　文献回顾及模型构建

### 2.1　物流企业—制造企业互动维度

参见第4章第2.2节所述。

### 2.2　物流企业—制造企业互动维度间关系

现有文献对互动维度的划分是基于特定的研究目的，分析互动对企业绩效的作用，忽视了企业的互动维度之间可能存在的关系，对维度之间关系的研究只是零星地提及而未做系统地分析与论证（见表 5-1）。沿着维勒娜（Villena）等（2011）的研究建议，本章首先考察企业互动的各个维度之间可能存在的关系。

**表 5-1　企业互动维度间的关系**

| 互动维度间的关系 | 研究者及年份 |
|---|---|
| 过程维度→结构维度 | Krause 等（2007）；Lawson 等（2008） |
| 结构维度→过程维度 | Capaldo（2007）；Adler 等（2009） |
| 过程维度→关系维度 | Large 等（2011）；Large（2011）；Deepen 等（2008） |
| 关系维度→过程维度 | Chenet 等（2004）；Kotabe 等（2003） |
| 关系维度→结构维度 | Koka 和 Prescott（2002）；Gulati 和 Sytch（2007） |
| 结构维度→关系维度 | Inkpen 和 Tsang（2005）；Kale 等（2000） |

注：“——→”表示正向的促进作用。

资料来源：根据相关参考文献整理。

由关于企业互动维度间关系的研究文献，发现企业互动的三个维度间均存在两两促进关系。基于此，我们提出本章研究的初始概念模型一，如图 5-1 所示。

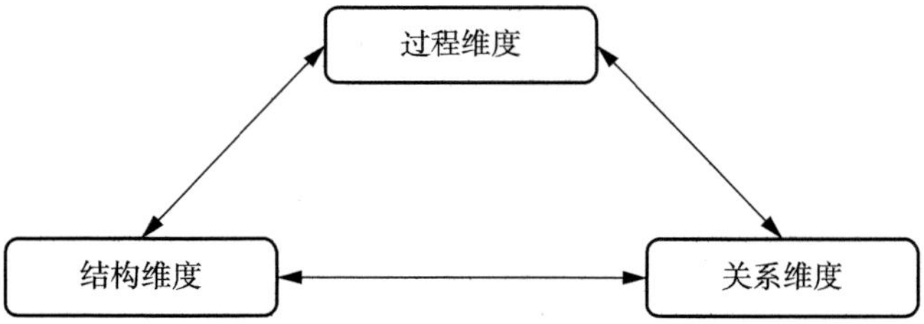


**图 5-1　研究的初始概念模型一**

注：双向箭头表示相互正向促进作用。

基于上述分析，提出如下命题：

**命题 1：物流企业—制造企业互动的三个维度间存在两两促进的关系。**

## 2.3　企业互动对制造企业物流绩效的作用机理

物流企业—制造企业互动对双方企业获取收益非常重要，物流企业收益的获取以制造企业物流绩效的提升为前提条件，物流企业提供服务的客户导向性反映了企业互动的本质。研究企业互动对制造企业物流绩效的作用更为直接，现有文献关于企业互动与绩效的关系研究，多从单一维度进行，即使考察多个维度（Lawson et al., 2008；Villena et al., 2011；Hughes et al., 2011），也只是简单地将单一维度进行叠加，实证研究的结论存有较大的差异。库森（Cousins）等（2006）、劳森（Lawson）等（2008）、克劳斯（Krause）等（2007）研究发现，企业互动对企业绩效有正向促进作用；古拉蒂（Gulati）和西奇（Sytch）（2007）、彼得森（Petersen）等（2005）、斯威克（Swink）等（2007）研究发现，企业互动对企业绩效并没有线性的正向促进作用；安德森（Anderson）和斋浦（Jap）（2005）、达斯（Das）等（2006）认为高水平互动可能会对绩效有负向影响；维勒娜（Villena）等（2011）研究发现，企业互动与企业绩效呈倒“U”形关系。研究结论的差异说明企业互动与企业绩效关系的复杂性，同时可能是在进行分析时，没有考虑到互动维度间的相互作用对绩效的影响，以及这种相互作用对单一维度与绩效间关系的影响。基于此，我们提出初始概念模型二，如图 5-2 所示，尝试将企业互动的三个维度作为一个整体，通过数据拟合企业互动对制造企业物流绩效的作用机理进行探索性研究。

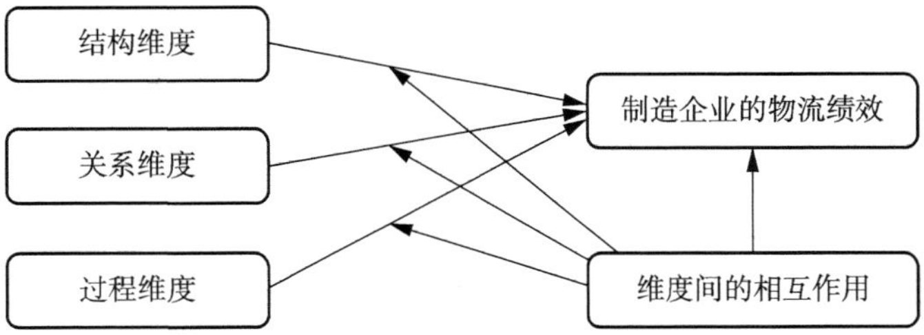


**图 5-2　研究的初始概念模型二**

注：“——→”表示正向促进作用；箭头交叉表示正向调节作用。

基于上述企业互动与企业绩效关系的复杂性的分析，提出如下命题：

**命题 2：企业互动维度间的相互作用对制造企业物流绩效有正向促进作用。**

**命题 3：企业互动维度间的相互作用对企业互动单一维度与制造企业物流绩效之间的关系有一定程度的增强或弱化作用。**

运作层面的互动可以促进运营信息的共享以迅速解决遇到的问题，整合双方企业的运作流程（Dyer et al., 2000），管理层面的互动使双方企业联系更为紧密，双方企业在多个方面有效整合，通过深入合作获得战略收益（Villena et al., 2011）。随着互动程度的加深和频率的加大，制造企业与物流企业过多的互动会限制制造企业与其他物流企业的合作，甚至会抑制制造企业对物流领域的参与，并最终影响制造企业的物流运营（McFadyen et al.，2004）。制造企业与物流企业互动伊始，双方企业共同解决问题，形成合作规范，对制造企业的物流绩效有正向促进作用；随着互动的进一步推进，由企业互动产生的信息冗余和情感锁定，对制造企业的物流绩效的促进作用将大为减弱，甚至出现消极的影响。基于上述分析，提出如下命题：

**命题4：物流企业—制造企业互动的结构维度与制造企业物流绩效的关系存在拐点。**

企业间的关系对企业绩效的作用甚至大于企业自身运营对企业绩效的作用（Halldorsson et al.，2004）。合作企业良好的关系可有效降低交易成本（Kale et al.，2000）、提高客户忠诚度（Large et al.，2011）、抑制机会主义行为的出现（Villena et al.，2011）、增强共同抵御风险的能力（Dyer et al.，2000）。实证研究表明企业间的关系对控制运营成本（Villena et al.，2011）、提高运作柔性（Cousins et al.，2006）、质量掌控（Lawson et al.，2008）等方面有明显的促进作用。物流企业与制造企业互动体现了客户导向的内涵，物流企业以客户需求为导向能够提升制造企业的物流绩效（Tian et al.，2010），物流企业与制造企业之间良好的双边关系能够提升物流企业的竞争力（Gadde et al.，2009）和制造企业的物流运作绩效（Halldorsson et al.，2004）。基于上述分析，提出如下命题：

**命题5：物流企业—制造企业互动的关系维度对制造企业物流绩效有正向促进作用。**

适应与沟通能够很好地应对物流企业与制造企业互动的动态性特征。物流企业在与制造企业互动的过程中，以自身运作能力和对客户的可适应程度作为战略选择的依据（Hertz et al.，2003），物流企业修正其自身运营系统以适应客户特定需求，为客户提供复杂的、以客户需求为导向的物流服务，适应客户具体要求是提高客户忠诚度，进而提升企业绩效的先决条件（Large et al.，2011）。制造企业对物流企业的适应可提高双方企业的互依性（Large，2011），增加转换成本（Williamson，2008），提高互动层次，扩大互动范围。此外，组织间沟通对双方企业合作也至关重要（Cousins et al.，2006），相互合作的企业间的有效（effective and efficient.）沟通能够减少运营偏差（Chen et al.，2004）、提高运营质量（Deepen et al.，

2008）、缩短客户响应时间、增加运营柔性（Tian et al.，2010）、强化双边合作（Large，2011）。良好的沟通是企业成功合作的关键，但沟通并非越频繁越好，随着双方企业沟通的增加，大量的额外信息开始出现，信息交换出现冗余（Koka et al.，2002）；如果有太多的信息，将会导致决策的时滞。基于上述分析，提出如下命题：

**命题6：物流企业—制造企业互动的过程维度与制造企业物流绩效的关系存在拐点。**

企业互动的三个维度与制造企业物流绩效之间存在复杂、动态的关系，将互动的三个维度和维度间的相互作用整体作为一个系统，来研究企业互动对制造企业物流绩效的影响更有实际意义，结论也有更好的鲁棒性。

## 3 研究设计

### 3.1 研究样本

参见第4章第3.1节所述。

### 3.2 变量设计与测量

本研究的变量测量指标以现有物流外包关系和企业互动研究文献中的指标为主要参考，指标测量采用七分李克特（Likert）量表。

（1）结构维度。结构维度的指标设计主要参考Capaldo（2007）、Yam等（2011）、Van der Valk等（2008，2009）使用的测量指标。测量中分值“1”表示完全不重视，“7”表示非常重视，主要测量企业互动深度、互动频率等3个方面。

（2）关系维度。关系维度的指标设计主要参考Cousins等（2006）、Autry和Griffis（2008）使用的测量指标。测量中分值“1”表示完全不同意，“7”表示非常同意，主要测量企业间的信任、承诺等关系表现，共选取5个指标。

（3）过程维度。过程维度的指标设计主要参考Deepen等（2008）、Van der Valk等（2008，2009）、Chen等（2004）使用的测量指标。测量中分值“1”表示完全不符合，“7”表示非常符合，主要测量物流企业的沟通和适应情况，共选取 5 个指标。

（4）制造企业物流绩效。指标设计主要参考 Tian 等（2010）、Lawson 等（2008）使用的测量指标。测量中分值“1”表示完全不符合，“7”表示非常符合，分别从专注核心竞争力、掌握最先进的物流技术等 4 个方面进行衡量。

## 3.3 信度、效度检验

通过 Cronbach's alpha 对构成变量的内部一致性进行检验，结果如表 5-2 所示。变量的信度范围为 0.763~0.908，均高于 0.7，说明本书所采用的理论结构变量在样本数据中具有很好的内部一致性。

**表 5-2　变量的 Cronbach's alpha 系数**

| 变量 | 结构维度 | 关系维度 | 过程维度 | 制造企业物流绩效 |
|---|---|---|---|---|
| Cronbach's alpha 系数 | 0.842 | 0.908 | 0.876 | 0.763 |

效度检验包括内容效度和结构效度，本书的变量皆来自现有文献，并参考了企业高管和本领域专家的意见，具有良好的内容效度；结构效度通过因子分析（Factor Analysis）进行检验，因子分析之前先进行样本充分性检验，即样本充分性 KMO（Kaiser-Meyer-Olykin）测试系数检测和巴特莱特球体检验（Bartlett Test of Sphericity），KMO 大于 0.70、Bartlett's 显著性概率均为 0.000，即可进行因子分析；采用主成分分析法依照特征值大于 1 的原则提取公共因子，选用方差最大法进行旋转，使因子具有最大的解释性；当指标项的因子荷载值都大于 0.5，且累计解释方差的比例大于 50%，则通过效度检验。企业互动与制造企业物流绩效的效度检验结果如表 5-3 所示。

**表 5-3　效度检验**

| 变量 | 制造企业—物流企业互动 | 制造企业物流绩效 |
|---|---|---|
| KMO | 0.817 | 0.825 |
| Bartlett's | 0.000 | 0.000 |
| 累计解释方差（%） | 87.64 | 88.21 |

注：所有指标项的因子载荷均大于 0.5。

## 3.4 实证分析

### 3.4.1 模型一

对初始模型一采用 MATLAB 软件做三维拟合图，结果如图 5-3 所示。

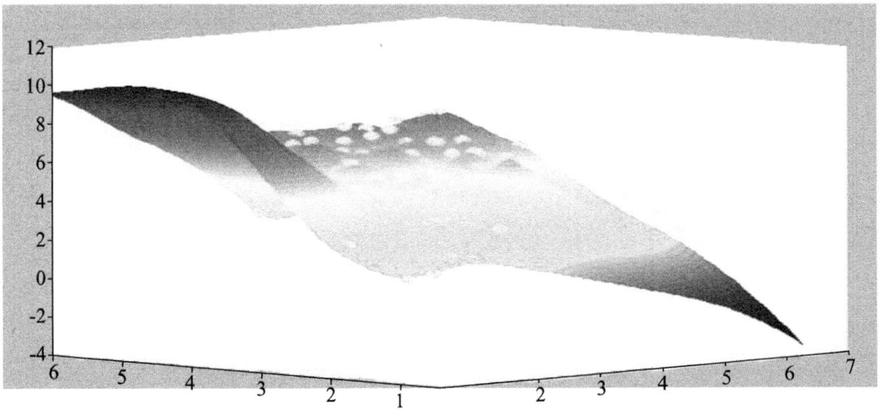

**图 5-3 互动维度间相互作用的三维拟合图**

三维拟合曲面分别在 $X-Y$、$X-Z$、$Y-Z$ 平面投影，结果如图 5-4 所示。

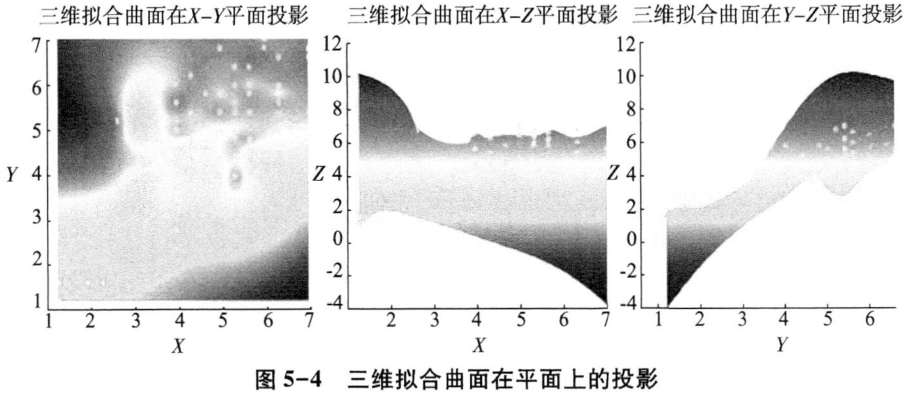


**图 5-4 三维拟合曲面在平面上的投影**

对 $X-Y$、$X-Z$、$Y-Z$ 做交互拟合，通过比较剩余标准差，发现纯二次型的剩余标准差最小，曲线拟合程度最好。剩余标准差如表 5-4 所示，纯二次型模型拟合的交互式画面如图 5-5 所示。

**表 5-4 剩余标准差**

| 二维平面 | 线性 | 纯二次型 | | 线性 | 纯二次型 | | 线性 | 纯二次型 |
|---|---|---|---|---|---|---|---|---|
| $X-Y$ | 0.83034 | 0.82122 | $X-Z$ | 0.87152 | 0.86315 | $Y-Z$ | 0.6394 | 0.63409 |

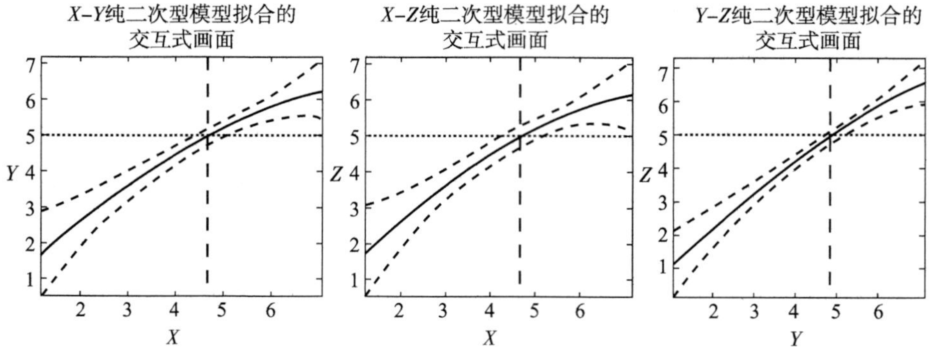


**图 5-5 纯二次型模型拟合的交互式画面**

由三维拟合曲面、三维拟合曲面在平面上的投影以及两两维度的交互式画面可知，企业互动的维度间存在动态的交互关系，即三个维度相互影响，互为促进，存在近似于直线的曲线关系。互动维度间的相互作用关系如表 5-5 所示。

**表 5-5 互动维度间的相互作用关系**

| | | | |
|---|---|---|---|
| $0<k<1$ | 结构维度→关系维度 | 结构维度→过程维度 | 关系维度→过程维度 |
| $k>1$ | 关系维度→结构维度 | 过程维度→结构维度 | 过程维度→关系维度 |

注：①$k$ 为直线斜率；②"→"表示自变量指向因变量。

### 3.4.2 模型二

对初始模型二采用 MATLAB 软件做曲线拟合，以制造企业物流绩效为因变量，企业互动的三个维度为自变量；通过比较剩余标准差（见表 5-6），确定以完全二次型曲线对数据进行拟合，完全二次型拟合的交互式画面如图 5-6 所示。

**表 5-6 剩余标准差**

| 标准差 | 线性 | 纯二次型 | 交叉二次型 | 完全二次型 |
|---|---|---|---|---|
| 剩余标准差 rmse | 1.0116 | 0.96246 | 0.96144 | 0.91468 |

完全二次型回归系数 beta = 3.6716　−2.6761　2.0877　0.21607　0.16674　0.15865　0.66251　0.12027　−0.57315　−0.41298

完全二次型回归函数形式为：

$$W=3.6716-2.6761X+2.0877Y+0.21607Z+0.16674XY+0.15865XZ+0.66251YZ+0.12027X^2-0.57315Y^2-0.41298Z^2$$

$X$：企业互动的结构维度；$Y$：企业互动的关系维度；

$Z$：企业互动的过程维度；$W$：制造企业的物流绩效。

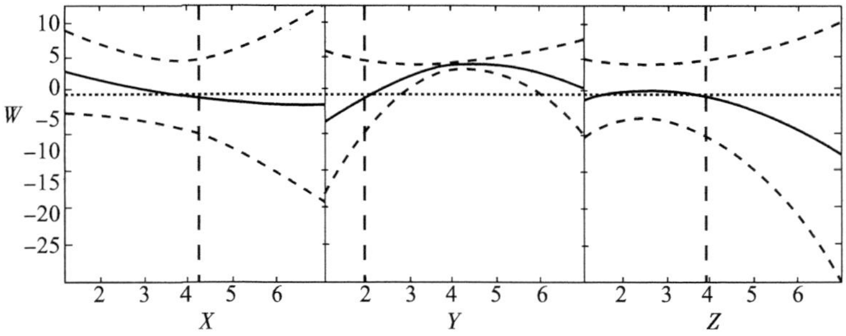


交互式画面一

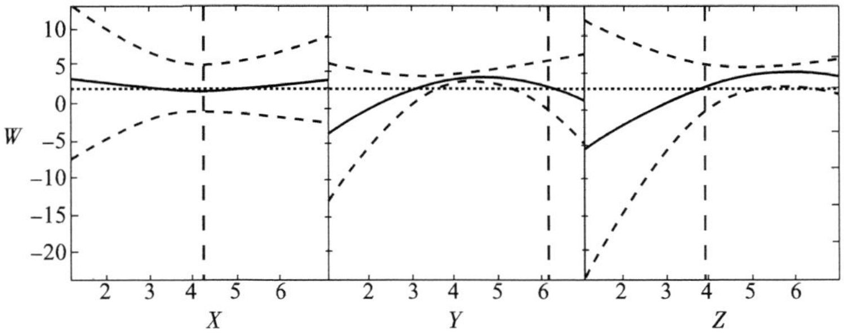


交互式画面二

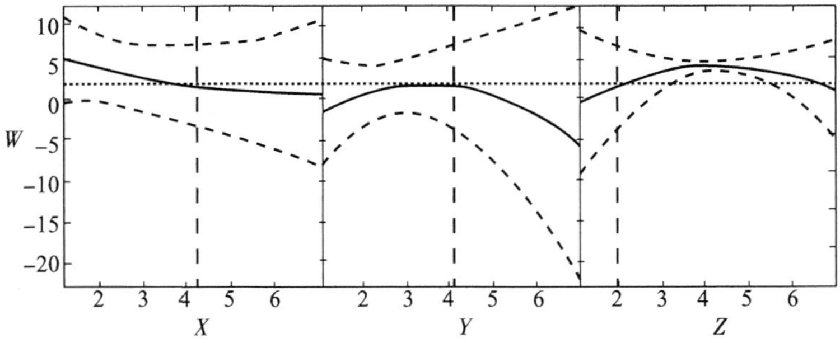


交互式画面三

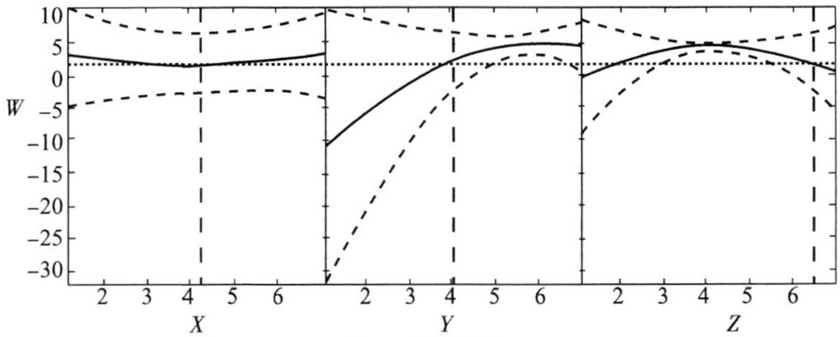


交互式画面四

**图 5-6　完全二次型模型拟合的交互式画面**

由曲线拟合的交互式画面可知，$X$ 的变化对 $Y$、$Z$、$W$ 的影响不大；在 $Y$ 变化之初，$W$ 增速较快，随着 $Y$ 逐渐变大，$W$ 增速渐缓，$Y$ 的变化会导致 $X \to W$、$Z \to W$ 的曲线形状发生变化（如图 5-6 中交互式画面一、交互式画面二所示）。在 $Z$ 变化之初，$W$ 增速较快，随着 $Z$ 逐渐变大，$W$ 增速渐缓，$Z$ 的变化会导致 $X \to W$、$Y \to W$ 的曲线形状发生变化（如图 5-6 中交互式画面三、交互式画面四所示），$Z$ 对 $W$ 的影响大于 $Y$ 对 $W$ 的影响。

由回归函数的系数可知，$X$、$Y$、$Z$ 存在两两交互项，且系数均为正，$Y$ 与 $Z$ 的交互项系数最大；$X$ 与 $W$ 呈正 "U" 形曲线关系，$Y$ 与 $W$ 呈倒 "U" 形曲线关系，$Z$ 与 $W$ 呈倒 "U" 形曲线关系。

上述实证结果表明：命题 1 至命题 4、命题 6 得到支持；命题 5 未获支持。

## 4 分析及启示

由上述 MATLAB 软件的运行结果可以得出：

（1）企业互动的三个维度间两两互为促进，程度有所差异，过程维度对企业互动的其他两个维度影响最大，结构维度对企业互动的其他两个维度的影响最小（见表 5-6）。

（2）企业互动的结构维度与关系维度互为促进，但结构维度的提升对关系维度提升的作用小于关系维度提升对结构维度提升的作用；同样的情形出现在结构维度对过程维度和关系维度对过程维度。

由图 5-6 及完全二次型的回归系数分析得到：

（1）企业互动的不同维度对制造企业物流绩效的影响不同，由大到小依次为过程维度、关系维度、结构维度。

（2）企业互动的过程维度本身对制造企业物流绩效的影响不大，但过程维度与关系维度的交互作用对制造企业物流绩效的影响较大。

（3）随着企业互动的结构维度的增大，制造企业物流绩效先减少后增加；随着过程维度和关系维度的增大，制造企业物流绩效先增加后减少。

（4）企业互动维度间的交互作用对制造企业物流绩效有正向促进作用（$XY$、$XZ$、$YZ$ 的系数均为正）。

本研究对企业的启示：

（1）企业互动的三个维度是一个整体，不能人为割裂只考虑单一维度。企业决策时，应把企业互动的各个维度作为一个整体系统考虑。

（2）企业互动过程中的资源投入在各个维度基本均衡的前提下，可考虑对过程维度和关系维度的适当倾斜。

（3）企业互动与制造企业物流绩效的关系并不是直线型促进关系，企业需要对互动与绩效的关系进行动态监控。

## 5 结论

本章在现有企业互动与企业绩效关系研究文献基础上，以社会资本理论和供应链管理理论为主要理论支撑，结合交易成本理论和市场营销理论，构建企业互动对制造企业物流绩效作用机理的研究框架。通过对现有文献关于企业互动维度划分的深入分析，创造性地提出企业互动的三个维度：结构维度、关系维度、过程维度。依据 Villena 等（2011）的研究建议，分析三个维度间存在的关系；使用 MATLAB 软件进行模拟分析，发现互动的三个维度间存在相互促进作用，而并非孤立的个体。因此，进行企业互动研究时，不能只考虑单一维度（Cousins et al.，2006；周丹 等，2013；Wynstra et al.，2006），或分别考察多个维度而忽视维度间的关联（Lawson et al.，2008；Villena et al.，2011；Autry et al.，2008），需把企业互动的各个维度作为一个整体进行分析；以企业互动作为自变量，制造企业物流绩效作为因变量，研究企业互动对绩效的作用。从曲线拟合的结果发现，企业互动的三个维度对制造企业物流绩效的作用曲线均存在拐点，与 Villena 等（2011）的研究结论一致。企业互动三个维度的交互作用对制造企业物流绩效有正向促进作用；同时，这种维度间的相互作用能不同程度地加强或弱化单一维度对制造企业物流绩效的作用。

现有关于企业互动方面的研究更多出现于社会资本研究领域，近年来为供应链管理和市场营销领域的学者所重视。理论的结合和视角的差异，有利于我们发现事物的本质。本书提出企业互动的三个维度，以及对维度间关系的探讨，进一步深化了企业互动的研究；利用 97 组成对样本数据，对企业互动与制造企业物流绩效的关系进行实证分析，将物流管理领域的研究延伸至社会资本领域。

研究不足：

（1）受调研条件限制，本研究的样本数较少，一定程度上可能会影响研究结论的稳定性，后续的研究可以扩大样本量。

（2）样本数据为截面数据。

（3）样本企业都是中国企业，研究结论是否具有普适性未为可知。

研究展望：

（1）在研究过程中，可收集时间序列数据进行纵向研究。

（2）本书在研究企业互动对制造企业物流绩效的作用时只考察了直接作用，而没有考察可能存在的中介变量（部分中介或完全中介）或调节变量，未来可进一步做这方面的探索性研究。

# 第 3 部分

# 供应链整合

# 第 6 章　供应链整合与整合维度

技术革新深层次影响着企业的管理与运营，信息技术使管理幅度越来越宽、组织层级越来越少，企业变得扁平，市场的反应速度越来越快，组织边界越发模糊。技术与管理作为人类社会进步的双引擎，相互影响、相互促进；信息和网络技术的成熟与广泛应用，推动着管理跨越组织边界，对先前的管理实践进行重新思考与调整。企业之间的竞争是供应链之间的竞争（Christopher，2005），供应链整合作为供应链管理的核心内容（Vaart et al.，2006），越发受到学术界和企业界的重视。现有关于供应链整合的文献中，多集中于探讨供应链整合与企业绩效的关系，忽视了供应链整合维度之间的关系（Vaart et al.，2008）。本章通过对 104 家中国企业供应链整合情况的深入调查，经过实证分析与曲线拟合，揭示我国企业供应链整合各维度间的关系。

## 1　文献回顾及研究假设

### 1.1　供应链整合与供应链整合的维度

供应链管理的实质是通过整合组织中所有界面的业务来提升企业绩效（Bowersox et al.，2002），供应链整合作为供应链管理的核心内容，其内涵非常广泛，学者们从不同角度对供应链整合进行了研究。鲍尔索克斯（Bowersox）和莫拉什（Morash）（1989）认为供应链整合就是协调供应链上所有渠道成员的关系、活动、功能、流程和位置。维克瑞（Vickery）等（2003）认为供应链应作为一个系统并进行战略性的管理，而不是为各个分散子系统进行优化管理。赵（Zhao）（2011）从战略合作与企业能力的角度定义供应链整合，认为供应链整合是企业与联盟伙伴共同管理组织内、外的运作流程，以达到产品、服务、信息、资金和决策的有效管理，在低成本前提下，提高对客户反应速度，为客户创造价值。结合之前文献对供应链整合的界定，本书定义的供应链整合是指供应链上的各级企业通过有效地集成组织内部资源，整合供应链上游供应商和下游客户，以更好地为最终客户服务，是一个组织内部各部门和组织之间战略协作的过程。

学者们在研究供应链整合时，通常将供应链整合分解为一定的维度来进行，表 6-1 归纳了重要文献对供应链整合的维度划分。结合供应链管理的思想（供应商—企业自身—客户），本章将供应链整合分为三个维度，即供应商整合、内部整合和客户整合，供应商整合和客户整合合在一起即为文献中的外部整合。

**表 6-1　重要文献对供应链整合的维度划分**

| 供应链整合维度 | | 研究者及年份 |
|---|---|---|
| 单一维度 | 供应链整合 | Armistead 和 Mapes（1993）；Marquez 等（2004）；Rosenzweig 等，（2003）；Vickery 等（2003） |
| | 供应商整合 | Cousins 和 Menguc（2006）；Das 等（2006）；Koufteros 等（2007）；Petersen 等（2005）；Ragatz 等（2002） |
| | 战略整合 | Johnson（1999） |
| | 内部整合 | Pagell（2004） |
| | 客户整合 | Homburg 和 Stock（2004） |
| 多维度 | 供应商整合；客户整合 | Frohlich 和 Westbrook（2001）；Swink 等（2007） |
| | 内部整合；外部整合 | Saeed 等（2005）；Stank 等（2001b） |
| | 供应商整合；客户整合；战略规划整合；设计过程整合 | Droge 等（2004） |
| | 内部整合；下游整合 | Germain 和 Iyer（2006） |
| | 物流与生产整合；外部整合；物流与营销整合 | Gimenez 和 Ventura（2005） |
| | 内部整合；客户整合；供应商整合；供应商流程整合 | Koufteros 等（2005） |
| | 组织内部流程整合；组织间运作集成 | Morash 和 Clinton（1998） |
| | 内部整合；客户整合；供应商整合 | Narasimhan 和 Kim（2002）；Flynn 等（2009）；Huo（2012）；Zhao 等（2011）；Wong 等（2011） |

资料来源：根据相关参考文献整理。

## 1.2 内部整合与外部整合的关系

内部整合打破组织内部各部门间的藩篱（Flynn et al.，2010；Wong et al.，2007），使组织决策、运作等同步进行，部门共同合作以满足客户的需求（Huo，2007）；外部整合发生在组织之间，是组织战略协作的过程（Wong et al.，2011）。关于内部整合与外部整合的关系，学者们尚未达成一致的结论，主要观点如表6-2所示。

**表6-2 SCI维度间关系的几种主要观点**

| 整合维度间关系 | 研究者及年份 |
| --- | --- |
| 没有关系 | Smith等（1995）；Closs和Savitskie（2003） |
| 内部整合促进外部整合 | Flynn等（2010）；Zhao等（2011）；Chen（2004）；Morash和Clinton（2005）；Huo（2012）；Braunscheidel和Suresh（2009） |
| 外部整合促进内部整合 | Sanders和Premus（2005）；Stank等（2001b） |
| 内部整合与外部整合相互促进 | Ward和Zhou（2006）；Rodrigues等（2004）；Gimenez和Ventura（2005）；Droge等（2004）；Germain和Iyer（2006） |

资料来源：根据相关参考文献整理。

企业的内部整合能力是外部有效整合的基础（Zhao et al.，2011）。企业在与供应商和客户合作时，如果只是各部门分别参与（如市场部负责客户整合，采购部负责供应商整合），而忽视企业作为整体运营的特点，人为割裂组织内部各部门的关联与配合，就会使组织无法有效地进行外部整合。因此，内部整合是外部整合的先决条件（Hillebrandet al.，2003）。企业在参与供应链合作过程中，客户和供应商是企业所处环境的重要组成部分（Flynn et al.，2010），通过组织学习（Simonin，1997）、组织规范的相互影响（Campbell，1998），外部整合为组织内部整合提供了强大的动力（Hillebrand et al.，2003）。我国企业在进行供应链整合实践中，由于管理理念、管理技术等多方面原因，企业的内部调整更多的是源于供应商和客户的压力，迫使企业改变现行运作方式，整合内部运作以维持竞争优势以便更好地参与合作（Richey Jr et al.，2009）。外部整合作为企业组织内部整合在组织边界上的延伸（Huo，2012），反过来对企业内部整合有一定的推动作用。

现有的文献在研究内部整合与外部整合的关系时，大多采用结构方程模型（Zhao et al.，2011；Huo，2012；Braunscheide et al.，2009）。结构方程模型在阐释变量间因果关系时有一定的优势，但其并不能有效地表达变量间的互动关系，对模型递归性的判断更使得研究人员忽视变量间的交互作用。我们认为供应链整合维度间的关系，并非简单的因果关系，而是一个动态交互的情形，整合维度间整合水平的变化是相互影响的，任一整合维度整合水平的变化都会作用于其他维度整合水平的变化趋势，这与供应链是一个复杂适应系统（Complex Adaptive System，CAS）的论断相吻合（周健、李必强，2004）。

基于以上分析，提出如下命题：

**命题 1：供应商整合与企业内部整合相互影响，且影响方式动态交互。**

**命题 2：客户整合与企业内部整合相互影响，且影响方式动态交互。**

本研究的初始概念模型如图 6-1 所示。

**图 6-1　初始概念模型**

注：双向箭头表示相互促进作用。

## 2 研究设计

### 2.1 研究样本

本研究在样本的选择上沿着 Flynn 等（2010）的研究建议，以供应链上的各级成员企业为调查研究对象，出于地域文化差异和经济发展程度不同的考虑，选择上海、杭州、合肥、北京、青岛和哈尔滨等城市共计 300 家企业作为调研对象。调查问卷的设计主要参考国外文献，结合中国情况进行调整。问卷设计完成之初，在合肥市寻找了 20 家合作企业对问卷进行预填写，初步检验，并与企业的高层进行交流，对问卷进行适当调整，结合有丰富实践经验的物流与供应链管理专家的建议，对问卷内容进行了适当修正，形成最终问卷。问卷发放采取联系校友的方式，保证了问卷的回收率和填写质量。本次调研共发放问卷 300 份，回收问卷 146 份，其中有效问卷 104 份，整体有效率 34.7%，样本企业的主要特征如表 6-3 所示。

表 6-3 样本企业的主要特征

| 所属行业 | 企业数（家） | 百分比（%） | 企业规模（员工人数） | 企业数（家） | 百分比（%） | 所有制类型 |
|---|---|---|---|---|---|---|
| 机械制造 | 27 | 25.96 | 100 以下 | 26 | 25 | 国有企业 |
| 生物 | 3 | 2.88 | 100~500 | 33 | 31.73 | 民营企业 |
| 化工 | 11 | 10.58 | 500~1000 | 9 | 8.65 | 合资企业 |
| 通信 | 8 | 7.69 | 1000~5000 | 17 | 16.35 | — |
| 食品 | 6 | 5.77 | 5000 以上 | 19 | 18.27 | — |
| 服务业 | 9 | 8.65 | — | — | — | — |
| 电子商务 | 10 | 9.62 | — | 23 | 22.12 | — |
| 零售、批发 | 4 | 3.85 | — | 49 | 47.12 | — |
| 其他 | 26 | 25 | — | 22 | 30.77 | — |

## 2.2 变量设计与测量

本研究的变量测量指标以现有供应链整合文献中的指标为参考，结合中国实际情况做了适当调整与增减，指标测量采用五分李克特（Likert）量表。

（1）供应商整合。供应商整合的指标设计主要参考 Flynn 等（2010）、Zhao 等（2010）、Wong 等（2011）使用的测量指标，测量中分值“1”表示完全不符合，“5”表示非常符合，主要测量企业与主要供应商之间的信息共享、共同运作、流程柔性等 13 个指标。

（2）内部整合。内部整合的指标设计主要参考 Zhao 等（2010）和 Wong 等（2011）使用的测量指标，测量中分值“1”表示完全不重视，“5”表示非常重视，主要测量企业内部各部门之间的信息共享、共同运营、跨部门团队等 9 个指标。

（3）客户整合。客户整合的指标设计主要参考 Huo（2012）、Zhao 等（2010）和 Wong 等（2011）等使用的测量指标，测量中分值“1”表示完全没有，“5”表示广泛应用，主要测量企业与主要供应商之间的信息共享、快速响应、交流互动等 11 个指标。

## 2.3 实证分析

### 2.3.1 因子分析和多元线性回归

本章使用 SPSS 18.0 软件，采用多元回归的方法对假设进行验证。由于在变量测量过程中，所选指标数目较多，指标之间不可避免存在一定的相关性。为了精练研究数据并减少回归分析中的多重共线性问题，在回归之前对各变量的初始指标进行了因子分析；降维之前先检验数据是否适合做因子分析，用 KMO 和 Bartlett 的球形度检验，检验结果如表 6-4 所示。

**表 6-4　各变量的 KMO 和 Bartlett 的球形度检验结果**

| 变量 | 供应商整合 | 内部整合 | 客户整合 |
|---|---|---|---|
| KMO | 0. 879 | 0. 814 | 0. 825 |
| 近似卡方 | 892. 561 | 282. 730 | 623. 428 |
| df | 78 | 36 | 55 |
| Sig. | 0. 000 | 0. 000 | 0. 000 |

由表 6-4 可知本书所有变量均适合做因子分析，且因子分析的结果可以接受。采用主成分分析法依照特征值大于 1 的原则提取公共因子，选用方差最大法进行旋转，使因子具有最大的解释性，因子分析结果如表 6-5 所示。

**表 6-5　因子分析结果**

| 变量 | 供应商整合 | | 内部整合 | | 客户整合 | |
|---|---|---|---|---|---|---|
| 公共因子 | 信息共享 | 与主要供应商合作 | 信息共享 | 跨部门合作 | 信息共享 | 与主要客户合作 |
| 方差累计百分比（%） | 39. 477 | 65. 861 | 29. 298 | 56. 518 | 34. 505 | 62. 283 |

基于以上结果，以内部整合中的两个公共因子作为因变量，供应商整合和客户整合作为自变量，分别进行多元线性回归，回归分析结果如表 6-6 所示。

**表 6-6　回归分析结果**

| 整合类型 | | 内部整合 | |
|---|---|---|---|
| | | 信息共享 | 跨部门合作 |
| 供应商整合 | 信息共享 | 0. 045 | 0. 822 |
| | 与主要供应商合作 | 0. 585 | 0. 900 |
| 客户整合 | 信息共享 | 0. 000 | 0. 870 |
| | 与主要客户合作 | 0. 607 | 0. 350 |

注：表中数据为 $p$ 值。

### 2. 3. 2　交互拟合与命题检验

在上述结果的基础上，以内部整合的信息共享因子得分作为因变量，供应商整合和客户整合的信息共享因子得分作为自变量，用 MATLAB 做拟合分析。通过比较剩余标准差，发现完全二次型的剩余标准差最小，曲线拟合程度最好，剩余标准差如表 6-7 所示，完全二次型模型拟合的交互式画面如图 6-2所示。

**表 6-7　剩余标准差**

| 变量 | 线性 | 纯二次型 | 交叉二次型 | 完全二次型 |
|---|---|---|---|---|
| 剩余标准差 rmse | 0. 9286 | 0. 9229 | 0. 9284 | 0. 9064 |

完全二次型回归系数 beta = −0. 1761　0. 1215　0. 3856　−0. 1846　0. 0975　0. 1381

完全二次型回归函数形式为：

$y=-0.1761+0.1215x_1+0.3856x_2-0.1846x_1x_2+0.0975x_1^2+0.1381x_2^2$

其中，$x_1$为供应商整合维度中的信息共享因子；$x_2$为客户整合维度中的信息共享因子；$y$ 为内部整合维度中的信息共享因子。

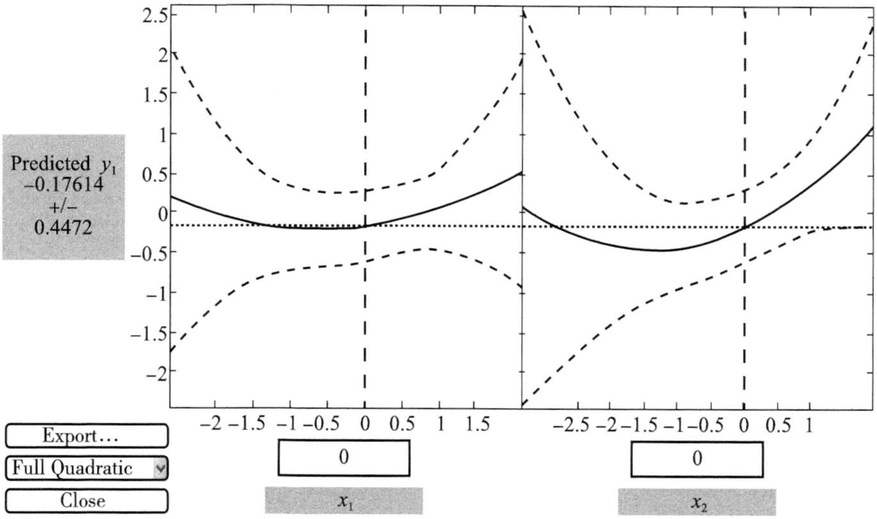


**图 6-2　完全二次型模型拟合的交互式画面**

## 2. 3. 3　模型修正与模型确定

通过对交互式画面的分析，我们发现当 $x_1$变化时，$x_2$曲线曲率也相应发生变化，反之亦然，也就是说，$x_1$和 $x_2$之间存在动态的交互关系。企业在进行外部整合时，在制订计划、进行决策之前会充分考虑供应商和客户的建议，让供应商和客户参与产品的设计与研发，有时甚至起主导作用。企业的供应商与客户整合具有相同的管理逻辑和相似的运营方式，客户关系可以理解为企业上游的供应商伙伴关系在下游的延续（Droge et al.，2004），供应商整合与客户整合交织在一起，相互影响。基于上述分析，提出如下命题，并将初始概念模型修正为如图 6-3 所示。

**命题 3：供应商整合与客户整合相互影响，动态交互。**

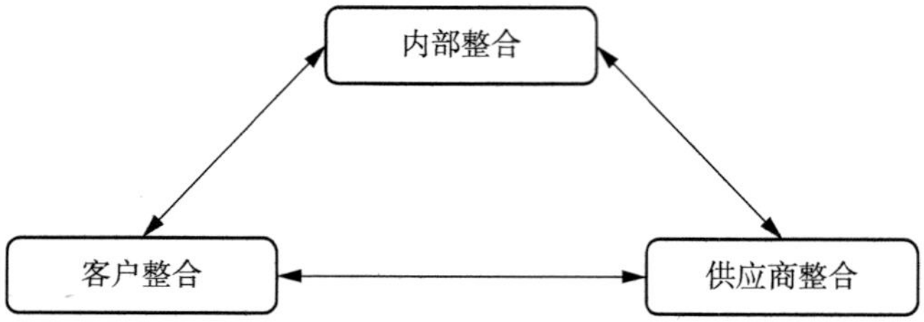


**图 6-3 初始概念模型的修正**

注：双向箭头表示相互促进作用。

对修正后的模型做多元线性回归，结果如表 6-8 所示。

**表 6-8 多元线性回归结果**

| | $SI_1$ | $SI_2$ | $CI_1$ | $CI_2$ |
|---|---|---|---|---|
| $II_1$ | 0.397 | 0.298 | 0.000 | 0.700 |
| $II_2$ | 0.825 | 0.804 | 0.959 | 0.339 |
| | $II_1$ | $II_2$ | $CI_1$ | $CI_2$ |
| $SI_1$ | 0.370 | 0.825 | 0.008 | 0.722 |
| $SI_2$ | 0.281 | 0.821 | 0.097 | 0.169 |
| | $II_1$ | $II_2$ | $SI_1$ | $SI_2$ |
| $CI_1$ | 0.000 | 0.920 | 0.008 | 0.089 |
| $CI_2$ | 0.638 | 0.336 | 0.698 | 0.165 |

注：①表中数据为 $p$ 值。②$II_1$为内部整合维度中的信息共享因子；$SI_1$为供应商整合维度中的信息共享因子；$SI_2$为供应商整合维度中与供应商合作因子；$CI_1$为客户整合维度中的信息共享因子。

由上述实证结果可知，$II_1$、$SI_1$、$SI_2$分别与 $CI_1$存在交互作用。因此，可将本研究的模型进一步调整，如图 6-4 所示。以 $CI_1$得分作为因变量，$II_1$得分、$SI_1$得分、$SI_2$得分作为自变量，用 MATLAB 软件做拟合分析。通过比较剩余标准差，发现交叉二次型的剩余标准差最小，曲线拟合程度最好。剩余标准差如表 6-9 所示，交叉二次型模型拟合的交互式画面如图 6-5所示。

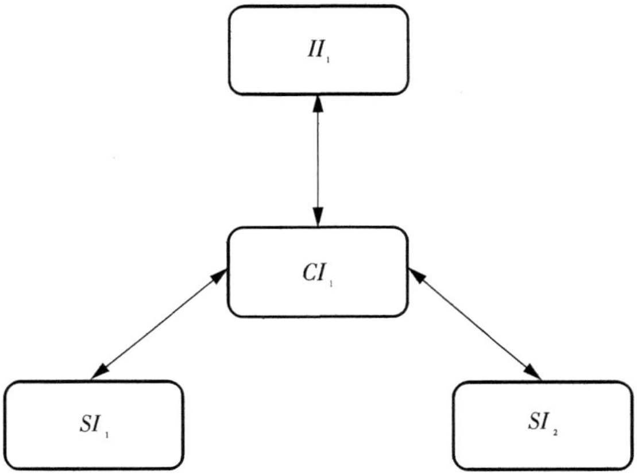


**图 6-4 研究的假设模型**

注：双向箭头表示相互促进作用。

**表 6-9 剩余标准差**

| 变量 | 线性 | 纯二次型 | 交叉二次型 | 完全二次型 |
|---|---|---|---|---|
| 剩余标准差 rmse | 0. 8909 | 0. 8979 | 0. 8615 | 0. 8650 |

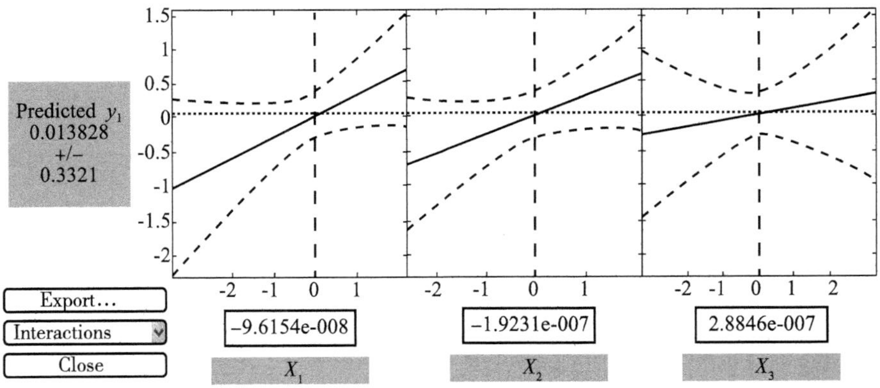


**图 6-5 交叉二次型模型拟合的交互式画面**

交叉二次型回归系数 beta = −0. 0138　0. 2969　0. 2690　0. 0089　−0. 1260　−0. 2051　−0. 0658。

交叉二次型回归函数形式为：

$y = -0.0138 + 0.2969x_1 + 0.2690x_2 + 0.0089x_3 - 0.1260x_1x_2 - 0.2051x_1x_3 -$

$0.0658x_2x_3$。

其中，$x_1$为内部整合维度中的信息共享因子 $II_1$；$x_2$为供应商整合维度中的信息共享因子 $SI_1$；$x_3$为供应商整合维度中与供应商合作因子 $SI_2$；$y$ 为客户整合维度中的信息共享因子 $CI_1$。

通过 MATLAB 软件分析可得，$II_1$、$SI_1$、$SI_2$、$CI_1$四个整合要素之间的动态互动关系如表 6-10 所示。

**表 6-10 $II_1$、$SI_1$、$SI_2$、$CI_1$四个整合要素之间的动态互动关系**

| 要素整合度 | $II_1$曲线变化趋势 | $SI_2$曲线变化趋势 | $CI_1$曲线变化趋势 |
|---|---|---|---|
| $SI_1$由低到中 | $k$ 缓慢增加 | $k$ 缓慢增加 | $k$ 缓慢增加 |
| $SI_1$由中到高 | $k$ 快速下降至趋于 0 | $k$ 快速下降至趋于 0 | $k$ 几乎不变 |
| 要素整合度 | $II_1$曲线变化趋势 | $SI_1$曲线变化趋势 | $CI_1$曲线变化趋势 |
| $SI_2$由低到中 | $k$ 缓慢增加 | $k$ 缓慢增加 | $k$ 缓慢增加 |
| $SI_2$由中到高 | $k$ 快速下降至小于 0<br>$SI_2$越高 $k$ 下降越快 | $k$ 快速下降至趋于 0 | $k$ 快速下降至与期初水平相当 |
| 要素整合度 | $SI_1$曲线变化趋势 | $SI_2$曲线变化趋势 | $CI_1$曲线变化趋势 |
| $II_1$由低到中 | $k$ 缓慢增加 | $k$ 缓慢减少 | $k$ 快速增加 |
| $II_1$由中到高 | $k$ 快速下降至趋于 0 | $k$ 快速下降至小于 0<br>$II_1$越高 $k$ 下降越快 | $k$ 增速下降至趋于 0 |

注：$k$ 表示直线的斜率。

## 3 分析及启示

通过实证分析与动态拟合仿真相结合的方法，我们考察了整合要素间的关系，从交叉二次型的回归系数分析得到：

（1）$II_1$、$SI_1$和 $SI_2$与 $CI_1$之间是互相促进关系。

（2）$II_1$和 $SI_1$与 $CI_1$之间的作用强于 $SI_2$与 $CI_1$之间的作用。

（3）$II_1$、$SI_1$、$SI_2$两两之间交叉项系数都是负值，即它们之间交互作用与 $CI_1$是反向作用关系。

（4）$II_1$与 $SI_1$、$II_1$与 $SI_2$的交互作用对 $CI_1$的影响较强，$SI_1$与 $SI_2$的交互作用对 $CI_1$影响较弱。

由交互拟合仿真分析得到：整合要素间的相互关联随各整合要素的整

合程度不同而发生动态变化，要素间的作用对称。

（1）$CI_1$与 $SI_1$、$SI_2$、$II_1$之间相互促进，其区别在于程度不同，$II_1$与 $CI_1$之间的关系较为显著。

（2）$SI_1$与 $II_1$之间为对称关系，初期相互促进，作用较明显；随整合程度增加，促进作用渐缓。

（3）$SI_1$与 $SI_2$之间存在对称的作用关系，初期相互促进作用较明显，随整合程度的增加，促进作用渐缓。

（4）$II_1$与 $SI_2$为对称关系，随着整合程度增加出现拐点。

基于上述分析，本章的最终研究模型如图 6-6 所示。

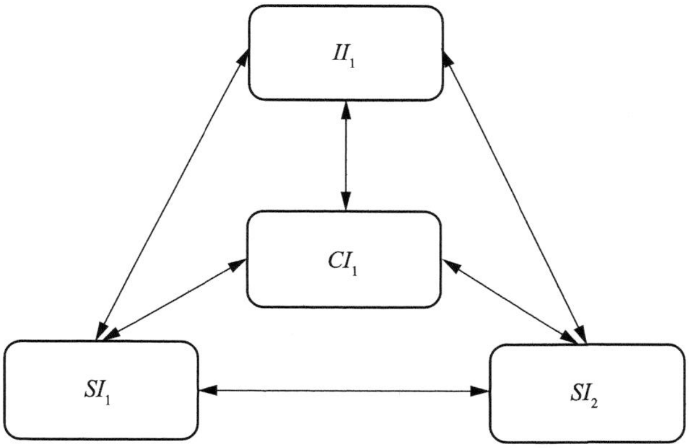


**图 6-6 最终研究模型**

注：双向箭头表示相互促进作用。

企业供应链整合实践的启示：

（1）我国企业在供应链整合实践中，首要任务是提高内部整合与外部整合的信息共享。

（2）整合元素之间是互动的，因此在进行资源投入时不应有严格的先后顺序。

（3）整体视角：整合维度间相互关联，不能人为割裂供应链整合的整体性，以单一维度作为决策依据，应整体上进行供应链整合。

（4）动态观点：整合元素间的相互关系随各要素整合程度的变化而变化，企业应动态监控、管理。

（5）重视组织中跨部门团队的建设。

# 4 结论

本章在现有供应链整合文献基础上，研究供应链整合维度间的关系。我们认为内部整合与外部整合并无严格的先后或轻重之分，因为整合维度之间交互作用，互相关联。如果只以路径系数或贡献率为决策依据，则可能会导致研究完全由数据驱使，而陷入“机遇坐大”（capitalization on chance）的迷思中（吴明隆，2010）。考虑企业运营的实际，本书采用实证分析与拟合仿真相结合的方法，动态考核整合要素之间的互动关系。

通过实证分析发现：

（1）信息共享在供应链整合三个维度中起到非常重要的作用。

（2）$CI_1$ 与 $II_1$、$SI_1$、$SI_2$ 均相互促进，$CI_1$ 在供应链整合中居于核心地位。

（3）内部整合中的跨部门团队因子作用不明显，这与已有文献的研究结论不一致（Droge et al.，2004；Vickery et al.，2003）。企业文化的不同导致团队协作程度不一致。此外，我国企业在参与供应链合作时处于被动状态，内部整合很大程度来自供应商和客户合作的压力。

由交互拟合仿真分析得到如下结论：

（1）供应链整合的三个维度相互影响，随整合程度的变化动态交互。

（2）$II_1$ 与 $SI_2$ 之间的相互作用存在拐点。

（3）$II_1$、$SI_1$、$SI_2$、$CI_1$ 之间的作用互为对称。

供应链整合作为供应链管理的核心，近年来为学术界和企业界所重视。然而在思维习惯作用下，理论界热衷因果、企业界偏好次序（Flynn et al.，2010；Zhao et al.，2011；Huo，2012）。本章利用 104 份第一手资料，通过实证分析与拟合仿真方法，得到供应链整合的维度间并无严格的因果关系，而是相互作用关系，且这种相互关系随整合程度动态变化。企业受资源约束，同时投入供应链整合的各个维度优于集中投入某一维度，这验证了 Droge 等（2004）的假设。

研究不足：

（1）受调研条件限制，本研究的样本数较少，结论的稳定性可能会受到一定影响，后续可以扩大样本量。

（2）样本企业都是中国企业，结论是否具有普适性尚未可知。

研究展望：

（1）整合程度的界定与监控。

（2）本章在研究供应链整合维度间关系时，并没有考虑供应链整合对绩效的影响，供应链整合只是手段而非目的；接下来的研究应把提高企业绩效作为强约束，进一步分析供应链整合维度间的关系。

# 第7章　供应链整合对客户运营绩效的作用

环境不确定性的加剧、消费者的个性化诉求、产品生命周期的缩短以及技术革新速度的加快等一系列因素，使得企业的营商环境越发复杂和难以掌控，企业难以依靠自身的力量获得生存空间与发展机会。企业之间的竞争是供应链之间的竞争（Christopher，2005），如何有效地参与供应链进行供应链管理，就成为企业面临的最大挑战。

供应链整合作为供应链管理的核心内容（Vaart et al.，2006），欧美发达国家对此已有较成熟的研究，研究多集中在供应链整合与企业绩效的关系上。我国虽已成为世界制造中心，并在全球供应链中发挥重要作用，但我国学术界对这一领域的研究还比较少。基于此，结合我国特有的环境，深化供应链整合显得尤为重要。本章通过调查供应链上各级企业的供应链整合情况，深入分析整合维度之间的关系，探讨供应链整合对企业客户服务运作和客户服务绩效的作用机理，为企业供应链管理实践提供理论依据，丰富供应链整合理论体系。

## 1　文献回顾及研究假设

### 1.1　内部整合与外部整合的关系

内部整合打破组织内部各部门间的藩篱（Flynn et al.，2010；Wong et al.，2007），使得组织决策、运作等同步进行，以满足客户的需求（Huo，2007）；外部整合发生在组织之间，是组织间战略协作的过程（Wong et al.，2011）。关于内部整合与外部整合的关系，学者们没有一致的结论，主要有以下几种观点：

（1）内部整合与外部整合没有关系（Closs et al.，2003）。

（2）内部整合促进外部整合，是外部整合的先决条件（Flynn et al.，

2010；Zhao et al.，2010；Chen，2007；)。

（3）外部整合影响内部整合（Gimenez et al.，2005)。

（4）内部整合与外部整合相互影响（Ward et al.，2006；曹智 等，2010)。

上述观点绝大多数是基于对发达国家企业的供应链整合研究得出的结论。我国加入世界贸易组织已近20年，企业参与全球竞争，在调整与适应过程中，外部整合的作用已大于内部整合（Gimenez et al.，2005)。由于管理理念、技术等多方面原因，在供应链管理过程中，我国企业的内部调整更多的是由与之合作的外部企业推动的。来自供应商和客户的压力迫使企业改变现行运作方式，整合内部运作以维持竞争优势和更好合作（Richey Jr et al.，2009)。作为企业内部整合在组织边界上的延伸（Huo，2012)，外部整合对企业内部整合有一定的推动作用。基于以上分析，提出如下命题：

**命题1：供应商整合对企业内部整合有正向影响作用。**

**命题2：客户整合对企业内部整合有正向影响作用。**

## 1.2 供应链整合与企业绩效

企业的供应链整合必须先作用于客户服务，才能提升企业的财务绩效(Vickery et al.，2003)，而企业财务绩效是企业多方面合力的最终呈现。但直接分析供应链整合与企业财务绩效的关系，可能会陷入各种绩效指标间的复杂关系中，而无法有效辨识供应链整合与绩效的关系。基于此，本章只考察供应链整合与企业客户服务运作和客户服务绩效的关系。

### 1.2.1 外部整合与企业客户服务运作及客户服务绩效的关系

客户整合能够使企业更深入地了解市场需求（Swink et al.，2007)，准确、及时掌握客户需求，帮助企业更好地匹配供给与需求。客户需求信息促使企业积极、主动地提供相应的客户服务运作，并配置相应的能力，以更大的柔性和较低的成本提供高质量产品（Flynn et al.，2010)。客户整合可以直接提高客户满意度（Homburg et al.，2004)，亦可通过产品研发与创新间接提高客户价值（Song et al.，2008)，对客户服务运作及客户服务水平有积极影响。

供应商整合使供应商深入了解企业需求，更好地应对企业需求的变化，通过对产品、流程、计划和能力等信息的共享，提高企业的生产、计划和运送的绩效（Flynn，2010）。供应商参与企业的生产研发过程，能够有效提升企业的客户服务水平；供应商的及时配送和 VMI 的实施，使得企业的物流服务能力具有更大柔性，进而可提高企业的客户服务水平，提高客户的满意度。

客户整合和供应商整合能够提升企业的运送与生产绩效（Scannell et al.，2000），需求与供给的集成，有利于企业对市场需求的变化做出快速反应，可有效提高流程柔性和运送的可靠性（Rosenzweig et al.，2003）；通过与供应商和客户建立战略性伙伴关系，有利于企业把握市场机遇（Narasimhan et al.，2002）、降低交易成本（Zhao et al.，2008），为客户提供更合适的产品和服务。基于以上分析，提出如下命题：

**命题 3：客户整合对客户服务运作有正向影响作用。**

**命题 4：客户整合对客户服务绩效有正向影响作用。**

**命题 5：供应商整合对客户服务运作有正向影响作用。**

**命题 6：供应商整合对客户服务绩效有正向影响作用。**

### 1.2.2 内部整合与企业客户服务运作及客户服务绩效的关系

内部整合实质上是企业内部各部门间通过信息共享，实现跨部门的战略协同与共同运作，是把企业内部不同部门作为一个整体（Zhao et al.，2011），通过提升企业的制造柔性（Sawhney，2006）、运送绩效（Droge et al.，2004）和物流服务绩效（Germain et al.，2006）加强企业的客户服务能力。现代管理理念下的客户服务不再只是市场部门的职责，需要企业所有部门共同合作提供高质量的客户服务，企业内部整合正是为了有效地解决这一问题。内部整合对客户服务绩效有积极作用（赵丽等，2011），内部各部门间的信息共享和共同运作，能够有效地减少产品的研发周期和物流服务周期；并行工程等的运用，可以帮助企业有效控制成本、提高运营效率；各部门对客户偏好和需求变化趋势等信息的及时掌握，能够使企业具有更大柔性来满足客户不确定性的需求，进而为其提供合适的产品和服务。基于以上分析，提出如下命题：

**命题 7：内部整合对客户服务运作有正向影响作用。**

**命题 8：内部整合对客户服务绩效有正向影响作用。**

研究的模型及假设如图 7-1 所示。

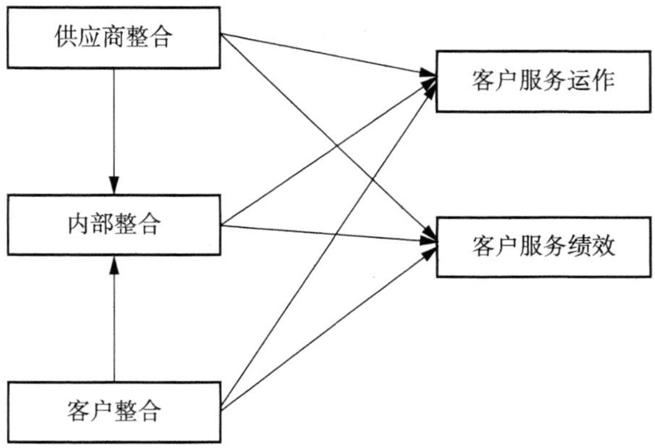


**图 7-1 研究的模型及假设**

注："——→"表示正向促进作用。

## 2 研究设计

### 2.1 变量设计与测量

本章研究的变量测量指标以现有供应链整合文献中的指标为参考，结合中国的实际情况做了适当调整与增减，指标测量采用五分李克特（Likert）量表。

（1）供应商整合。供应商整合的指标设计主要参考 Flynn 等（2009）、Zhao 等（2010）、Wong 等（2011）等使用的测量指标。测量中分值"1"表示完全不符合，"5"表示非常符合，主要测量企业与主要供应商之间的信息共享、共同运作、流程柔性等 13 个指标。

（2）内部整合。内部整合的指标设计主要参考 Zhao 等（2010）和 Wong 等（2011）使用的测量指标。测量中分值"1"表示完全不重视，"5"表示非常重视，主要测量企业内部各部门之间的信息共享、共同运营、跨部门团队等 9 个指标。

（3）客户整合。客户整合的指标设计主要参考 Huo（2012）、Zhao 等（2010）和 Wong 等（2011）等使用的测量指标。测量中分值"1"表示完全没有，"5"表示广泛应用，主要测量企业与主要供应商之间的信息共享、快速响应、交流互动等 11 个指标。

（4）客户服务运作。客户服务运作的指标设计主要参考 Huo（2012）使用的测量指标。测量中，分值“1”表示完全不重视，“5”表示非常重视，主要测量企业在售前、售中和售后客户服务运作等 5 个指标。

（5）客户服务绩效。客户服务绩效的指标设计主要参考 Vickery 等（2003）和 Chen 等（2007）使用的测量指标。测量中，分值“1”表示完全不同意，“5”表示非常同意，主要测量企业产品和服务提供的速度和质量、订单履行和客户满意度等 6 个指标。

## 2.2 实证分析与命题检验

本章研究使用 SPSS 18.0 软件，采用多元回归的方法对假设进行验证，由于测量过程中所选指标较多，指标之间不可避免存在一定的相关性。为了精练研究数据并减少回归分析中的多重共线性问题，在回归之前对各变量的初始指标进行因子分析。降维之前先检验数据是否适合做因子分析，采用 KMO 和 Bartlett 的球形度检验，检验结果如表 7-1 所示。

**表 7-1 各变量的 KMO 和 Bartlett 的球形度检验结果**

| 变量 | 供应商整合 | 内部整合 | 客户整合 | 客户服务运作 | 客户服务绩效 |
|---|---|---|---|---|---|
| KMO | 0.879 | 0.814 | 0.825 | 0.796 | 0.803 |
| 近似卡方 | 892.561 | 282.730 | 623.428 | 274.382 | 310.741 |
| df | 78 | 36 | 55 | 10 | 15 |
| Sig. | 0.000 | 0.000 | 0.000 | 0.000 | 0.000 |

由表 7-1 可知，本书所有变量均适合做因子分析，且因子分析的结果可以接受。采用主成分分析法依照特征值大于 1 的原则提取公共因子，选用方差最大法进行旋转，使因子具有最大的解释性，因子分析结果如表 7-2 所示。

**表 7-2 因子分析结果**

| 变量 | 供应商整合 | | 内部整合 | | 客户整合 | | 客户服务运作 | 客户服务绩效 |
|---|---|---|---|---|---|---|---|---|
| 公共因子 | 信息共享 | 与主要供应商合作 | 信息共享 | 跨部门合作 | 信息共享 | 与主要客户合作 | 客户服务运作 | 客户服务绩效 |
| 方差的累计百分比（%） | 39.477 | 65.861 | 29.298 | 56.518 | 34.505 | 62.283 | 67.983 | 61.065 |

基于以上结果，以内部整合中的两个公共因子作为因变量，供应商整合和客户整合作为自变量分别进行多元线性回归；以客户服务运作、客户服务绩效作为因变量，供应商整合、客户整合、内部整合作为自变量，分别进行多元线性回归。回归分析结果如表 7-3 所示。

**表 7-3 回归分析结果**

| 整合类型 | | 内部整合 | | 客户服务运作及绩效 | |
|---|---|---|---|---|---|
| | | 信息共享 | 跨部门合作 | 客户服务运作 | 客户服务绩效 |
| 供应商整合 | 信息共享 | 0.045 | 0.822 | 0.827 | 0.038 |
| | 与主要供应商合作 | 0.585 | 0.900 | 0.412 | 0.176 |
| 客户整合 | 信息共享 | 0.000 | 0.870 | 0.123 | 0.000 |
| | 与主要客户合作 | 0.607 | 0.350 | 0.141 | 0.799 |
| 内部整合 | 信息共享 | — | — | 0.000 | 0.006 |
| | 跨部门合作 | — | — | 0.219 | 0.580 |

注：表中数据为 $p$ 值。

由表 7-3 中的回归分析结果可以得出以下结论：

（1）供应商整合和客户整合中的信息共享对内部整合中的信息共享有正向影响作用。

（2）内部整合中的信息共享对客户服务运作有正向影响作用。

（3）供应商整合、客户整合和内部整合三个整合维度中的信息共享均对客户服务绩效有正向影响作用。

## 3 分析及启示

在对命题验证过程中，本章使用因子分析法降维，用主成分分析法找出公共因子后进行多元线性回归以验证提出的命题，这样做主要是由于目前关于供应链整合的文献所考核的整合与绩效的关系，都是通过多个指标来测量供应链整合和绩效；即使有明确的整合维度贡献率和清晰的路径指引，也会使企业在面对多个指标时感到无所适从，不知从哪一项开始，也不知应当把资源投到哪一方面。用因子分析法找出公共因子，再通过多元线性回归法分析公共因子与绩效的关系，则能够帮助企业根据自身情况有针对性地进行决策。

## 3.1 内部整合与供应商整合和客户整合

依据赵丽等（2011）的研究，对内部整合与供应商整合和客户整合的关系进行研究，现有关于中国企业内部与外部整合关系的主要文献比较一致，认为内部整合是外部整合的基础，内部整合对外部整合有正向影响作用（Flynn et al.，2010；Zhao et al.，2011；Huo，2012）。这些文献的研究基础和支撑来自西方。西方文献中的样本显示，企业的吸收能力及供应链管理能力与我国企业有很大差别，加之我国企业处在供应链整合的初期阶段，企业在参与供应链合作时处于被动地位，企业在进行内部整合时更多的是受供应商和客户的压力所驱使。由于内部整合中的信息共享易于被供应商和客户拉动，故供应商整合和客户整合中的信息共享对内部整合中的信息共享有明显的促进作用；而内部跨部门运作则更多地需要企业自身主动地进行。内部跨部门运作在供应商和客户的推动下，中国企业的吸收能力瓶颈凸显，供应商信息共享整合和客户信息共享整合对企业内部跨部门合作无明显正向影响作用。中国企业的部门分割现象普遍存在，企业在与供应商和客户合作时，更多的是由单一部门负责，如采购部负责与供应商合作、市场部负责客户整合。因此，与主要供应商合作和与主要客户合作两个公共因子整合要素对内部整合均无明显正向作用。

## 3.2 供应链整合与客户服务运作及客户服务绩效的关系

企业的绩效之间有一定的交互作用，如财务绩效与客户服务绩效之间的效益悖反（Vickery et al.，2003），这就使得供应链整合与企业绩效的关系难以厘清。为避免这种情况，本章只衡量客户服务运作和客户服务绩效两个绩效维度。

### 3.2.1 供应链整合与客户服务运作

现代管理和营销理念认为客户服务不再是市场部的专职，客户服务运作甚至跨越企业边界，是企业与供应链中所有成员的合作，整个供应链共同为最终客户服务，提供给客户最合适的产品和服务。上文的实证分析结果表明，供应链整合的三个维度六个公共因子中，只有内部整合的信息共享对客户服务运作有正向影响作用。中国很多企业已经建立了很好的组织内、外信息系统，但并没有充分利用。这就导致企业在信息共享这一整合指标上表现很好，实际中却没能获得很好绩效（Huo，2012），这很好地解释了供应商信息整合和客户信息整合对客户服务无明显促进作用，而企业内部信息整合保证了企业内部各部门能够对客户需求提前预判，快速反应以提高决策速度，进而对客户服务运作有明显促进作用。我国企业的隧道视野现象比较严重，部门间的合作较难推动，参与合作初期，企业内部整合的动力来自供应商和客户的压力，使得组织中出现管理惰性。与主要供应商的整合以及与主要客户的整合要以内部的整合为根基（Huo，2012），组织的隧道视野和管理惰性成为制约内部整合和外部整合、提升企业客户服务运作的瓶颈因素。这使得组织内部跨部门合作、与主要供应商的合作和与主要客户的合作对企业客户服务运作均无明显正向影响。

### 3.2.2 供应链整合与客户服务绩效

实证分析结果表明，供应链整合三个维度中的信息共享因子均对客户服务绩效有正向影响作用，另三个整合元素对客户服务绩效无明显的正向影响作用。企业内部的信息共享有助于企业优化运作流程，及时、准确地与客户沟通，提高客户的满意度，对客户服务绩效的提升作用较为明显；跨部门运作对客户服务绩效的影响更多是通过与客户交流和处理抱怨来实现，因此无直接的正向作用。客户整合是提升客户服务绩效最为关键的因素（赵丽 等，2011），信息共享能够帮助企业更好地理解客户需求（Sun and Ni，2012），搭建良好的交流互动平台，对客户服务绩效有显著的提升作用。而与主要客户的合作这一要素对客户服务绩效的提升作用会受到企业吸收能力的影响，我国企业在知识管理、提高组织吸收能力方面的努力远不及发达国家的企业，因此与主要客户合作这一整合要素对客户服务绩效的作用不明显。供应商整合对企业绩效非常重要，但其对效绩的贡献路径与客户整合及内部整合有很大的不同（Flynn et al.，2009）。供应商整合对客户服务绩效的提高是间接的（Swink et al.，2007；赵丽 等，2011），吸收能力在供应商整合对绩效的作用方面能够起到非常大的作用，吸收能力越强，供应商整合对绩效的贡献越大（Haartman et al.，2009）。由此，信息共享对客户服务绩效具有正向的促进作用，企业有较高水平的供应商整合才能帮助企业提高运营绩效（Saeed et al.，2005）。企业与供应商合作对客户服务绩效的作用不明显，很可能是因为我国企业的供应商整合处在早期阶段，还没能达到提高运营绩效的整合水平。

### 3.3 对企业供应链整合的启示

本章结论对企业进行供应链整合实践的启示：

（1）我国企业在供应链整合实践中，首要任务是提高组织内的信息共享程度和与供应链中合作成员企业的信息共享程度。

（2）注重企业的知识管理，强化企业的吸收能力，以发挥内部整合对外部整合的基础性作用，变被动地参与合作为积极主动地进行整合实践，实现内部整合与外部整合的互动以形成完整结构。

（3）供应链中不同层级企业可以依自身能力和资源情况，专注于供应链整合的某些环节。

（4）企业管理人员应以供应链整合整体观进行供应链管理实践，动态把握内部整合与外部整合、供应链整合程度与绩效的关系，以获得更好的绩效。

## 4 结论

基于现有文献，本章构建了基于供应链整合的三个维度以及客户服务运作和客户服务绩效之间关系的概念模型，并提出研究命题。依据 Flynn 等（2010）的研究，在样本选择上以供应链中的各级成员企业为调查研究对象，利用 104 家样本企业第一手资料，通过因子分析和多元线性回归对命题加以验证。样本企业是供应链中的各级成员企业，出于同一指标对不同企业的重要性不同，或企业对同一指标的投入与重视程度不同的考虑，没有单独研究每一个单一指标。另外，指标过多会不可避免地出现指标之间的相互影响。基于此，本章使用因子分析法提取公共因子，再对每一个公共因子指标进行分析与处理，确保研究结论的实践指导意义和普适性。

从整体角度进行供应链整合研究才能有效地衡量整合与绩效的关系。内部整合与外部整合的关系不能忽视，如果单独考核某一维度与绩效的关系，可能会导致错误结论。依据赵丽等（2011）的研究，对内部整合与供应商整合和客户整合的关系进行研究，实证结果表明外部整合的信息共享对内部整合的信息共享有正向影响作用。

在分析供应链整合与绩效的关系时，本章并没有采取类似企业运营绩效或财务绩效这样的总体绩效，而是选择了对企业非常重要的客户服务运作和客户服务绩效进行研究。在验证整合与客户服务运作的关系时，发现只有内部整合的信息共享对客户服务运作有正向影响作用；在验证供应链整合与客户服务绩效的关系时，发现供应链整合三个维度中的信息共享均对客户服务绩效有正向影响作用。

供应商整合、客户整合和内部整合三个维度对绩效的作用机理不同，客户整合最为关键。在当前经济形势下，企业在进行外部整合时更重视客户关系的构建，客户的作用更大；内部整合的程度与阶段以及其与外部整合的动态关系，受企业吸收能力的影响较大，内部整合对绩效提升有直接促进作用。中国已成为全球制造中心，有效的供应链整合能够帮助企业降低交易成本，使我国企业更具合作吸引力。

研究不足：

（1）受调研条件限制，本研究的样本数较少，结论的稳定性可能会受到一定影响，后续可以扩大样本量。

（2）问卷的设计主要参考西方文献中的问卷结构和问题设置，接下来可以尝试设计更适合中国企业的调查问卷。

研究展望：

（1）对整合的不同发展阶段的界定。

（2）在不同整合阶段，内部整合与外部整合的动态演变以及这种变化对绩效的影响。

（3）整合的不同发展阶段，各整合要素对绩效影响的变化趋势。

# 第 8 章　供应链整合与客户价值

## 1　绪论

### 1.1　研究背景与意义

#### 1.1.1　研究背景

21 世纪，企业之间的竞争已由单体竞争转变为其所在供应链之间的竞争。供应链企业以提升客户价值为核心，通过供应链内部整合与外部整合，最终达到提升企业竞争力的目的。因此，创造客户价值，就成为各供应链之间角逐的重点。供应链整合作为企业供应链管理的核心内容，为企业界和学术领域所关注。供应链整合能够有效加强供应链企业间的信息共享与运营协同，强化企业内部各部门之间的协调与统一。供应链整合的程度与效果直接影响客户价值的提升，供应链整合包括供应链企业间整合与供应链企业内部部门间的整合。

企业运营面临的环境复杂，环境直接或间接作用于各个层面，既影响企业间的合作，也影响企业内部的协调。基于此，环境不确定性时，分析供应链企业内部整合与外部整合对客户价值提升的影响很有必要。

#### 1.1.2　研究意义

本章从供应链内部整合和外部整合两个维度对供应链整合进行深入研究，同时考虑供应链整合内外部之间的联系，进而对供应链内外部整合的关系在客户价值创造中所起到的作用进行研究，为研究供应链企业整合提供了一个新思路。供应链企业整合是为了高效运营供应链，最终目标是为了提升客户价值。本章基于供应链企业整合对客户价值影响的关系模型，在理论分析的基础上进行定量研究，丰富了现有的研究体系。

供应链企业运营处于一定的环境之中，环境不确定性的作用不容忽视。本章基于一手数据，建模分析环境不确定性对供应链企业整合作用于客户价值的调节作用，进一步充实了供应链整合研究的理论体系。

企业运营是动态变化的，而实证类研究方法大多反映某一时点的状态或结果，难以清晰地呈现运营的动态过程。本章采用 MATLAB 软件对供应链整合作用于客户价值提升的过程进行曲线拟合，动态呈现了客户价值提升过程中模型中各要素的变化及变化趋势，对现有的研究方法进行了补充。

## 1.2 研究现状

现代社会，竞争的基本单元逐渐转变为由供应商、生产商、分销商、零售商和最终客户等构成的供应链竞争，供应链整合已然成为评估企业竞争优势的重要部分。供应链整合可分为多个维度进行研究，例如将供应链整合划分为供应商整合、企业内部整合和客户整合三个维度。王等（Wong）（2011）的研究表明供应商整合可以促进企业与企业之间进行信息共享，优化企业的生产流程，降低产品成本，促进企业生产。许德惠等（2012）认为，供应商整合对企业商业绩效、财务绩效、运作流程绩效均无显著影响。从供应链整合来看，最贴近客户价值的就是客户整合，通过作用于供应链企业的下游客户，直接创造价值。合理的客户整合可以使企业获得良好的客户关系，以及客户信息和需求，不仅使企业在生产过程中最大限度地避免“牛鞭效应”，从而以最低的生产成本创造价值，还能使企业准确地把握市场需求，创造出满足客户需求的产品。依据交易成本理论，信息的不透明和不确定使企业间的交易变得更加艰难，单个企业极可能为获取更多的单独利益而实施投机行为，从而对供应链造成整体伤害。

供应链企业的外部整合可以使整个链条信息透明化，降低投机行为的可能性，基于供应链的整体价值，最大限度地避免供应链企业内部和供应链企业间沟通不畅与恶性竞争，更好地创造产品以及提升客户体验。当供应链企业进行外部供应商整合时，供应商可以加入其前期的产品开发，以便尽早接收客户需求，这不仅有利于创造出更多的客户价值，还能使供应商和企业对接更加顺畅、减少损耗、降低成本。同时供应商和企业联系更加紧密，不仅优于之前建立的单一的法律上的联系，而且从文化上增加企业间的互信感。

价值创造是每个行业都会研究的课题，关于价值创造这一概念，专家学者们从不同角度提出了各自的见解。胡宗良（2007）认为价值创造有两层含义，第一层是在价值创造过程中，价值一定要有所提高；第二层是价值创造的形式一定要有新的成分，要不同于原有的价值，但又非在原来价值基础上的简单叠加。价值创造是一个价值提升与价值创新相结合的过程。对于这一说法，徐光辉（2011）指出，价值的发现、创新和管理是价值创造的三个重要过程，三者是层层递进的：先有对新价值的发现，客户需求往往是价值发现的核心切入点；接着是对新价值的创新，这是价值创造的必经之路，也是关键途径，价值创新是价值创造最根本的动力；最后是价值管理，管理是维持和推进新事物发展最重要的部分，一个新事物能否壮大起来并发展下去，与开发者对其的管理密切相关，价值也不例外。

在经济学领域，刘淑莲（2004）提出，价值创造的动力和目的主要是促进经营销售额的增长，提高增长率，同时降低投资支出和销售收入的比率，延长获取额外收益的期限。余长春（2012）在前人研究的基础上，从多个理论视角提出了对价值创造的不同理解。在企业价值创造方面，从财务管理角度分析，价值的内涵是高于机会成本的收益，价值创造更多来自资本；从马克思经济理论角度分析，价值的内涵是剩余价值，而价值创造的源泉是活劳动；从核心能力角度分析，价值的内涵是核心能力，价值创造是来源于竞争知识体系和创新；从竞争优势角度分析，价值的内涵是竞争优势，价值创造由成本领先、差异化和目标聚集产生；从资源论角度分析，价值的内涵是租金，价值创造是由于资源的稀缺性。各理论视角的关注焦点都是企业的价值，价值创造一直是企业价值的主要来源和竞争力的体现。

国外学者对于价值创造代表性观点有熊彼特租金理论（Schumpeterian Rents Theory）。熊彼特（Schumpeter）认为创新是价值创造的源泉，如新市场的建立、新的生产工艺和新资源的发现、新产品的引入等，其中最重要的是技术创新。他认为技术变革能使企业获得更多的租金，也就是利润。赫尔法特（Helfat）等（2009）将价值创造进一步定义为愿意支付的金额减去机会成本，也就是客户愿意支付的金额减去供应商的机会成本。关于价值创造的来源，可概括为三个部分：第一个是个体层面，价值目标是客户群等，而价值创造过程主要是知识和能力的创造等；第二个是组织层面，主要以消费者和社会等作为价值目标，通过研发等进行价值创造；

第三个是社会层面，价值目标是组织和政府等，主要通过新企业的创建、资本投资和法律法规等进行价值创造。与传统价值链相反的“以客户为中心”的价值链思想，认为首先应该连接客户，企业各项与价值创造相关的活动，都应该以客户为驱动。从供应链整合角度来提升客户价值，价值创造不应只局限于企业，而应该包括供应链中所有环节的参与者，并着重关注客户价值创造。

在激烈的社会竞争环境下，范林根（2014）认为企业竞争最核心的就是客户价值的竞争，这就需要企业积极进行客户价值创造，选择和确定合适的企业竞争战略模式。陈李红等（2015）从消费者参与角度分析了客户价值创造的概念，认为消费者之所以会参加客户价值创造，有其内在动机和外在动机两个方面，内在动机是消费者能够通过参与客户价值创造获得价值感知和心理体验，外在动机是个人消费利益的最大化和消费风险的规避，其本质是为了获得一定的价值和利益。在企业应用方面，杨彤骥等（2010）通过调查东北102家销售企业，通过建模分析证明了新产品的开发、关系意识和弹性需求是影响销售型企业客户价值创造的三大关键前置条件。孙帅等（2013）在客户价值创造的基础上研究商业模式，通过分析影响商业模式演进的因素，发现中小企业在确定商业模式时应以客户为中心，客户的消费观念和需求是选择的前提，客户价值的细分、创新、定位和客户价值体验是选择的核心和动力。选择的最终目标是确定最适合客户的模式，无论是何种商业模式都应该针对客户价值的创造。埃加（Etgar）（2008）将共同生产看作一个动态过程，给出消费者共同生产的模型，主张消费者可参与动态过程一个或多个阶段。瓦戈（Vargo）等（2008）的服务主导逻辑认为企业的最终目标不是为客户创造价值，而是鼓励客户通过企业的产品或服务来创造自己的价值。博伊尔（Boyle）（2007）区别了品牌建立中由企业和客户驱动的因素，提出品牌价值共创过程模型，主张企业的品牌价值不是由企业单独创造而是由企业与客户共同创造。韦恩·霍耶（Wayne D. Hoyer）（2010）研究了共同创造在供应链每个阶段的积极与消极影响，以及对客户和企业收入的影响。他认为企业可以通过和客户共同进行价值创造来满足客户的需求，同时可以通过企业对客户需要的了解程度和为满足客户所做的努力，来判别新的产品最终是否会成功。

## 1.3 研究内容与技术路线

### 1.3.1 研究内容

（1）供应链整合对客户价值的作用

本章从客户价值创造视角，对当前权威文献进行梳理，结合具体案例，将供应链整合分为两个维度：内部整合与外部整合，分别探讨供应链企业两个整合维度对客户价值提升的影响；考虑到内部整合与外部整合的相互作用，通过 MATLAB 软件模拟了客户价值在供应链内部整合与外部整合共同作用下的变化。

（2）环境不确定性对客户价值提升的调节效应

企业运营的外部环境复杂，外部环境又作用于供应链企业的内部整合与外部整合，影响企业内部整合与外部整合对客户价值提升作用的发挥。本章通过多元回归分析，探讨环境不确定性在企业内部整合与外部整合作用于客户价值中所发挥的调节作用。

### 1.3.2 研究方法

（1）文献研究。本章整理了各大数据库，如 CNKI、万方数据库、维普期刊、Emerald、Web of science 等近 15 年来的有关文献资料，重点查看了与供应链有直接关系的文献，查找了供应链整合和客户价值创造领域的文献和研究。主要从两个方面来进行梳理：①供应链管理（supply chain management）、内部整合（internal integration）、外部整合（external integration）等领域的研究文献；②客户价值（customer value）、价值创造（value creation）、价值增值（value added）等领域的研究文献，并对两个交叉领域出现的文献进行重点分析。

（2）问卷调查法。本章根据研究需要设计问卷，收集本研究所需要的第一手数据，调查对象为供应链合作企业，问卷填写人员是企业中高层管理人员。调研企业主要分布在上海、北京、广州、深圳、珠海等较为发达城市。此次调研对问卷内容安排做了精心设计，并委托已参加工作或开始实习的物流管理专业学生进行现场收集。

（3）曲线交互拟合仿真。本章使用 MATLAB 仿真软件对数据进行拟合分析，通过使用交互拟合画面对各变量之间的关系进行动态呈现；对任意一个变量进行修改，都可以直接看到其他变量的变化及趋势，并通过曲线形状呈现。

（4）多元回归分析。回归方程的作用在于分析一个因变量与多个自变量之间的关系，本章利用多元回归方程分析了变量之间的调节效应。

### 1.3.3 研究的技术路线

本章以供应链整合提升客户价值为研究对象，通过对国内外相关文献进行梳理，从内部整合和外部整合两个维度，分析内、外部整合的协同对客户价值提升的正向作用。使用 MATLAB 软件对供应链整合创造客户价值进行曲线拟合，直观呈现最终客户价值提升的过程。分析环境不确定性在客户价值提升过程中的调节效应，使用 SPSS 软件对模型进行分析。运用实际案例检验了本章的研究成果，通过案例分析得出了对应的理论依据，对企业实际运营管理提出建议。研究的技术路线如图 8-1 所示。

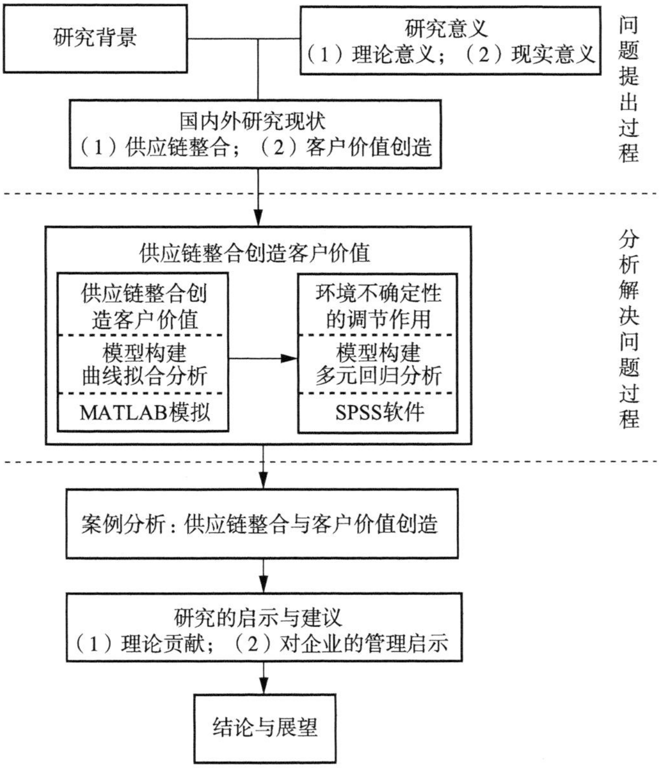


**图 8-1 研究的技术路线**

## 2 供应链企业整合与客户价值的关系分析

时至今日，企业之间的竞争愈演愈烈，但合作也日益全面频繁。这种竞争合作的发展态势使越来越多的企业认识到，竞争不再是以往意义上企业与企业的竞争，而是供应链与供应链之间的竞争。有效的供应链整合与企业的竞争优势密不可分。供应链整合包括供应链中单个企业自身内部整合和企业与其他企业的整合，即供应链的内部整合与供应链的外部整合。供应链整合可以实现供应链的整体优化，使企业间的原材料、资金和信息等流动更加顺畅，流程同步、信息共享和同步优化可以使供应链企业获取更高的绩效。

从供应链整合方式来看，从整体和部分的关系来说，供应链整合是对企业整个供应链的统筹规划，明显区别于各个部分独自优化；从供应链整合的作用对象来看，最终将作用于供应链上的信息、资金、产品、知识等；从供应链整合的维度来看，既包括企业内部和外部的整合，又包括整合的跨度和强度。供应链整合是供应链管理的核心，可以有效促进企业、供应商和客户超越普通合作关系，深入合作。一方面可以促进企业内部管理有效运行；另一方面可以更好地配合企业之间的各项活动，直接或间接作用并带动供应链上物流、信息流和资金流顺畅高效地运转，最终带来更高质量的产品与服务、尽可能低的成本及快速且准确的市场响应能力，从而最大化客户价值，提高企业绩效。供应链整合可以直接或间接作用于企业的业务流程、实物转移、信息交换、资金流动和战略结构。在全球化过程中，竞争变得越来越广泛和深入，企业的层级结构越来越少，越来越多的企业寻求供应链整合支撑，以实现企业的转型升级，适应全球化带来的供应链竞争浪潮。企业的核心竞争力既体现于企业内部的各环节，又体现于企业的外部环境，即与上下游的企业关系。但仍有学者对供应链整合内外部的有效性存在质疑，认为内部整合和外部整合之间不存在任何关系，即供应链内部和外部整合是两个相对独立的部分，互相之间既没有因果效应，也不会产生反向作用。与此相反，有学者认为供应链之间的内外部整合存在因果关系：内部整合会影响外部整合；外部整合也会影响内部整合。认为供应链企业内、外部整合具有先后次序的学者认为，整合路径应该从企业内部运作流程开始，再向企业外部的供应商和客户流程扩展。这种观点易使企业内的流程优化，只关注企业外部上下游间的流程整合。持供应链企业内、外部整合应同步进行观点，认为供应链企业整合是企业与其合作伙伴进一步、全方位发展合作关系，既追求战略的一致，又对企业的运作流程进行管理，力求推动信息流、资金流、产品流、服务流和决策流的高效率运转，确保低成本、高成效以更好地满足客户的需求。供应链企业整合的重点是合作，无论是企业内部的合作还是企业外部的合作，都可以有效避免供应链内的矛盾和冲突，能够使企业间形成稳固互信的关系，共同获利、规避风险。同时将低成本、高效率，创造最大的客户价值作为最终目标。

## 2.1 模型构建与研究假设

全球经济一体化导致竞争加剧，企业开始更多地思考，如何获取更多的外部资源以增加竞争优势，提高客户满意度。一些企业通过整合企业内部工作流程，联合供应商与经销商，协调互助以达到减少工作环节，快速且更好地满足客户需求，甚至预知客户需求来提升竞争力。虽然人们普遍认为供应链整合与创造客户价值密不可分，但现有研究的结论却并不统一。商业竞争具有复杂性，行业环境的不同、经营业态不同，导致经营策略的不同。在这样的大趋势下，供应链企业整合的差异化十分显著，不同的供应链整合实现手段各不相同。韦尔卡兹克（Wiercazk A.）（2014）提出供应链整合的两个维度：跨度（span）和强度（intensity）；文风等（2016）探讨了供应链整合在两个维度上的演进机理，指出供应链整合是供应链成员依赖关系学习之中跨度和强度的相互作用、互动演进的有限过程，为供应链整合提供了新的理解角度。以参与供应链整合活动的企业范围作为跨度整合，分析其与核心企业的业务联系紧密程度。第一梯度是与核心企业产生直接联系的供应商与客户，彼此间的合作最为频繁；第二梯度囊括了供应商的供应商、客户的客户，是第一梯度的衍生与扩展；第三梯度包含了为整个供应链提供支撑的第三方企业，如物流企业、信息企业、咨询企业、金融企业等。供应链中企业间的联系可以描述为企业间的界面，跨度整合的目的就在于将三个梯度内的界面矛盾尽量消解，且要识别出其中的关键界面矛盾以重点解决，才能实现和供应链中的其他企业的物流、商流、资金流、信息流、企业价值和文化观念的全面协调。强度整合指的是供应链成员之间的关系质量。从合作诚意及合作深度来看，一般性的合作仅止于上下游的长期合同，只交换当前合作所必需的业务信息，以维持当前合作为目标。深入的合作则指供应链的上下游各企业愿意为供应链的效益最大化，改变自身的业务流程，配合整个供应链。从供应链自身的运作流程和社会交易机制来看，学者的看法也不尽相同。范东克（Van Donk）等（2008）强调了供应链上下游间的合作关系；李瑶等（2014）认为交易机制，或者说社会信誉，可以用来制约个人之间和组织之间的交换行为，保持交易的公平。如果企业间关系的建立和制约只拥有法律基础，不管看上去多么安全，实际上都十分危险，因为经济行为往往出现在法律约束之前，尤其是新兴经济。企业面临要么错过新兴经济行为的最佳红利期，要么承担失去法律这一唯一联系后的合作风险。所以，强度整合的宗旨在于，除法律的联系之外，在企业间建立一种感性的社会联系，即信任。企业间的互信可以让供应链上的所有为了链条共同利益的改进都更加顺畅，不易被企业各自利益所打破，供应链条更加稳固。有学者认为供应链整合对企业间，包括企业内部各环节要求过高，会消耗大量资源，得不偿失。因此，供应链企业整合是困难的且弊大于利的。但也有一部分学者认为供应链企业整合一方面能够促进企业内部的合作协调共享；另一方面可以推进企业与客户的联系，便于其获取外部信息来应对可能出现的问题，更好地创造客户价值。基于此，本章将从供应链企业的内部整合、外部整合、内外部整合的协同三个方面考虑其对客户价值的影响。

### 2.1.1 供应链企业内部整合提升客户价值

企业内部整合是对企业内部产业和业务进行优化组合，重新调整和配置。曹智等（2012）认为供应链企业内部整合，既使企业内部的工作流程、协作、战略部署流畅、相契合、富有协调性，又与供应链上游供应商沟通顺畅、协同发展。霍宝锋（Baofeng Huo）（2012）认为，供应链企业内部整合，着重点在于部门间的协调运作，通过合理高效的内部业务流程创造客户价值。霍宝锋等（2016）认为，企业内部整合强调企业部门间的协同，破除部门间运作壁垒，协调企业业务流程、组织行为和战略部署。

内部整合对提高企业业务流程和内部运作效率、满足企业内部需求和物料控制均具有良好的促进作用。一般来说，供应链企业内部整合趋于完善时，整个企业就会拥有共同目标，即为客户创造更大价值。在此前提下，企业内部的合作协调共享会更加流畅，企业越发追寻整体绩效。经过内部整合的供应链企业拥有有效的信息传递平台，企业间各部门避免因信息不透明产生错误决策和无效作业。同时，客户需求信息能够在企业内部快速流通，从而可以提高客户满意度，进而创造更多的客户价值。综上所述，提出如下研究命题：

**命题1：供应链企业内部整合对客户价值的提升有正向作用。**

### 2.1.2 供应链企业外部整合创造客户价值

供应链企业外部整合，即企业与供应链上游的供应商，以及供应链下游的客户协调一致，建立战略同盟，通过联合竞争，赢取更大的竞争优势。外部整合主要发生于有关联的组织之间，是企业为了共同的利益目标建立战略联盟的过程。供应链企业外部整合中的供应商整合和客户整合通过交互作用，能够产生供应链整合的最大效用。只有供应商整合与客户整合同时进行，且整合效果都很好的制造企业才能够充分发挥供应链整合的作用。而单独进行供应商整合或者是客户整合的企业，从绩效来看，均没有特别优势。熊伟等（2014）提出，当供应商更早地参与企业产品的开发、设计与创新，就能更直接地了解客户的需求。供应商可以调整生产方式和业务流程以适应市场，加快交货和创新产品的速度。同时，提升客户满意度的前提下，降低供应链的生产成本，创造更多的客户价值。周叶（2007）从供应链生命周期角度研究供应链的绩效，指出企业越早让供应商参与产品设计，了解客户的需求从而尽心定制，越能够实现柔性化生产，利用规模效应和协作生产流程，降低整条供应链的成本。另外，通过提高配送速率，在运输集成网络上取得优势，也是提升客户满意度的一种方式。随着供应链整合的推进，供应链系统越来越趋近于成熟，客户黏性日益增强，客户群体稳固，从而可创造更多的客户价值。陈正林等（2014）指出，企业与供应链上下游供应商和客户的合作关系越紧密，越可以降低企业运作过程中的财务费用、销售费用和管理费用。基于上述分析，提出如下研究命题：

**命题2：供应链企业外部整合对客户价值的提升有正向作用。**

### 2.1.3 供应链企业内外部整合共同创造客户价值

有研究证实内部整合是外部整合的基础，更有利于企业绩效的最大化。吉梅内斯（Gimenez. C）（2005）认为，内部整合与外部整合密不可分。日耳曼（Germain R.）（2006）指出，内部整合使得企业内部门间的壁垒消除、流程契合、关系融洽；外部整合则致力于与上游供应商和下游客户共建战略联盟，进行信息互通互享等。如果内部整合失败，外部整合的作用也无法得以发挥。如果外部整合失败，内部整合的成效也无法体现。因此，供应链的内外部整合是相辅相成的。莫拉什（Morash）等（1998）建议，企业内、外部整合需要同时进行、相互匹配。只有内部合作与外部合作同时进行，且达到一定的程度，企业才能获得最大绩效，创造更多的客户价值。霍宝锋等（2016）提出，内外部整合之间相互影响，并为内外部整合的相互关系提供了实证支持。研究得知当企业内外部整合同时进行、相互匹配时，企业拥有最好绩效，可充分发挥供应链企业整合应有的作用。曹智等（2012）将供应链整合模式分为四种，分别为内部整合与外部整合同时较高、同时中等、同时较低和外部整合高于内部整合，这四种模式在业务流程、服务质量、产品创新和生产柔性四个方面逐渐下降。基于上述分析，提出如下研究命题：

**命题 3：供应链企业的内部整合和外部整合共同促进客户价值的提升。**

通过上述分析，构建本章的研究模型，如图 8-2 所示。

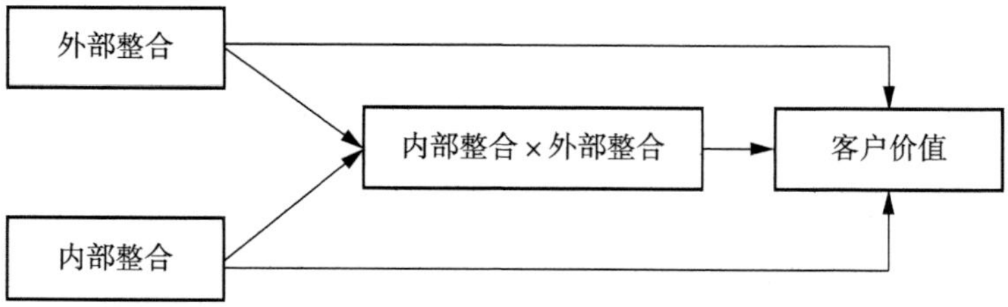


**图 8-2　供应链整合创造客户价值**

注："——►"表示正向促进作用。

## 2.2　研究方法设计

### 2.2.1　问卷设计

调查问卷的价值取决于量表的效度和信度，确保量表效度和信度的前提是合理设置问卷中的问题。使用现有量表能够确保问卷的使用价值，但具有一定的限制，体现在量表语言的差异。

本章的问卷主要参考权威杂志文章所使用的成熟量表，为尽可能解决成熟量表的局限性，确保量表的效度和信度，采取了以下措施：

（1）广泛听取企业界和学术界专业人员的意见与建议（学术界：北京物资学院和北京师范大学珠海分校物流学院；企业界：珠海格力电器股份有限公司和珠海德昌顺智慧物流产业园）。

（2）回译（back translation），主要是指两组人员翻译同一个量表，主要操作方法：一组人员将英语翻译成中文，交由另一组人员将中文翻译回英语，再由两组翻译人员一起对译文进行分析。

调查问卷的设计主要参考现有成熟量表，在设计问卷前期，我们请多位专家共同研讨，并将问卷预填写的任务交予珠海 30 家第三方物流企业，完成初始检验。在征求专家意见后，对问卷进行微调，确定调查问卷。

### 2.2.2 变量测量

本章的研究建立在变量测量之上，共涉及三个概念。指标是具体可观测的，但概念是用于建构理论，是抽象不可观测的。在开展研究过程中，不仅需要理论分析，还要结合实践经验，将抽象的构思转化为具体指标。本章以七分李克特（Likert）量表打分法作为测度具体指标的方法，即研究问题的认可程度通过数字 1~7 表示，其中"7"表示完全认同（符合），"1"表示完全不认同（符合），"4"为中立。在供应链企业内外部整合和客户价值创造相关概念基础上，沿用现有的成熟量表，结合实际情况及企业与学术界专家的意见，设计如下指标问题项，各概念的测量题项如表 8-1 至表 8-3 所示。

（1）企业内部整合。内部整合指标设计主要参考 Wong 等（2011）、Huo 等（2012）使用的测量指标。测量打分中，"1"表示完全不重视，"4"表示中立的态度，"7"表示非常重视。测量重点为企业内部各部门间的信息共享、共同运营、跨部门团队等 3 个指标，具体如表 8-1 所示。

**表 8-1 企业内部整合测量量表**

| 测量题项 | 研究者及年份 |
|---|---|
| 企业运作流程改进过程中使用跨职能部门的团队 | Wong 等（2011）；Huo 等（2012） |
| 公司各部门运营的信息共享程度 | |
| 企业各部门之间协同运营的程度 | |

（2）企业外部整合。企业外部整合的指标设计主要参考 Huo（2012）、Zhao 等（2010）和 Wong 等（2011）使用的测量指标。测量打分中"1"

表示完全没有用，“4”表示中立的态度，“7”表示广泛运用，研究重点测量了企业与企业间交流互动、信息共享、快速响应等4个指标，具体如表8-2所示。

**表8-2 企业外部整合测量量表**

| 测量题项 | 研究者及年份 |
|---|---|
| 建立快速的订单响应、处理系统 | Huo（2012）；Zhao等（2010）；Wong等（2011） |
| 定期与主要合作企业进行互动和交流 | |
| 对主要合作企业进行跟踪并反馈 | |
| 与主要合作企业的信息共享程度 | |

（3）客户价值创造。本章对现有文献进行研究，重点关注Vickery等（2003）、Huo（2012）使用的测量指标，据此对客户价值的创造进行指标设计。测量打分中“1”表示完全不符合，“4”表示中立，“7”表示非常符合，测量重点是客户对产品、服务质量和价格的满意程度，共设计3个指标，如表8-3所示。

**表8-3 客户价值创造测量量表**

| 测量题项 | 研究者及年份 |
|---|---|
| 客户对产品品质非常满意 | Vickery等（2003）；Huo（2012） |
| 客户对所获得的服务非常满意 | |
| 客户对产品价格水平非常满意 | |

### 2.2.3 数据收集

本章基于供应链整合创造客户价值视角展开研究，结合案例分析，以物流企业为调查对象，问卷的填写人是物流企业的管理人员。由于各地区之间经济发展水平存在差异，主要调研企业选定上海、沈阳、北京、深圳、合肥和珠海等城市企业。考虑本次调研问卷的重要性，对问卷有较高的要求，主要采用现场发放、现场填写收集的方法，由参加实习和工作的物流管理专业人员现场收集。本次共发放问卷300份，收回276份，经初步筛选获得有效问卷134份，有效问卷占比44.67%。描述性统计情况样本数据如表8-4所示。

表 8-4 样本数据的描述性统计 单位：家，%

| 企业主营业务 | 企业数 | 百分比 | 累计百分比 | 问卷填答人职务 | 企业数 | 百分比 | 累计百分比 |
|---|---|---|---|---|---|---|---|
| 个别物流环节服务 | 81 | 60.45 | 60.45 | 高层管理人员 | 36 | 26.87 | 26.87 |
| 整合物流环节服务 | 42 | 31.34 | 91.79 | 中层管理人员 | 78 | 58.21 | 85.08 |
| 高端物流服务 | 11 | 8.21 | 100 | 基层管理人员 | 20 | 14.92 | 100 |
| 与客户合作年限 | 企业数 | 百分比 | 累计百分比 | 企业规模 | 企业数 | 百分比 | 累计百分比 |
| 少于 1 年 | 25 | 18.66 | 18.66 | 100 人以下 | 26 | 19.40 | 19.40 |
| 1~3 年 | 39 | 29.10 | 47.76 | 100~500 人 | 52 | 38.81 | 58.21 |
| 3~5 年 | 45 | 33.58 | 81.34 | 500~1000 人 | 37 | 27.61 | 85.82 |
| 5~10 年 | 16 | 11.94 | 93.28 | 1000~5000 人 | 14 | 10.45 | 96.27 |
| 10 年以上 | 9 | 6.72 | 100 | 5000 人以上 | 5 | 3.73 | 100 |

注：企业主营业务三项统计由笔者依问卷二次整理而成。

### 2.2.4 分析方法

本章通过信度与效度检验和曲线拟合分析，运用 MATLAB 仿真软件和 SPSS 19.0 软件呈现。

（1）信度、效度检验。使用 SPSS 19.0 软件对本章所涉及构念的效度和信度进行检验。采用 Cronbach's alpha 系数对各构念的信度进行检验，利用各种验证性因子分析对各构念的效度进行检查分析。

（2）曲线拟合。使用 MATLAB 仿真软件，对数据进行拟合分析所得到的交互式拟合画面清晰地反映了各变量之间的关系；同时画面呈现出变量变化时其他变量如何变化，并可以分析其他变量的变化趋势。本章分析了供应链企业外部整合、内部整合以及各整合因素之间的交互作用对提升客户价值的作用。各个因素之间的交互作用，即各个因素彼此影响，无论哪一个要素发生改变，都会影响其他要素的变化及其变化趋势。

## 2.3 实证分析

### 2.3.1 效度和信度检验

效度（validity）和信度（reliability）检验是实证研究必不可少的部分，数据必须经过效度和信度检验后才能使用。效度是指测量工具测量要素差异性时的准确程度，即工具是否客观、准确、真实地反映各个属性之间的差异；信度则代表结果的稳定性和一致性。本研究利用 Cronbach's alpha 系数进行信度检验，系数大于 0.7 则表明研究设计的变量在内部拥有良好的一致性。在统计学中，效度通常指测量的准确性，或指量表是否关注到测量对象的潜在意义。效度检验包括结构效度和内容效度，本书参考领域专家和企业高管的意见，并结合学术经典文献中的变量题项，内容效度较高。因子分析（Factor Analysis）是结构效度常用的检验方法，通常在样本充分性检验之后进行，即样本充分性 KMO（Kaiser-Meyer-Olykin）测试系数检测和巴特莱特球体检验（Bartlett Test of Sphericity）。在 KMO 大于 0.70、Bartlett's 显著性概率均为 0.000 的基础上进行因子分析。利用主成分分析法时，依照特征值大于 1 的原则提取公因子，遵循方差最大的原则旋转使因子的解释性达到最好。当指标项的因子荷载值均大于 0.5 且累计解释方差的比例大于 50%时，可以说效度检验通过。

（1）对供应链企业内部整合进行信度和效度检验。如表 8-5 所示，Cronbach's alpha 为 0.813，大于 0.7，说明信度良好，即本书使用的理论结构变量内部有很好的一致性。进行因子分析的条件是 KMO 值为 0.745、Bartlett's 显著性概率为 0.000。在问卷里，对企业内部整合量表所设计的 3 个题项进行因子分析，累计解释方差为 80.59%，所有因子载荷均符合大于 0.5 的条件，因此企业的内部整合效度良好。

**表 8-5 企业内部整合的信度与效度检验**

| 测量题项 | 因子载荷 | Cronbach's alpha |
|---|---|---|
| 内部整合 1 | 0.793 | |
| 内部整合 2 | 0.824 | 0.813 |
| 内部整合 3 | 0.769 | |

（2）对供应链企业外部整合进行信度和效度检验。如表 8-6 所示，Cronbach's alpha 系数为 0.845，大于 0.7，说明信度良好，意味着本书所采用的理论结构变量在样本数据中具有很好的内部一致性。KMO 值为 0.698、Bartlett's 显著性概率为 0.000，满足因子分析的进行条件。在问卷里，对企业外部整合量表所设计的 4 个题项进行因子分析，累计解释方差为 84.34%，所有因子载荷均符合大于 0.5 的条件，因此企业外部整合效度良好。

**表 8-6 企业外部整合的信度与效度检验**

| 测量题项 | 因子载荷 | Cronbach's alpha |
|---|---|---|
| 外部整合 1 | 0.703 | 0.845 |
| 外部整合 2 | 0.803 | |
| 外部整合 3 | 0.795 | |
| 外部整合 4 | 0.751 | |

（3）对客户价值创造进行信度和效度检验。如表 8-7 所示，Cronbach's alpha 系数为 0.821，大于 0.7，说明信度良好，可以说本书中使用的理论结构变量在内部有很好的一致性。KMO 值为 0.803、Bartlett's 显著性概率为 0.000，满足进行因子分析的条件。在问卷里，对 3 个题项进行因子分析得到累计解释方差为 82.18%，所有因子载荷均符合大于 0.5 的条件，因此客户价值创造效度良好。

**表 8-7 客户价值创造的信度与效度检验**

| 测量题项 | 因子载荷 | Cronbach's alpha |
|---|---|---|
| 客户价值创造 1 | 0.798 | 0.821 |
| 客户价值创造 2 | 0.802 | |
| 客户价值创造 3 | 0.767 | |

### 2.3.2 曲线拟合分析

有关企业供应链整合方面的研究，大多采用结构方程模型和回归模型。该类方法在研究变量之间的因果关系时，具有一定优势，但容易忽略每个变量之间存在着相互的关系。我们认为供应链外部整合与内部整合具有一定程度的互动关系，即一方的变化会影响另一方；同时供应链内部整合对客户价值的作用亦受供应链外部整合变化的影响，反之亦然。基于此，若用统计类方法对此进行研究，得到的只是某一个时点的状态与结果，无法清晰呈现供应链内部整合与外部整合在创造客户价值过程中的关系，也无法了解内、外部整合之间互相反馈的动态过程。通过 MATLAB 软件来处理数据，可以得到曲线拟合的交互式画面。在该画面中，拖动任一变量即可直观地观察到其他变量的相应变化。对概念模型采用 MATLAB 软件做曲线拟合，以客户价值作为因变量，供应链内部整合和外部整合作为自变量，比较多元二项式回归四种曲线类型的剩余标准差，我们会发现数字最小的类型是交叉二次型，即交叉二次型的曲线拟合程度最佳，结果如表 8-8 所示，画面如图 8-3 所示。

**表 8-8 剩余标准差**

| 变量 | 线性 | 纯二次型 | 交叉二次型 | 完全二次型 |
|---|---|---|---|---|
| 剩余标准差（rmse） | 1.1751 | 1.1813 | **1.1583** | 1.1672 |

交叉二次型回归系数 beta = 11.9702　−0.8449　−2.4386　1.1792。

交叉二次型回归函数形式为：

$y = 11.9702 - 0.8449x_1 - 2.4386x_2 + 1.1792x_1x_2$

其中，$x_1$为供应链内部整合；$x_2$为供应链外部整合；$y$ 为客户价值。

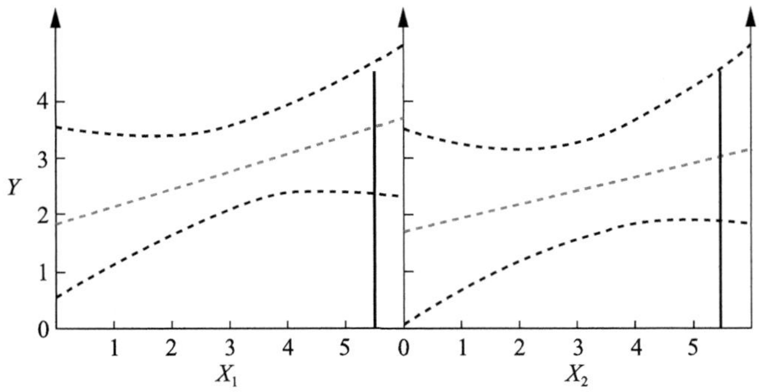


**图 8-3 交叉二次型模型拟合的交互式画面（一）**

## 2.4 实证结果讨论

通过 MATLAB 软件对研究模型做曲线拟合，以供应链内部整合和外部整合为自变量，客户价值为因变量，构建交叉二次型方程。从实证结果我们可知：

（1）企业内部整合在客户价值创造上有负向作用（−0.8449），企业外部整合在客户价值创造上有负向作用（−2.4386），企业内部整合与外部整合的交互作用在客户价值创造上有正向作用（1.1792）。随着企业外部整合程度的加强（$x_2$向右移动），企业内部整合在客户价值创造上的作用从抑制逐渐变为正向促进（$K_1$由负变正）。企业内、外部整合交互动态过程如图 8-4 所示。

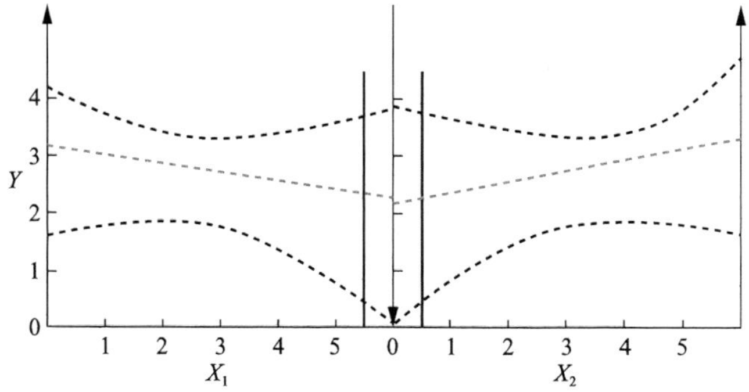

**图 8-4　交叉二次型模型拟合的交互式画面（二）**

（2）$x_1$向右移动可得知企业内部整合程度逐渐加强，企业外部整合对客户价值的影响从抑制逐渐变为正向促进（$K_2$由负变正）。企业内、外部整合交互的动态过程如图 8-5 所示。

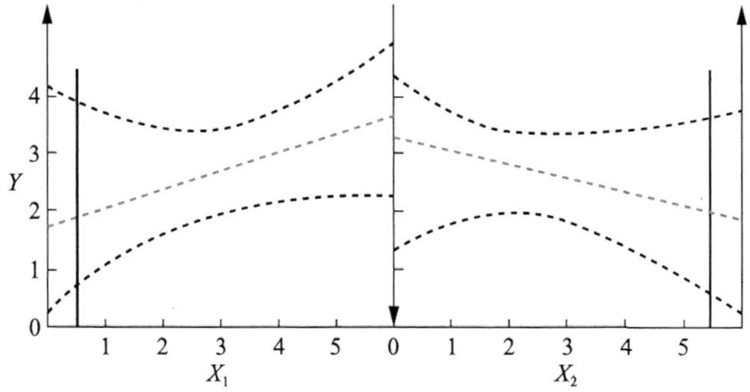

**图 8-5　交叉二次型模型拟合的交互式画面（三）**

（3）企业内部整合和外部整合的程度均逐渐加强（$x_1$与 $x_2$向右移动），企业内部整合与外部整合对客户价值创造的作用均由抑制逐渐变为正向促进（$K_1$、$K_2$由负变正），客户价值提高（$y$ 增加）。企业内、外部整合交互的动态过程如图 8-6 所示。

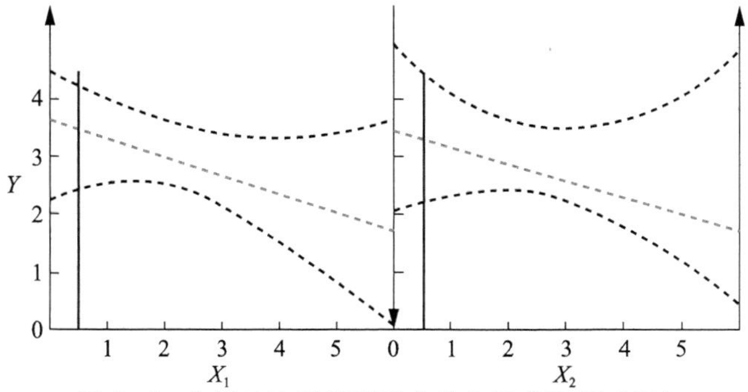

**图 8-6　交叉二次型模型拟合的交互式画面（四）**

# 3 环境不确定性对供应链整合提升客户价值的影响

随着经济全球化的不断发展、消费需求的日渐多样化、信息技术的快速进步、产品的更新换代，现实中会出现各种预料不到的情况，我们统称为“环境的不确定性”。林亚清等（2013）发现环境不确定性在高层管理团队人力资源实践与战略柔性之间具有调节作用，而在战略柔性与企业绩效之间不具有调节作用。简兆权等（2015）在研究战略导向对技术创新的影响时，发现动态能力对此起到中介作用，而环境的不确定性又会对动态能力起到调节作用，环境不确定性越高，动态能力对于技术创新的影响就越大。由此可见，环境不确定性的调节作用并不是全方位的。对于环境不确定性，学术界通常从需求不确定性、供应不确定性以及技术不确定性三个维度分析其影响和作用。本章主要研究供应链企业整合对客户价值的提升作用，环境不确定性是不可或缺的一个部分。

## 3.1 模型构建与研究假设

### 3.1.1 环境不确定性对供应链外部整合提升客户价值的影响

中国经济正处于转型阶段，企业所面临的外部环境复杂多变，这就要求企业能够灵活应对环境的不确定性并快速适应新环境。权变理论认为，企业在面对不确定的环境时，往往会通过外部导向战略措施来改变企业的外部环境，而外部整合正是企业为适应不确定的环境所采取的战略措施。霍宝锋等（2016）在进行供应链内部整合与外部整合的匹配研究时提出：外部整合有两个方面，一个方面是企业与客户之间的整合；另一个方面是企业与供应商之间的整合。无论是哪方面的外部整合，都不可避免地会受到环境不确定性的影响。对于供应链而言，需求和技术的不确定是最主要的不确定性因素。当市场需求不确定时，企业更希望与客户做好供求信息的整合，减少由于市场波动带来的风险；同时，企业会与供应商进行深入合作，以确保供应充足稳定，控制环境不确定风险。王（Wong）和萨坤（Sakun）（2008）在实证研究中发现，当企业外部环境高度不确定，如供需、竞争者行为、技术不确定等，企业会相应进行高程度的供应链整合。因此，他们认为环境不确定性对供应链整合具有显著影响。基于以上分析，提出如下命题：

**命题 4：环境不确定性在供应链通过外部整合创造客户价值方面起到正反馈作用，即环境不确定性变高时，供应链通过外部整合创造的客户价值会变高。**

### 3.1.2 环境不确定性对供应链内部整合提升客户价值的影响

赵（Zhao）等（2011）认为，内部整合是企业为满足客户需求所做的内部部门之间的整合，包括部门数据与信息系统的整合、部门之间的信息共享以及跨部门合作。企业内部最致命的问题是出现信息孤岛，避免信息孤岛是内部整合的最低要求与基础。当创业外部环境不确定时，加强内部整合是代价最低也是最有效的应对方法。杨小国（2017）在研究环境不确定性情形下供应链整合与企业绩效之间的关系时，发现企业的内部整合可以促进企业部门之间知识的分享和整合，进而使企业形成新的能力来应对不确定性环境带来的一部分问题。王鸣华（2017）则认为环境的不确定性会促使企业改进内部的运作模式，加强内部整合，进一步提升运营绩效。当产业技术发生重大变革时，客户需求也会发生相应变化，企业会通过内部整合来提升产品质量，增加产品附加值甚至是缩短上市时间；同时，企业通过整合加快技术产品开发，防控环境不确定性带来的风险，提高企业的市场竞争力。无论是何种形式的内部整合，其目的都是在环境不确定情况下满足客户需求以及提升企业价值。喜生贝（Hee-sung Bae）（2011）在研究环境不确定性对供应链内部整合和外部整合的影响时，发现环境不确定性对内部整合和外部整合均具有显著影响。基于以上分析，提出如下命题：

**命题 5：环境不确定性在供应链通过内部整合创造客户价值方面起到正向调节作用，即环境不确定性越高，供应链通过内部整合创造的客户价值越高。**

通过上述分析，构建本章研究模型如图 8-7 所示。

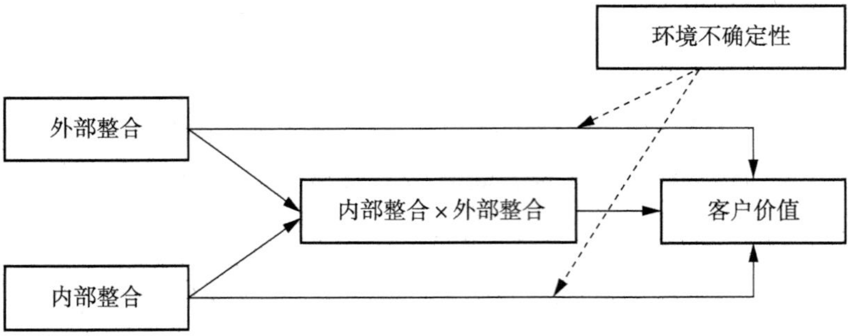


图 8-7　环境不确定性的调节作用。

注："——▶"表示正向促进作用；虚实箭头交叉表示正向调节作用。

## 3.2　研究方法设计

### 3.2.1　变量测量

现有关于环境不确定性的研究多见于对制造企业的研究，对物流企业环境不确定性的衡量多参考已有制造企业所使用的指标。学者们依据物流服务的特性，开发出了一系列环境不确定性衡量指标，Zhao 等（2011）使用 8 个指标进行衡量；Hee-sung Bae（2011）创造了 7 个指标进行衡量；Wong 和 Sakun（2008）创造了 5 个观察变量。本章主要参考 Zhao 等（2011）、Hee-sung Bae（2011）、Wong 和 Sakun（2008）所使用的测量题项，使用七分李克特（Likert）量表打分法对所设计的 7 个题项进行评价，具体如表 8-9 所示。

表 8-9　环境不确定性测量量表

| 测量题项 | 研究者及年份 |
|---|---|
| 产品的生命周期越来越短 | Zhao 等（2011）；Hee-sung Bae（2011）；Wong 和 Sakun（2008） |
| 产品是标准化产品 | |
| 技术创新频繁 | |
| 供应商的供货价格经常变动 | |
| 供应商很容易找到 | |
| 产品需求经常变动 | |
| 竞争对手的行为很难预测 | |

### 3.2.2 分析方法

本章使用的统计分析软件为 SPSS19.0，分析方法包括信度与效度分析、相关分析、多元回归分析。具有为：①多元回归分析。使用 SPSS19.0 软件分析环境不确定性对供应链整合（内部整合与外部整合）创造客户价值的调节作用；②信度、效度检验。使用 SPSS19.0 软件对本章所涉及构念的信度和效度进行检验。

## 3.3 实证分析

### 3.3.1 信度和效度检验

对环境不确定性进行信度、效度检验。KMO 值为 0.849、Bartlett's 显著性概率为 0.000，满足因子分析的进行条件。在问卷里，对量表所设置的 7 个题项进行因子分析，累计解释方差为 76.85%。由表 8-10 可知，各题项的因子载荷有一项没有满足因子载荷大于 0.5 的要求（题项四：供应商的供货价格经常变动），意味着该题项测量的信息准确度不足，故删除此题项。

**表 8-10 环境不确定性的因子分析结果**

| 测量题项 | 因子载荷 |
|---|---|
| 产品生命周期越来越短 | 0.706 |
| 产品是标准化产品 | 0.801 |
| 技术创新频繁 | 0.785 |
| 供应商的供货价格经常变动 | 0.416 |
| 供应商很容易找到 | 0.842 |
| 产品需求经常变动 | 0.763 |
| 竞争对手的行为很难预测 | 0.727 |

删除题项“供应商的供货价格经常变动”后，先对 KMO 值进行检验，再对环境不确定性量表中的其他 6 个题项进行因子分析，KMO 值为 0.864、Bartlett's 显著性概率为 0.000，满足进行因子分析的条件，累计解释方差为 82.04%。因子分析结果如表 8-11 所示，所有因子载荷均符合大于 0.5 的要求，说明修正后的合作企业的专属性行为效度良好。删除题项四后，通过 Cronbach's alpha 系数检验构成变量的信度，变量的 Cronbach's alpha 系数高于 0.7，意味着本章所采用的理论结构变量在样本数据中有很好的一致性，结果如表 8-11 所示。

**表 8-11 环境不确定性的信度与效度检验**

| 测量题项 | 因子载荷 | Cronbach's alpha |
|---|---|---|
| 产品生命周期越来越短 | 0.732 | 0.846 |
| 产品是标准化产品 | 0.817 | |
| 技术创新频繁 | 0.773 | |
| 供应商很容易找到 | 0.821 | |
| 产品需求经常变动 | 0.735 | |
| 竞争对手的行为很难预测 | 0.753 | |

### 3.3.2 相关分析

先对模型中的各变量进行相关分析，再进行多元回归分析。分析每个变量之间的相关性时使用 Pearson 相关分析法，结果如表 8-12 所示。

**表 8-12 变量间相关分析**

| 变量 | 内部整合 | 外部整合 | 环境不确定性 | 客户价值 |
|---|---|---|---|---|
| 内部整合 | 1 | | | |
| 外部整合 | 0.614** | 1 | | |
| 环境不确定性 | 0.531** | 0.698** | 1 | |
| 客户价值 | 0.696** | 0.754** | 0.847** | 1 |

注：**表示在 0.01 水平上的相关性是显著的（双尾）。

从表 8-12 可以发现，在 0.01 显著水平下，变量之间的相关性十分明显，基本满足本章的研究假设。接下来采用多元回归分析方法，对变量间的影响机制做更为精准的验证。

### 3.3.3 多元回归分析

在上述相关分析的基础上，使用多元回归分析对环境不确定性的调节效应进行检验，结果如表 8-13 所示。

**表 8-13 环境不确定性的调节效应**

| 变量 | | 客户价值 | $R^2$ | $\Delta R^2$ |
|---|---|---|---|---|
| 环境不确定性 | 调节变量 | 0.108 | 0.462 | 0.507 |
| 交互项 | 外部整合×环境不确定性 | 0.443* | 0.319** | 0.247** |
| | 内部整合×环境不确定性 | 0.276** | 0.207*** | 0.198*** |

注：*表示 $p<0.05$（双尾）；**表示 $p<0.01$（双尾）；***表示 $p<0.001$（双尾）。

由表8-13可以看出，环境不确定性对客户价值不存在显著影响（$\beta=0.108$）；外部整合与环境不确定性的交互项对客户价值有显著正向作用（$\beta=0.443^{*}$），即环境不确定性在外部整合与客户价值之间起着正向调节作用，命题4得到支持；内部整合与环境不确定性的交互项对客户价值有显著正向作用（$\beta=0.276^{**}$），即环境不确定性在内部整合与客户价值之间起着正向调节作用，命题5得到支持。

### 3.4 实证结果讨论

通过对模型进行多元回归分析，可以得出以下结论：环境不确定性对供应链内部的整合以及客户价值的创造具有正向调节作用；环境不确定性对供应链外部的整合以及客户价值的创造具有正向调节作用。外部环境的变化使企业内部的沟通、协调更为频繁，进而使企业内部各部门的合作得以强化，企业在应对环境不确定时需要企业内部各个部门的协调运营。因此，环境不确定性能够有效地正向调节企业内部各部门的协调运营以创造客户价值。供应链运营所处环境的变化会影响供应链的原有运营模式，使得供应链中的企业共同做出变化；在环境变化过程中，供应链企业不断调整以相互适应，并求更好的合作。由此，环境不确定性能够强化供应链企业在创造客户价值过程中的合作程度，使企业间的合作更具弹性；企业间的柔性合作使企业能更好地依据外部环境的变化，做出益于合作的运营调整。合作程度的加强与合作弹性的加大，使得供应链可以更为有效地为客户提供产品与服务，进而创造客户价值。

## 4 供应链整合提升客户价值案例分析

针对上述结论，我们结合具体案例开展验证性案例分析，以进一步论证理论结果。

### 4.1 案例分析

#### 4.1.1 A企业简介

A企业是一家位于珠三角地区并面向物流投资为主的综合型企业，旗下有四家子公司及三个物流园项目，该企业专注于打造现代化的物流园区，总部位于珠海市金湾区。该企业自创立以来始终坚持将“关注客户需要，提供有竞争力的物流解决方案和服务，持续为客户创造最大价值”作为企业的使命，并且提出做客户最信任物流合作伙伴的发展愿景，是一家以创造客户价值为目标的物流企业。

本案例所举的物流园是A企业主要打造的三个物流园项目之一，位于珠海市金湾区的联港工业区旁，总占地面积为51440.64平方米，总投资近5亿元，是珠海首家4A级物流园区，获得了国家发展改革委物流转型升级专项资金支持，于2014年正式投入运营，企业目标是将其打造成为珠海首个设施标准化、管理规范化、物流资源信息化的现代化物流园区。该物流园是一家将物流的仓储、包装、配送和信息服务多项功能合为一体的智慧型物流园区，设有：云商物流服务中心，负责物流资源的整合和物流专业大数据平台的建设；空港物流信息交易平台，负责提供航空货运相关服务；多式联运快速服务中心，负责提供海陆空铁多式联运相关服务；丝路湾区物流联合研究院，联合各大高校构建物流科研知识交流共享平台；物流创意企业快孵基地，主要帮助扶持具备现代物流服务意识和服务功能的物流企业；节能环保物流仓储中心，负责打造现代化物流仓储设备以服务周边企业；品牌物流企业总部大楼，提供给全国性或华南区域的品牌物流企业总部落地办公；物流文化博物馆，是一个将收藏保护、陈列展示以及人才培养、科学研究和学术交流集于一体的现代化多功能博物馆。此外，该物流园区作为“粤港澳大湾区”干线物流建设脊梁，已成为带动珠海经济发展的重要增长极和引领技术变革的领头羊；同时园区内配有宿舍、餐饮、超市、酒店、汽配等多种基本生活配套设施，满足各物流企业及员工的办公生活需求。

### 4.1.2 A企业供应链整合

A企业将该物流园分为专线物流区、三方物流区、快运速递区、仓储调拨区、保险金融区、生活配套区和信息交易中心七大功能区，涵盖了物流的配送、仓储、金融和信息服务多个方面，在无形之中将供应链上的各种功能进行了内部整合，各功能区中的不同企业处在同一物流园区内，可将不同的功能区看作企业的不同部门。该物流园区对各个功能区的设施实施了标准化，管理制度规范化，物流资源信息化，极大地方便了各个功能区的企业在物流园区内进行整合。物流园对各个功能区建有合作激励制度，使得园区内的各个功能区企业能够相互交流，主动共享信息资源和知识，在共担风险、共同获利的基础上展开深入合作，从而实现共创价值和共享收益。除此之外，物流园区建立的管理制度和利益分配制度，使各功能区的企业之间形成了一种“竞争—合作—协调”式商业关系。通过各功能区企业之间有效合作和公平竞争，集结和协调企业的分散作业，使各企业都能达到控制成本、提高效率甚至增强活力的效果。总之，园区内汇集了运输、流通加工和库存管理等物流服务企业，以及为物流提供生活、信息、金融等服务的专业类企业。这些企业相互合作，形成了一条完整的物流业务链，从而达到了互利共赢的最终目的。

在供应链外部整合方面，该物流园区提出根据客户的需求，为客户提供个性化的物流服务；结合A公司始终坚持为客户创造最大价值的企业文化，园区必然最大限度地与客户需求进行整合。另外，该园区地理优势独特，公路、铁路、航空在本区交会，高栏港与珠海港与本区相近，同时该区位于粤港澳大湾区内。加之凭借“一带一路”政策优势，该物流园云商物流服务中心建立了强大的数据资源信息系统。该系统把物流园区内企业相关运输业务系统与园区信息业务系统中的公路、铁路、港口、机场相关系统联结起来，同时提供方便企业供应商和客户随时接入系统的补足性接口，使园区内企业与园区外企业能及时、可靠地进行数据信息交换。除此之外，园区还提供与金融机构、第三方保证金监管银行的财务接口，保证供应链上的各方都能进入园区标准化的数据资源信息系统，使供应链内外部能够实时进行信息资源交互，为更深入的供应链外部整合提供了便利条件。

### 4.1.3 A公司客户价值创造

该物流园奉行“以客户价值创造作为经营核心，以提高客户满意度、持续为客户创造最大价值作为发展动力与方向”这一理念向客户提供个性化物流服务。客户可向园区内负责接待客户的相关咨询人员提出其对物流服务的具体需求，由工作人员将客户的物流需求及时反映给专业物流设计人员，再由物流设计人员根据客户需要，结合园区内资源和数据信息系统，设计出时间最短、成本最低、最大限度整合园区物流资源满足客户需求的物流方案，并将物流方案下发园区内相关企业，直至方案被成功执行。后期园区客服人员通过回访了解客户的满意程度并收集反馈意见，后期将建议向相关环节人员转达，为物流方案改进提供依据，进而提高个性化服务能力，创造更大的客户价值。该物流园之所以能够专心追求客户价值的创造，得益于其前期对于供应链的整合，使园区各个环节的信息和资源可以顺畅地交互与共享。

## 4.2 案例总结和论证

本部分主要归纳总结案例信息，论证 A 企业的供应链内、外部整合对客户价值创造的作用。

### 4.2.1 A 企业供应链整合评价

客户价值创造一直是 A 企业的核心理念，从案例可以看出 A 企业主要通过三个方面进行客户价值的创造。

（1）供应链企业内部整合创造客户价值

在内部整合方面，该物流园区建立并实行的合作激励制度、利益分配制度和统一标准的管理制度，使不同功能区的各企业能够主动进行业务协调与合作，消除彼此之间的协作障碍；通过企业内部的交流协作和高效联动，使得企业内部资源得到合理分配，形成了一条完整的物流业务链，从而达到共赢的最终目的。云商物流服务中心负责的园区内物流资源整合平台，使各企业的物流资源相互共享协调，最终将园内供应链进行整合，达到园区利益最大化。由此可见，该物流园区通过建立内部各种标准化制度和整合内部物流资源，提高了园区内部的业务效率与能力，并基于内部整合度的提高满足客户要求，为客户提供便捷高效的物流服务。

（2）通过供应链企业外部整合创造客户价值

外部整合方面，我们可以将供应链企业外部整合归类为客户的整合和供应商的整合。该物流园区通过建立强大的数据资源信息系统，与园区外的供应商和客户进行实时数据信息交互与沟通；同时，该系统通过与外部海陆空港公共交通相关系统整合运输信息，以及与外部金融机构整合金融服务信息，保证了供应链上各方都可以进入园区标准化数据资源信息系统，这是供应链整合的外部维度。由此可见，该物流园区是通过整合园区外部数据资源信息来提升客户价值、整合外部公共运输资源，以及提供相关的金融服务，提高整条供应链的效率与价值，从而创造客户价值。

(3) 供应链企业内、外整合共同创造客户价值

由于供应链企业整合涉及企业管理的方方面面，因此仅有内部整合或外部整合，对客户价值的创造都是单方面的；只有内外部整合共同进行，在企业内部整合的基础上，分析客户需求，对客户和供应商进行整合，才能创造出更高的客户价值。

通过上述论证分析，本案例印证了以下结论：

结论一：供应链内部整合能够创造客户价值。

结论二：供应链外部整合能够创造客户价值。

结论三：供应链内部和外部整合能够共同创造客户价值。

### 4.2.2 环境不确定性对供应链整合创造客户价值有影响

该物流园区之所以能够顺利吸引各类企业入驻，最终实现资源的整合，不得不说是抓住了机遇——粤港澳大湾区的设立、港珠澳大桥的建成以及“一带一路”倡议的实施，都使该物流园区在与各方企业洽谈整合供应链时拥有更多的筹码。同时物流园区利用自身的地理区位、政策优势建立数据资源信息系统，尽可能通过整合内外部资源，创造更高的客户价值。基于上述分析，得到以下结论：

结论四：环境不确定性对供应链整合创造客户价值的过程有影响。

## 5 结论

(1) 完成的主要工作

本章基于文献梳理和对实际案例的分析，将供应链整合划分为两个维度：内部整合与外部整合；依据问卷调查获取到的一手数据，分析内部整合、外部整合对创造客户价值的作用。基于供应链整合两个维度间的互动关系，分析两个维度作用于客户价值的情况；选用 MATLAB 软件对供应链整合提升客户价值进行曲线拟合，直观观察供应链内部整合与外部整合之间相互关系，动态分析供应链整合对客户价值提升的影响。通过多元回归分析，研究环境不确定性对供应链内部整合与外部整合作用于客户价值创造的调节效应。

（2）研究启示

①理论贡献。企业间的竞争已转变为供应链之间的竞争，供应链之间的竞争根植于客户价值的创造，创造客户价值需以供应链整合为途径。

②研究方法启示。现有实证类研究方法多局限于统计类，在处理动态变化问题（本书中的供应链内部整合与外部整合的互动）和存在隐含关系（内部整合与外部整合之间的关系作用于客户价值）问题时，有一定局限性。本章运用 MATLAB 软件对供应链整合创造客户价值的过程进行模拟，通过曲线拟合分析供应链整合对客户价值提升的作用，通过拖动交互曲线中的单一元素所获得的图形（要素变化及变化趋势），分析各要素间的作用，研究过程更为直观。

③实践建议。供应链的外部整合能够提升客户价值，需重视供应链上下游企业的合作；供应链内部整合亦能够提升客户价值，能够显著提升企业的运营效率，对客户需求做出积极响应；供应链内部整合与外部整合相辅相成。由此可见，企业在与外部企业合作时，需同时对企业内部各部门进行协调管理。环境不确定性对企业供应链内部整合、外部整合具有调节效应，企业运营中需对外部环境进行分析，合理调整，有效应对环境不确定性的影响。

（3）研究不足与展望

本章对供应链整合创造客户价值的研究尚存不足和局限，主要表现在以下两个方面：①数据收集。调查问卷偏少，没有充分考虑地域因素的影响，对问卷填写人员和企业性质区分不严。②研究视角。视角单一，对企业供应链上下游合作伙伴考虑不足。

后续可以在调查问卷设置方面做进一步完善，扩充样本数量和地域覆盖，对问卷填写人员和企业性质进行严格区分与控制；可尝试多方视角，对企业供应链上下游合作方进行研究，探寻客户价值提升的路径。

# 第 4 部分

# 网络嵌入与 3PL 区域发展实践

# 第9章　网络嵌入
## ——3PL与制造企业的供应链网络嵌入机理分析

## 1　引言

随着竞争的加剧和管理理念的发展，制造企业对外包物流运作的复杂程度和要求较之前有大幅度提高。同时，随着物流行业的快速发展，物流在加速制造企业升级、提供战略支撑等方面的重要性日益凸显。物流角色的转变，加速物流企业与制造企业对传统物流外包的重新思考（Stank et al.，1997），双方从短期的交易型关系向更为紧密的长期合作型关系演化。分工的深化使跨组织协作成为一种有效的资源配置机制，组织间合作关系成为理论界和实业界关注的焦点。脱胎于竞争的组织间合作关系与短期的、即时的交换关系不同，可视为一种利益交换或要素互补，抑或是一种相互依赖（任浩 等，2012）。随着组织关系的日益复杂，随着研究的逐步深入，学者们发现单一理论范式很难对组织关系进行全面解释与说明。基于此，一些学者开始尝试对多个理论范式进行整合，以弥补单一理论解释的不足（Barringer et al.，2000）。本章以交易成本理论、资源依赖理论、社会交换理论、社会资本理论为基础，分析供应链背景下物流企业与制造企业（供应链核心企业）多边嵌入的机理。

## 2　3PL与制造企业的供应链网络嵌入

物流企业与制造企业合作之初，物流企业处于被动、从属地位，制造企业物流外包往往只选择外包标准化、规范化的物流运作。此时的文献更多的是从单边角度（物流服务使用方）研究企业外包（外包决策、伙伴选择、外包收益等）。随着社会经济的发展和企业新诉求的出现（货主企业进一步降低交易成本、专注核心业务等；物流企业参与运作增值服务、提高自身资产利用率等），制造企业产生了将更为复杂的物流活动外包的动力；同时物流企业具备了参与高端运营的能力（很多时候并未被制造企业所使用），且物流企业有了积极主动参与合作的意愿。物流企业与制造企业之间的合作越来越重要，大量研究证实物流企业与制造企业应建立紧密的合作关系。长期紧密的合作关系可促进双方的合作行为，紧密的合作关系能够促进双方在人员、流程、技术等方面的整合与联动（Rajesh et al.，2011）。供应链背景下物流企业与制造企业联动是一种深层次的合作行为，表现为物流企业与制造企业的组织系统在多个方面（人员、流程、技术）的相互渗透与融合，企业间的渗透与融合是双方联动的基础和具体表现。基于上述分析，物流企业与制造企业网络嵌入可定义为：物流企业与制造企业双方为实现产品或服务、信息、资金和决策的有效（效率和效果）管理，低成本、高质量地为最终客户提供产品，调整自身运营，协调彼此行为，强化、深化、优化彼此间合作，以提升客户价值为共同目标而进行的的信息技术协同、跨组织流程管理和战略协作。

物流企业与制造企业供应链网络嵌入的内涵：

（1）以客户价值提升为共同目标。

（2）双方相互调整以适应彼此的变化。

（3）以价值创造为核心的长期合作行为，而非以价格竞争为焦点的短期交易行为。

（4）主要内容有战略上的协作（共同制订计划、互派人员等）、流程的跨组织管理和基于信息技术的协同运作等。

基于上述分析，可以看出供应链网络嵌入的双边特性。为此，研究物流企业与制造企业的网络嵌入选取双边视角（dyadic view）更为科学、严谨。

## 3 3PL与制造企业双向网络嵌入的理论解释

20世纪90年代以前，关于组织间关系的研究一般依据交易成本理论、资源依赖理论、战略选择理论、利益相关者理论、组织学习和新制度理论等（邵兵家 等，2005）。随着关系理论的兴起，研究多集中于资源基础观、知识基础观、社会逻辑观和组织学习理论（Duane Ireland et al.，2002）。罗珉（2007）通过对组织间关系研究文献的梳理，提出了四个理论维度：资源维度、能力维度、关系维度和组织维度；基姆等（Kim）（2009）应用交易成本理论和资源基础理论，通过案例实证分析双边自构建跨组织关系的因素；摩尔（Moore）和坎宁安（Cunningham）（1999）以社会交换理论为基础，研究发现有效的双边关系与货主企业和物流企业之间高水平的平等、承诺、信任相关；克恩（Kern）和威尔科克斯（Willcocks）（2000）将社会交换理论引入合作关系分析的理论框架中；费恩斯（Fynes）和沃斯（Voss）（2002）使用交易成本理论、政治经济学理论、社会交互理论和资源依赖理论构建了研究理论框架；骆温平（2007）通过社会分工理论、交易成本理论、委托代理理论、博弈论、组织管理理论、核心竞争力理论对物流企业与制造企业的互动进行了理论推演。本书以经济学（交易成本理论）、管理学（资源依赖理论）、社会学（社会交互理论、社会资本理论）的经典理论为基础，对物流企业与制造企业的网络嵌入进行理论说明和联动机理探讨。

## 3.1 理论基础

### 3.1.1 交易成本理论

科斯（Coase）（1937）提出交易成本理论，认为市场和企业是两种可以相互替代的资源配置手段，成本决定企业是在内部还是外包进行某项活动。威廉姆森（Williamson）（1985）进一步发展了交易成本理论，提出影响交易成本的原因是人的有限理性和机会主义行为，机会主义行为受三个变量影响：资产专用性、不确定性、交易的频率。企业所需的物流资产专用性低则交易成本低；反之，高资产专用性会提高物流服务供应商机会主义行为的概率，导致交易成本提高。此外，交易成本还与交易的不确定性正相关。企业间合作是介于市场与企业内部之间的一种组织形态，是企业权衡成本的结果，即交易成本的大小决定了企业间的关系模式。交易成本理论的基本前提是人的有限理性和机会主义：有限理性基于人的认知能力的有限；机会主义是指在经济活动中，人们本能的利己性，尽可能地保护和提高自身利益，甚至不惜以损害他人的利益为代价。交易成本理论的核心是交易费用的最小化，交易费用的最小化是企业选择组织治理结构的决定因素。组织的治理结构包括：市场结构，即以价格机制配置资源；层级制，即以企业内部行政手段配置资源；混合制，介于市场结构和层级制之间。

### 3.1.2 资源依赖理论

没有一个企业组织可以自给自足，亨利·福特的工业王国也只是理想的乌托邦，组织需要与环境进行交换，并借此生存与发展。资源依赖理论源于两个基本假设：①组织运行需要多种异质资源，这些资源不可能由企业自身完全提供；②组织的运作由多种业务构成，企业无法全部完成这些业务活动，与其他企业进行资源交换时，企业就产生了资源依赖。资源依赖理论可分为内生的依赖性（或称为结构依赖性）和外生的依赖性（或称为过程依赖性），内生（结构依赖）源于对方企业所拥有资源的稀缺性（不可替代性），外生（过程依赖）则源于双方所拥有资源的内在关联（贾生华等，2007）。企业为有效管理对其他企业的依赖关系，需要控制关键资源以降低依赖性，同时占有更多的资源来提高合作企业对其的依赖。资源依赖理论一定程度上揭示了组织自身的选择能力，组织可以通过寻找替代性资源，减少唯一依赖性，以更好地应付环境（马迎贤，2005）。

### 3.1.3 社会交换理论

社会交换理论兴起于20世纪60年代的美国，甚至可以追溯至亚当·斯密的交换学说。古典经济学将人看作理性人，即人在交换时总是寻求物质利益的最大化，然而早期的功利主义不免过于狭隘。现代社会交换理论是以经济学、心理学、人类学等为基础发展起来的社会学理论，用来描述由心理学和经济学衍生出来的人的行为和行为动机的心理学命题。跨组织的交换理论认为，成功的关键很大程度上取决于社会交互行为。社会交换是人的自愿性行为，其目的非常清楚，就是通过交换活动来获取回报（邱泽奇，2005）。社会交换理论的核心包括理性原理、互惠原理、公正原理、边际效用原理和不均衡原理等（彼得·布劳，2008）。互惠原理是社会交换理论的核心原理，互惠原理认为，人们之间交换的报酬越多，越有可能产生互惠的义务并以此来支配以后的交换，越是违反交换关系中的互惠原理，被剥夺者就越倾向于惩罚违背规范的人（特纳，2008）。社会交换理论强调社会关系及其附属规范对关系性交换的重要性。企业组织间为继续得到收益而需要互惠是社会互动的“起动机制”，当交换发生之后，就会出现互惠规范来指导后续的交换活动。因而互惠规范本质上根植于交换过程之中，违反规范就会导致社会不满和受到惩罚（彼得·布劳，2008）。

### 3.1.4 社会资本理论

社会资本原本是一个社会学概念，自20世纪90年代以来，许多组织理论方面的学者将社会资本的概念应用于组织内和组织间相关问题的研究，社会资本理论成为研究企业、企业之间问题的重要理论。社会资本是指嵌入在个体或企业网络关系之中，通过个体或企业网络关系可以得到的实际或潜在的资源总和（Nahapiet et al.，1998），是企业通过与经济领域中各个方面建立各种网络来摄取稀缺资源的一种能力，需要经过积累和再生产，是企业发展不可缺少的要素（边燕杰 等，2000）。企业内部和企业之间的关系是一种社会资本，社会资本是竞争成功的决定因素（Burt，1992），社会资本具有获取资源的能力，具有积聚性和再生产性。社会资本在管理学中可分为三个维度（Nahapiet et al.，1998）：结构维度、认知维度和关系维度。

（1）结构维度。网络连带（network ties）、网络构型（network configuration）、可使用的组织（appropriable organization）。

（2）认知维度。共有编码（shared codes）、共同语言（shared languages）、共有叙事（shared narratives）。

（3）关系维度。信任、规范、认同、义务。

Nahapiet和Ghoshal（1998）将属于组织的心理认同（认知面），组织内各类连带的网络（结构面），以及通过网络、规范、认同建立的信任（关系面），都纳入社会资本范围，形成了完整的社会资本结构。

## 3.2 四种理论对物流企业与制造企业双向嵌入的解释

### 3.2.1 交易成本理论视角

交易成本理论的核心概念是交易成本，降低交易成本是企业间合作的最基本动力，交易的性质取决于资产专用性、交易的不确定性、交易的频率；不同的交易特性导致不同的交易成本，进而导致治理结构的不同。资产专用性越高，潜在的机会主义行为的可能性越大；交易的不确定性和市场的多变性与合作双方的有限理性和机会主义行为密切相关；交易频率越高，意味着交易双方的交易量很大且交易经常进行，从而产生较高的交易费用（骆温平，2007）。物流企业与制造企业合作是为了寻求一种交易成本低的制度安排，相较于企业和市场两种极端形式，组织间的治理结构具有相对适宜的灵活性。物流企业与制造企业双向合作是一种长期、紧密的合作，涉及基于信息技术的协同、跨组织的流程管理和战略协作。物流企业与制造企业联动能够有效地抑制机会主义行为和有限理性，通过对交易特性的协调与控制，有效降低交易成本。

### 3.2.2 资源依赖理论视角

资源依赖理论源于开放系统观点，任何企业都处于开放的环境中，企业必须通过交换才能获取生存和发展所需的资源（吴剑峰 等，2007）。双方企业合作，进行资源交换，就相应产生了对彼此的资源依赖性，使双方的利益更加紧密地联系在一起（Dyer et al.，1998）。资源依赖理论关注于组织管理与其他组织的互依性而采取的策略行动（马迎贤，2005）。物流企业与制造企业通过合作以获取各自所需的关键资源，提升整体实力。企业间相互依赖的程度越高，就越有可能通过合作来整合双方的资源和能力。

### 3.2.3 社会交换理论视角

社会交换理论的基本前提是“人们从事社会交换是因为他们知道会因此得到报酬”。基于这一基本假设，结合社会交换理论所蕴含的互惠原理、公正原理等，可以为我们理解物流企业与制造企业双向合作提供很好的理论视角。社会互动方式包括竞争、合作、冲突和顺应（风笑天，2008），物流企业与制造企业双向嵌入是一种合作型的交换关系。社会吸引①是诱导人们主动地建立社会交往的力量，社会吸引的过程导致社会交换的过程（布劳，2008）。从社会交换理论视角可以得出：物流企业与制造企业双向嵌入是物流企业与制造企业合作型社会交换关系所引致的社会互动行为，合作关系的紧密程度受物流企业与制造企业之间关系要素的影响。物流企业与制造企业合作的过程即社会整合的过程，社会整合以社会吸引为纽带，物流企业与制造企业合作的程度受双方企业彼此的内在吸引力所影

---

① 社会吸引：人们从事社会活动是因为他们知道会得到报酬，这种认知即社会吸引。

响。根据社会交换理论，在社会整合过程中，个人间的人际吸引①在宏观层次即为共享人价值观所取代，这些价值观可以被概括为社会交换的媒介，为社会结构及其个体成员间复杂的间接交换链条提供了共同标准（特纳，2008）。共同的价值观在组织间的社会交换过程中，能够起到引导和规范作用。供应链情境下的物流企业与制造企业合作以提升最终客户价值为共同目标，通过企业间人员、技术、流程等协同，在达到共同目标的前提下获取各自的报酬。②

### 3.2.4 社会资本理论视角

社会资本是企业间关系的联结剂（McGrath et al.，2005），企业通过社会资本获取运营所需的资源，协调组织内、组织间的各种业务活动，降低不确定性。组织间良好的关系是组织成功的关键，物流企业与制造企业之间的联结可帮助双方获取关系租金③，合作双方通过建立关系可实现帕累托边界外推产生超额租金，这种租金的获取依赖于交易的存在以及交易完成的方式。组织间通过长期的合作形成特定的关系，可以跨越企业边界，嵌入组织间的常规惯例和程序以产生关系租金（罗珉，2007）。随着物流企业与制造企业合作的深入，企业间的社会资本逐渐积聚，促进双方在多个方面深层次整合，进而推动联动合作行为，最终形成良性循环，如图9-1所示。

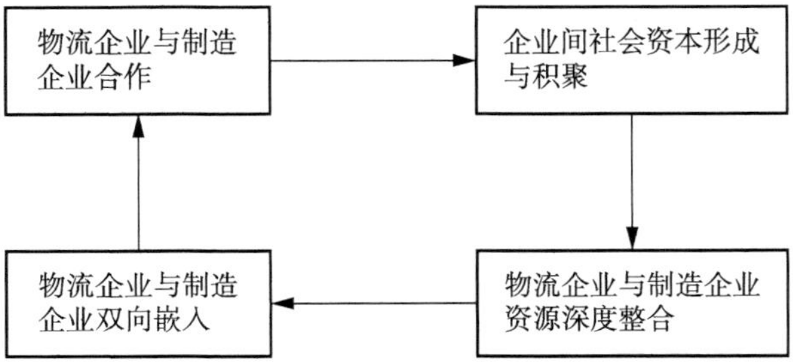


**图9-1 企业深度合作循环**

注："——→"表示正向促进作用。

① 人际吸引：是个体与他人之间情感上相互亲密的状态。

② 报酬：即利润，报酬概念的使用有助于社会学学者将人类行为看作是在心理需要的驱使下进行的。

③ 关系租金是在交换关系中由交换双方共同生成的超额收益，超额收益无法通过任何单方独立生成，必须由专属的联盟伙伴彼此联合的特殊贡献所创造（Dyer et al.，1998）。

# 4 基于理论整合的 3PL 与制造企业网络嵌入机理分析

现有关于物流企业与制造企业合作的研究文献缺乏系统的理论基础和分析框架，多集中于案例研究和实证研究，理论基础薄弱，双边视角下的理论分析更加离散不系统，因为制造企业和物流企业的关注点不同，双边角度分析所应用的理论存在不同的理论视角，如制造企业主要关注成本和核心竞争力，往往应用交易成本理论和资源基础理论分析物流外包；物流企业关注资产利用率，常会应用范围经济理论和规模经济理论分析物流业务运作。应用的理论不一致，在研究制造企业与物流企业服务提供商的互动过程时，理论结合显得尤为必要。另外，不同学科所应用的主要理论也存在差异，经济类研究文献倾向于采用交易成本理论、契约理论、委托代理理论等；管理类研究文献多选取资源基础理论和核心竞争力理论。若仅从经济理论或管理理论视角研究物流企业与制造企业之间的合作关系，会忽视企业主体间的相互关联和影响，不利于揭示合作的实质以指导企业实践。近年来，从社会交互理论视角来解释企业间合作受到许多学者的关注，多个理论相结合的方法为很多学者所使用。

从本质上来讲，物流企业与制造企业合作的过程，既是物流企业与制造企业之间经济交换的过程，也是企业间社会交换的过程；既是双方企业互补性资源获取与控制能力培养的过程，也是企业间社会资本形成与积聚的过程。交易成本理论和社会交换理论，很好地阐释了物流企业与制造企业之间经济交换和社会交换的内在动因和互动机理；资源依赖理论和社会资本理论则更注重对关键资源获取和社会资本（社会资本可视为一种资本）形成与积聚的说明。交易成本理论以交易为核心概念，对经济交换过程进行理性分析；资源依赖理论强调企业间资源的依存性，及如何通过权力控制和企业自身能力的提升以降低这种依赖；社会交换理论关注分析合作企业在交换过程中合作双方的行为和心理动机；社会资本理论则将目光聚集于双方企业关系资本的产生和积聚，及由此引起的互动合作行为。经济交易中存在的明确或隐含的正式契约，规定了双方企业的行为和责任，而社会交换中没有明确的契约对双方的义务进行规定，此时关系要素起到了决定性作用。交易成本理论和资源依赖理论视角下，合作的基本动因源于交易成本的下降和关键性资源的获取，有限理性和机会主义使得合作双方面临风险和不确定性。社会资本理论认为，关系资本的积聚是在存在不确定性的情况下，交换参与方降低风险和不确定性，优化收益的主要策略（严兴全 等，2010）。从社会交换视角来看，合作企业间非物质的内在报酬是构成社会关系资本的重要条件，关系资本的积聚引致合作行为的发生，现有研究证实社会资本对企业绩效存在直接的促进作用，但这种直接作用忽略了双方企业的联动合作行为机制（严兴全 等，2011）。从交易成本理论视角来看，组织间的信任能够降低交易成本（信任是组织间关系资本的核心要素之一），提升交易的价值，只要企业间彼此信任，企业组织间的协作就会产生。社会交换理论和交易成本理论认为，组织间关系治理机制和正式控制机制存在替代关系，即合同契约和关系契约的协调与结构性调整，能够优化组织间的关系，推动物流企业与制造企业的供应链网络嵌入合作行为，如图 9-2 所示。

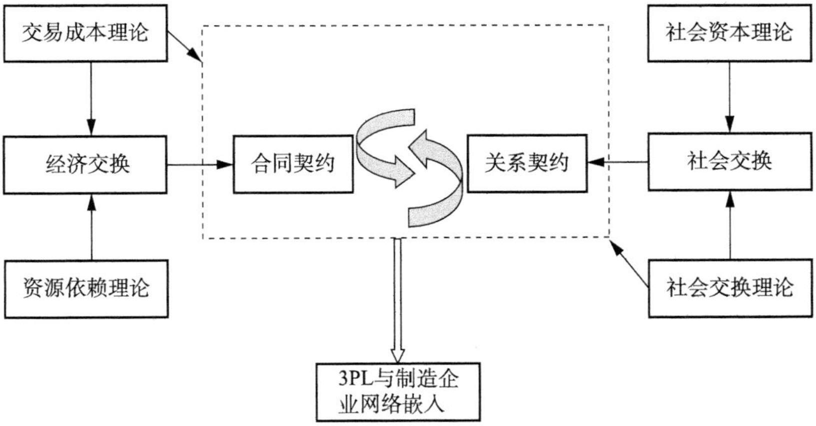


**图 9-2 企业网络嵌入机理分析**

注："——→" 表示正向促进作用；"⟲" 表示相互融合。

# 第 10 章　第三方物流与制造企业的网络嵌入

## 1　第三方物流网络嵌入

### 1.1　第三方物流网络嵌入的模式

#### 1.1.1　内涵与功能

第三方物流网络嵌入指的是第三方物流通过组织网络、信息共享、降低成本、资源探索及关系建立等，参与供应链的管理与设计，实现整个供应链网络绩效的优化。其主要有以下几个功能：

（1）第三方物流通过网络嵌入供应链，参与整个供应链网络的设计。

（2）第三方物流通过网络嵌入供应链，协调整个供应链的管理。

（3）第三方物流通过网络嵌入供应链，通过反馈更新服务。

#### 1.1.2　关键因素识别

谢琍和戴君（2014）通过研究第三方物流嵌入供应链参与物流整合的过程，识别出关系、承诺、信任三个影响因素。高志军等（2019）通过探索图这一定性工具，从第三方物流嵌入供应链发挥的网络协调效应角度，识别出以下几个因素：

（1）信任。信任是第三方物流网络嵌入供应链的基础，在提升供应链的绩效、实现系统的价值共创方面发挥了重要作用。随着嵌入关系的加强，整个供应链网络主客体间的信任也会加强。

（2）互动。第三方物流网络嵌入供应链后，形成了一个新的系统，并通过相互作用促进各方绩效的提升。

（3）整合。资源整合、关系整合、网络整合都是第三方物流网络嵌入供应链的重要手段。资源整合是供应链和第三方物流获取资源的重要保证；关系整合是促进关系协同的重要机制；网络整合是促进网络协同效应的重要推手。

### 1.1.3 理论解释与机理分析

随着第三方物流的迅猛发展，从提供简单的物流服务到逐渐参与整个供应链网络的管理及网络设计，第三方物流开始网络嵌入供应链。第三方物流网络嵌入的模式可以从交易成本经济学、资源基础理论、网络嵌入理论三个理论角度进行分析。

（1）交易成本经济学

交易成本经济学（Transaction Cost Economics，TCE）认为市场运行及资源配置有效与否，关键取决于两个因素：一是交易的自由度大小；二是交易成本的高低。从交易成本的高低角度而言，通过第三方物流提供供应链运作过程的标准化以及协调机制的改进，可以有效降低第三方物流的交易成本。第三方物流提供商与供应链企业之间交流越密切，任务联合越多，交易成本越低。由此，从交易成本经济学角度来看，可以很好地解释第三方物流网络嵌入供应链的必要性。

（2）资源基础理论

资源基础理论（Resource-based View，RBV）来自1984年沃纳菲尔特（Wernerfelt）提出的"企业的资源基础论"。资源基础理论认为企业具有有形和无形的不同资源，这些资源可转变成独特的能力，资源在企业间是不可流动的且难以复制，这些独特的资源与能力是企业持久竞争优势的源泉。异质性资源是企业竞争优势的重要来源，企业通过外包获得其他企业有价值的资源。第三方物流供应商通过物流外包获取第三方物流企业有价值的资源，这很好地解释了第三方物流为何网络嵌入供应链，并为其提供综合性的全供应链服务。

（3）网络嵌入理论

网络中各成员企业间是独立平等的关系，彼此相互依存、优势互补，通过生产要素重组，达到优化资源的效果。网络嵌入大致分为关系嵌入和结构嵌入。关系嵌入强调行为主体间的理解、信任、承诺、互惠性等关系特征；结构嵌入关注于行动者在网络中的位置，一般通过网络规模、密度、位置等指标进行衡量。企业之间通过结合，可以帮助企业接触到与其自身知识背景迥异的网络节点，从而获得异质性资源。企业之间紧密的关系，可以提供更有效的机制，从而促进跨组织边界的知识转移和学习。随着互联网技术的发展与应用，多重网络嵌入产业集群越来越普遍。我们从关系形成、组织结构、联盟的视角可以看出第三方物流的嵌入有助于平衡网络关系，同时能够增强供应链和物流企业的网络效应，有助于供应链企业使用第三方物流的网络关系。第三方物流网络嵌入可以更好地实现网络协调，通过多边互动推进网络成员有效协同，从而推动整个网络的协调优化。

## 1.2 第三方物流网络嵌入的作用

（1）多边关系的构建与管理

第三方物流网络嵌入供应链，通过组织网络、信息共享、资产管理和降低库存等构建多边关系，颠覆原有的组织供应链网络。第三方物流通过构建管理多边关系，促进供应链网络的优化、规范化，实现物流协同。

（2）第三方物流企业协调机制的选择与设计

第三方物流嵌入供应链网络，通过对协调机制的选择与设计，可以发挥作为一个枢纽企业提升供应链功能效率的作用，实现价值的创造。从第三方物流企业角度而言，可根据客户的订单和自身的网络设计，对协调机制进行选择和设计，结合整个供应链网络行业的发展现状和未来发展趋势，进行优化设计。

从整个供应链网络视角来看，供应链可依托自身的优势，对外包进行管理，优化协调机制；为客户量身设计最合适的供应链方案，保证供应链的协调运作，提高物流服务供应商提供的第三方物流服务专业化程度，扩大服务范围，提升管理能力。每个企业都具有其独有的、难以模仿的核心能力，企业核心能力的联合需通过核心企业来组织；非核心能力部分，可以交由供应链中的其他企业，从而使供应链企业可以关注于核心业务，实现价值创造。

## 1.3 第三方物流网络嵌入的绩效

第三方物流网络嵌入供应链，参与整个供应链的设计、管理和整合，有助于提升整个供应链的绩效，同时可提升自身绩效。

从第三方物流嵌入供应链所形成的企业关系而言，一方面，第三方物流网络嵌入供应链，基于信任和互动，通过与模块化物流服务供应商建立契约合作关系，通过整合物流、关系等资源为供应链提供高质量的综合性服务；另一方面，通过第三方物流的整合，与供应链之间构建新型合作关系。

## 2 制造企业网络嵌入

### 2.1 制造企业网络嵌入的模式

#### 2.1.1 内涵与功能

制造型企业网络嵌入指的是制造型企业通过组织网络、信息共享、成本降低、资源探索及关系建立等参与整个供应链的管理与设计，实现整个供应链网络绩效的优化。制造型企业网络嵌入供应链主要有以下功能：①促进制造业服务化转型升级；②提高供应链全要素生产率；③增强全供应链网络的竞争力。

#### 2.1.2 关键因素识别

（1）信任。供应链企业之间的信任关系是供应链管理的灵魂与基础。基于信任的组织间关系对于鼓励信息共享和信息公开是非常必要的，是决定信息共享程度的重要因素。叶飞和徐学军（2009）通过构建信任、关系承诺、运营绩效之间关系的理论模型，通过结构方程模型进行了实证研究，认为信任对关系承诺、信息共享及运营绩效均有显著的正面影响。

（2）信息共享。在制造型企业、第三方物流企业与上下游企业多边联动问题上，每个企业作为单独个体，都有其资源和优势，这些资源和优势需要通过协同来创造价值。制造型企业要想在供应链中发挥优势，就要打破企业与企业之间的边界，构建信息共享无障碍渠道，形成紧密的合作关系。网络经济下，供应链企业之间能否进行“信息共享”，已经成为决定供应链成败的关键性因素。

#### 2.1.3 理论解释与机理分析

制造型企业作为供应链网络中的核心企业，其网络嵌入影响整个供应链的管理及网络设计。有关制造企业网络嵌入的模式，我们从社会网络理论、企业资源理论、平衡理论、战略联盟理论、网络嵌入理论角度进行分析。

（1）社会网络理论

社会网络概念最早是由英国著名人类学家 R. 布朗（Radcliffe Brown）提出来的。布朗所探讨的网络概念，聚焦于文化是如何规定有界群体内部成员的行为，他的研究相对比较简单，实际的人际交往行为则要复杂得多。较成熟的社会网络定义是韦尔曼（Wellman）于 1988 年提出，“社会网络是由某些个体间的社会关系构成的相对稳定的系统”，即把“网络”视为是联结行动者（actor）的一系列社会联系（social-ties）或社会关系（social-relations），并以相对稳定的模式构成社会结构（social-structure）。随着应用范围的不断拓展，社会网络概念已超越人际关系的范畴，网络的行动者（actor）既可以是个人，也可以是集合单位，如家庭、部门、组织。社会网络与企业知识、信息等资源的获取紧密相关，网络成员有差别地占有各种稀缺性资源，关系的数量、方向、密度、力量和行动者在网络中的位置等因素，影响资源流动的方式和效率。社会网络理论主要包括社会资本、结构洞以及强弱关系理论。

在网络化背景下，制造型企业想要实现战略升级已不再是企业自身的行为，而是一个系统网络与第三方物流企业、与上下游企业进行资源型组织交互，寻找互助型优势资源以促进自身存续发展的过程。在社会网络理论视角下，作为桥梁的物流企业不仅要与制造企业互动，还要与制造企业的上下游企业互动。这就需要物流企业与制造企业及上下游企业基于多边的信任和信息共享，建立互动机制，实现供应链的价值。

（2）企业资源理论

企业资源基础理论源于 1984 年沃纳菲尔特（Wernerfelt）提出的“企业的资源基础论”。它的假设主要有：企业具有有形和无形的不同资源，这些资源可转变成独特的能力；资源在企业间是不可流动的且难以复制；这些独特的资源与能力是企业持久竞争优势的源泉。企业资源论是把企业看成是资源的集合体，将目标集中在资源的特性和战略要素市场上，并以此来解释企业可持续的优势和相互间的差异。学术界也常常引用企业资源理论来研究供应链网络中参与者之间的关系，以此来丰富企业的内部资源，提高企业的竞争优势。

在企业资源理论视角下，在物流企业与制造企业及上下游企业的多边互动问题上，各企业作为单独个体，具有其独特的资源和优势，但这些资源和优势并不是独立的，各自的资源优势可以通过协同来创造新的价值。

制造型企业要在供应链网络中发挥优势，就需要打破企业之间的边界，通过信息共享建立紧密的合作关系；而合作能力本身就是一种独到的资源，最终为提高供应链的价值创造而服务。

（3）平衡理论

平衡理论是海德（Heider）1958年提出的，最初用于行为心理学的研究，考虑的是一个人会在自己的认知架构内，组合对人和对物的态度。随着该理论的不断发展，该理论也被用以研究个人与社会团体之间的相互关系。该理论研究的是一个三方关系：当认知主体对一个单元内的两个对象看法一致时，其认知体系呈平衡状态；当对两个对象持相反看法时，就会产生不平衡状态。当三者之间为不平衡状态时，参与主体之间的紧张关系会驱动三者间关系向平衡状态转化。

在平衡理论视角下，供应链网络中，物流企业、制造型企业以及上下游企业，可以简单地看作是一个典型的三方关系，通过这三方关系可以很容易扩展到多边关系。制造企业网络嵌入，物流企业通过自身桥梁作用，使制造企业与其上下游企业形成紧密的合作关系，最终使不平衡状态发生转换。

（4）战略联盟理论

战略联盟概念最早由美国DEC公司总裁简·霍普兰德（J. Hopland）和管理学家罗杰·奈格尔（R. Nigel）提出。他们认为，战略联盟指的是由两个或两个以上有着共同战略利益和对等经营实力的企业，为达到共同拥有市场、共同使用资源等战略目的，通过各种协议、契约而结成的优势互补或优势相长、风险共担、生产要素水平式双向或多向流动的一种松散的合作模式。

制造企业要想更好地嵌入供应链，改变当下现状，就需要紧紧抓住与上下游企业及第三方物流企业的多边联动关系，建立战略联盟，从而提高绩效，增强整个供应链网络的竞争优势。

（5）网络嵌入理论

网络嵌入指的是经济行为总是与经济制度和非经济制度密不可分并嵌入其中。这是新经济社会学中的一个重要概念，网络嵌入这一新的经济行为总是缠绕在经济和非经济制度中。站在不同视角，网络嵌入这一经济行为有不同划分。在对社会资本的研究中，企业的关系嵌入、结构嵌入用来解释社会网络的两类不同机制。基于内部运营和价值链视角，嵌入性行为分为业务嵌入性和技术嵌入性。

## 2.2 制造企业网络嵌入的作用

（1）多边关系的构建与管理

信任、信息共享是构建与管理多边关系、驱动价值链创造的关键因素，对第三方物流企业、制造企业及其上下游企业以及整个供应链绩效的提升均具有正向影响。

对多边关系构建的研究，目前多集中于第三方物流企业与货主企业之间的双边关系，例如，制造企业是否外包、物流服务提供商的选择、双边关系如何进行激励促进等。制造企业网络嵌入全球供应链，会通过其对整个网络传递影响，各网络之间的交叠使得多边关系中各网络之间的位置、市场声誉及网络创新形成新的网络。通过对个体关系的分析，可以进一步分析多边关系中组织与组织之间的关系，以及企业的内部关系与企业间的关系。通过构建和管理多边关系，可以进一步了解社会网络结构，优化企业在网络中的行为并提高绩效，从而促使企业通过物流服务供应链网络获取网络资源，提升整个供应链网络的绩效。

（2）制造型企业协调机制的选择与设计

协同理论主要研究在复杂系统中参与者如何协调工作，以便达到系统的目标，即参与人如何协作完成系统赋予使命的问题，这是一个跨学科的复杂命题。整个供应链网络的协调，是建立在高质量的信息传递与共享信息基础上的，信息共享是实现供应链协同的必要手段，但信息共享并不能很好地解决协同中存在的问题，且很有可能增大协同的工作量，故合理的信息共享设计是必需的。在制造企业网络嵌入供应链的趋势下，制造型企业对于协调机制的选择与设计，会很大程度上影响整个供应链网络的信息共享设计，进而影响整个供应链的协同发展。

## 2.3 制造企业网络嵌入的绩效

（1）制造企业网络嵌入供应链，以其特殊的密度、位置、规模、集中度等结构特征，决定了企业获取资源的数量与质量，同时决定了制造型企业的经济绩效与水平。

（2）制造企业网络嵌入供应链，使网络合作规模和密度进一步扩大，促进了制造企业、第三方物流企业以及上下游企业之间的联系，扩展了知识来源，增加了信息渠道来源的多样化，提升了制造型企业在激烈竞争环境中的适应能力。

（3）制造企业网络嵌入，进一步提高了制造型企业在网络中的中心地位，从而能获得更多的信息来源。由于其发挥着桥梁作用，相对于其他企业其拥有知识的控制权，故能更好地获取创新知识，开发满足客户需求、具有竞争优势的产品或服务。

（4）产品制造商能否正确理解消费者当下对业务需求的紧迫性和偏好，是创造客户价值的关键，这对制造型企业提出了很高的要求。制造企业对客户知识了解得越多，其商业政策的针对性就越强，客户满意度就越高，企业绩效就越好。

## 3 互动机制、协调机制与治理机制的整合

物流业与制造业通过资源优化配置实现物流业的专业化，从而满足制造业的物流需求。两个原本隶属于市场的不同子系统，通过协调分工，实现从无序到有序。

供应链整合是一种有效的交易治理机制，供应链整合可以降低交易成本。第三方物流网络嵌入供应链，通过整合自身供应商网络、采购网络、物流网络和分销网络，减少资源的重复配置，为供应链网络中的核心企业提供整合性服务，从而实现整个供应链系统的价值创造。

供应链整合主要包括以下几个方面：

（1）从战略协作角度来看，第三方物流企业与制造企业通过强化互动以及协调机制的整合，促进信任、强化合作、解决冲突、透明信息、共担风险和收益共享，从而实现共同战略。

（2）从运作协同角度来看，关注运营的效率和系统有效性，协同双方的跨组织流程，使信息和资源在组织间有效流动，实现一体化运作。

（3）从信息共享角度来看，第三方物流网络嵌入使信息在战略协作和运作协同过程中顺畅传递。

目前，我国制造业整体仍处于一个大而不强的水平，物流服务制造业的层次不高。加强第三方物流企业与制造型企业的互动研究、协调机制与治理机制的整理研究，可以有效促进制造业向价值链高端发展，整体提升

物流发展的层次。物流服务是制造业发展的重要组成部分，可为制造业创造价值与拓展发展空间。通过发挥物流企业的主动性与创新能力，可以促进物流企业与制造企业及其上下游企业的联动发展。物流企业、制造企业及其上下游企业要形成多方共赢的局面，需要物流企业深入研究制造企业客户对物流服务的要求和变化趋势，为制造企业提供差别化的物流服务，指挥和协同供应链，提升制造企业及其上下游企业的供应链效率。骆温平（2015）在对第三方物流企业与制造企业的协调联动研究时，从产业分类的视角出发，对两业联动机理进行分析，将物流业划分为传统物流与高端物流。传统物流与制造业的联动，一是通过规模经济性，降低物流环节的成本；二是通过物流环节的专业化，提高环节的运营效率。高端物流与制造业的联动，则需要双方具备共同理念，建立长期战略联盟与双赢合作关系，要求物流企业具有正确的物流与供应链理念及专业知识、物流与供应链方案设计等。

# 第 11 章　3PL 发展战略与发展模式
## ——“一带一路”框架下 3PL 战略

## 1　引言

“一带一路”是指“丝绸之路经济带”和“21 世纪海上丝绸之路”。

“一带一路”建设为我国物流行业的发展带来巨大机遇（汪鸣，2015），物流业是我国与沿“带”沿“路”国家深入开展经贸合作的前提与保证。广东省作为海上丝绸之路的桥头堡，已在多个方面出台相应措施与国家整体规划相衔接，利用深圳前海、东莞等地的地理位置优势，推动对外贸易的发展，从而推动广东物流业的发展。2014 年广东省物流业生产总值为 17.02 万亿元，占全国物流业生产总值的 8%，增加值约为 4300 亿元，占全国 12.6%；社会物流总费用约为 1.02 万亿元，占广东省生产总值的 15.2%。由此可见，广东省物流业增速和物流效率均超过全国平均水平，总体发展势头良好，在“一带一路”建设框架下获得很大提升。作为微观行为主体的物流企业值此大背景下，企业战略重心的调整与转移非常必要与必需，现有关于“一带一路”建设对物流业影响的研究大多集中于行业层面（汪鸣，2015；谢泗薪 等，2015），微观层面的探讨较少。本章以物流企业为研究对象，探讨新形势下物流企业的战略选择与路径调整。

## 2　物流企业战略选择

“一带一路”建设为广东省物流业的发展带来重大机遇（张良卫，2015），基础设施是“一带一路”建设的优先领域，粤港澳大湾区拥有全球最大的港口群和机场群，具备成为物流枢纽的基本条件。沿“带”沿

“路”经济体经贸合作的加深将会释放巨大的物流需求，基础设施的互联互通将大幅度提升物流运营效率；同时更多的“利基”市场和全新的物流需求出现、运营环境的变化驱动物流企业进行战略调整，改变原有的运营模式。

## 2.1 物流联盟

### 2.1.1 横向物流联盟

伴随物流市场需求的增加和物流服务范围的扩大，单一物流企业难以有效满足客户的需求，物流企业间联盟成为一种行之有效的中间组织形式。物流企业专注于自身的核心竞争优势，通过与其他物流服务提供商（LSP）结成物流服务网络。物流服务网络的实质为由多个优势互补的物流企业所形成的虚拟组织，以为客户提供优质、高效的物流服务。网络中的核心企业可视为物流服务集成商（LSI），对整个企业网络进行协调，对网络中的资源进行配置优化与运作整合，具体如图 11-1 所示。

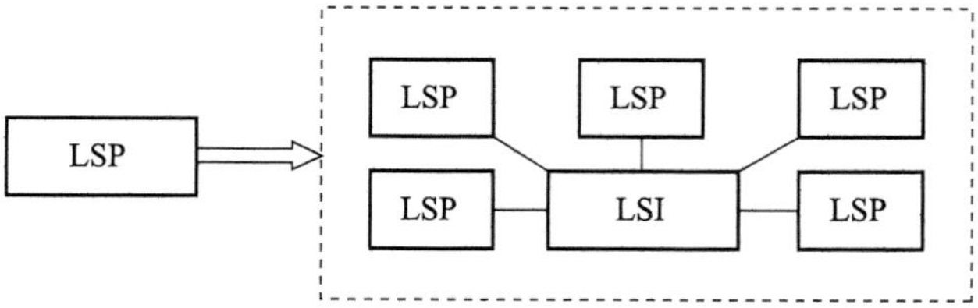


**图 11-1 横向物流联盟**

注：LSP 为物流服务提供商，LSI 为物流服务集成商；“⟹”表示发展路径。

### 2.1.2 纵向物流联盟

沿“带”沿“路”经济体合作的深化，对物流行业提供服务的范围和质量提出了更高的要求，这进一步推动物流企业与客户合作的深化。物流企业以往被动适应的合作方式已不能满足双方的要求，物流企业需利用自身专业优势，积极主动地参与合作，与客户展开互动，在此基础上与客户企业所在的供应链上下游企业进行多边互动，获取规模经济效应和范围经济效应。企业间基于合作互为正向反馈与调整，以产生专属性的合作行为，为企业创造“关系租金”（Dyer et al.，1998），外推帕累托曲线（罗岷，2006），实现多边共赢，具体如图 11-2 所示。

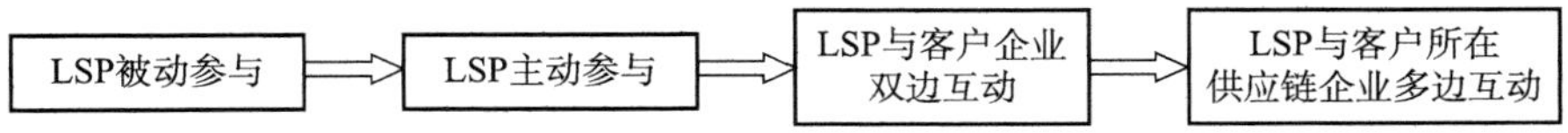


**图 11-2　纵向物流联盟**

注：LSP 为物流服务提供商；“⟹”表示发展路径。

由上述分析可知，物流企业为适应新形势，可采取物流联盟策略。横向联盟以组成物流服务网络，纵向联盟以实现多边互动，横向联盟与纵向联盟融合（见图 11-3）可实现物流服务网络与客户所在供应链企业间的多边互动，互动的主导逻辑和终极目标提升最终客户（客户的客户）的价值。

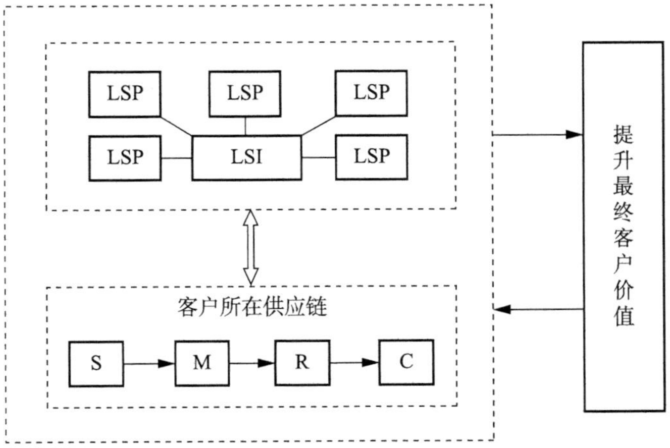


**图 11-3　横向联盟与纵向联盟融合**

注：“⟺”表示互动关系；“——►”表示促进作用。

## 2.2　物流企业创新

物流企业的创新能力至关重要，物流企业创新可以有效满足客户对物流服务深度和广度上的要求，还可以有效降低物流服务成本、改进服务质量，提升客户的物流绩效（Tian et al., 2010）。物流服务动态性和合作主体间互动性特点，决定了有效的物流创新很难由单一物流企业完成。物流服务创新是由不同主体通过物流技术创新、组织创新、管理创新和制度创新等，实现物流服务的开放式创新（周国华，2012）。物流企业的管理创新和技术创新是新形势下，企业应对环境变化、参与竞争的主要策略（Carlos Mena et al.,

2008）。物流企业通过管理创新，调整、修正原有的计划、决策、控制等体系，在与合作伙伴互动过程中更新管理理念和管理方式，联结与重构资源和能力组合，调整原有组织结构的运作方式，优化资源配置，适应市场对物流企业的全新需求。

物流企业属于生产性服务业，为客户生产、运营提供支撑，需要设施设备和信息系统的支持，因而物流技术扮演着重要角色。物流技术创新是物流服务创新的重要组成部分，是推动物流企业发展的重要动力。物流技术创新与信息技术、工具、装备和设施紧密相连，涉及运输、储存、装卸、搬运、包装配送、流通加工、信息处理等各个物流环节（魏际刚，2006），具体体现在企业组织对先进物流技术和信息通信技术的开发与应用上。技术创新本身所具有的不确定性、高风险性、技术积累和路径依赖等特征（张红波，2013），使得物流技术创新更多是渐进式应用创新（Busse et al.，2009）。物流企业的技术创新更倾向于对现有技术的有效应用，以达到满足客户需求和优化企业资源配置的双重目标。物流装备与信息技术紧密结合，实现高度自动化是物流行业未来发展的趋势（魏际刚，2006）。

物流企业与物流服务网络中的企业以及客户供应链上的企业，在最终客户价值创造上具有互补性。物流企业的创新必然会受到各方行为主体的影响；同时外部运营环境和最终客户需求亦会作用于物流企业的技术创新和管理创新，也就是说，物流企业创新是由环境和最终客户需求推动的多主体互动式创新。基于此，考虑外部运营环境的变化，将合作伙伴（横向联盟和纵向联盟）纳入物流企业的创新体系，以最终客户需求为导向进行开放式创新，是物流企业在新形势下的合理选择。

# 3 启示与建议

## 3.1 对物流企业的启示与建议

随着物流行业的生态环境发生变化，物流企业进行战略调整是适应外部环境变化的需要，也是企业自身发展的必然。基于对物流企业在新形势下战略重心调整的分析，我们对物流企业提出以下建议：

（1）构建信息交流平台，加强企业内部和企业之间的信息交流。企业间加强沟通可避免信息不对称而引致的风险，有效沟通和信息对称是企业间互动的前提与保证。信息交流平台可以支撑物流联盟的构建与运行，便于物流企业与客户企业的沟通，及时获悉物流需求变化，从而更好地与客户企业的运营相适应。

（2）积极主动地参与合作。物流运作属于支持性运作，这一特点使得物流企业习惯性地被动接受客户企业的要求。在需求发生变化时，物流企业往往很难及时、有效地满足客户企业的需求。物流企业在参与合作时，需要充分发挥自身专业化运营的优势，结合以往的运营经验，依据客户企业的物流需求以及需求变化进行资源的合理配置与系统优化，积极参与客户企业的项目运营，为客户企业提供针对性物流服务，努力实现优势互补和合作共赢。

（3）基于客户的物流需求变化调整运营。物流企业成功的前提是客户的成功，物流企业要加深对客户的了解，对其物流服务需求的发展趋势和可能出现的变化进行预判与管理；结合自身的运营特点和战略，调整运营以推进合作。物流企业适应客户企业的过程也是物流企业不断调整自身运营，主动改进提高的过程。

（4）技术应用与知识管理。物流领域的技术创新更多倾向于应用创新，物流企业要在与客户企业相互适应的前提下，采用新的技术或设备以满足客户企业的要求，与客户企业的技术特征相匹配。物流企业要以提升创新能力更好地满足客户的需求和需求的变化为逻辑起点；强化知识管理，对客户企业的知识转移进行消化、吸收，结合自身特点为客户企业提供个性化的物流服务，拓宽企业服务的范围和深度。

## 3.2 对相关管理部门的启示与建议

政府管理的范围和程度是物流企业外部运营环境的主要构成部分，以“一带一路”倡议为主线，基于物流企业的运营特点，我们对相关管理部门提出以下建议：

（1）维护市场秩序，为企业提供公平的竞争环境。

（2）完善相关法律法规，抑制企业间的恶性竞争，避免重复收费等。

（3）规范政务流程，提高审批、检验、通关等效率。

（4）搭建平台构建诚信体系，规范企业行为。

# 4 结论

企业外部环境的变化驱使企业做出战略性调整，“一带一路”倡议的实施，对物流行业来说既是机遇也是挑战。在冷静思考的同时（汪鸣，2015），物流企业需要积极主动地进行战略重心转移和运营思路调整，以有效适应新形势。本书基于企业视角，研究“一带一路”倡议框架下广东省物流企业的战略调整路径，具体如下：

（1）物流企业与其他物流服务提供商结成横向物流联盟，形成物流服务网络。

（2）物流企业与客户及客户所在供应链中的企业结成纵向物流联盟，与客户进行双边互动，与客户供应链进行多边互动。

（3）物流企业的创新主要为技术创新和管理创新，创新形式为开放式多主体创新。

上述三个方面，相互之间皆存在双向反馈和内在关联，即两两之间均为相互促进、互为因果的关系，其导向和目的皆为最终客户价值的提升，具体如图 11-4 所示。

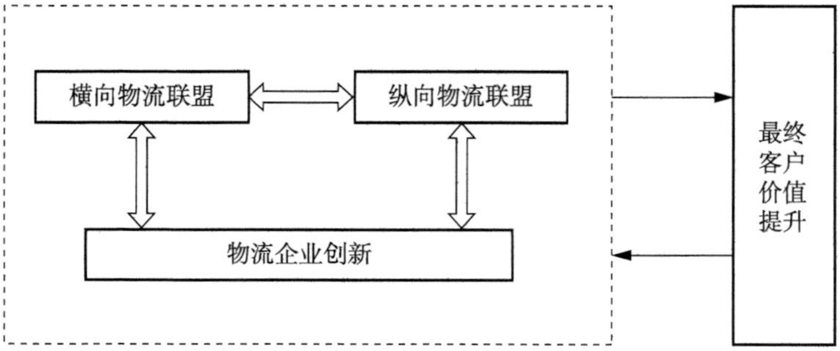


**图 11-4 物流企业战略选择**

注：“⟺”表示互动关系；“⟶”表示促进作用。

首先，物流企业和制造企业通过有效合作，获得规模化经济效益。制造企业较大的货物运输需求和物流企业强大的配载能力相结合，以获得更加低廉的报价。同时，制造企业可以通过减少运输设备、仓库设备等物流投资，来降低成本，增加服务于最终客户的资金投入。其次，企业通过纵向和横向联盟，可以充分利用专业化服务及优化资源配置，提高服务质量。一方面，物流企业通过增加资金投入、提升服务质量等方式来提高最终客户价值；另一方面，最终客户价值的提升又可以促进物流企业的创新，实现横向、纵向物流联盟的发展。

研究不足与展望：

（1）只进行了定性分析，未做针对性实证研究，可在此基础上做进一步实证研究。

（2）对物流联盟（横向和纵向）内部的协调和利益分配机制未做深入分析，接下来可从这一方向开展。

（3）针对物流企业进行开放式创新，只考虑了创新中的部分行为主体；最终客户的参与对企业创新至关重要，应将最终客户纳入物流企业的创新体系。

# 第 12 章　粤港澳大湾区 3PL 发展模式

## 1　粤港澳大湾区的枢纽经济

粤港澳大湾区作为世界级城市群，不仅拥有广阔的经济腹地，还具备完善的交通体系，发展枢纽经济是大湾区经济发展的必然选择。枢纽经济虽然较早进入城市经济相关研究中，但学术界尚未形成统一的理论体系。程继隆（2010）探讨了“枢纽”和“经济”的内涵，提出“枢纽经济是指关键地域、关键部位的资源相互联系而集中作用的经济现象”，并进一步分析了物流枢纽、城域枢纽等多种类型经济枢纽的含义与功能；姚士谋和于春（2002）提出了城市枢纽经济应当是社会经济与数字城市相结合的产物，从扩大城市产业规模、发展信息行业、健全综合交通体系、建设国际金融中心四个关键性层面探讨了城市枢纽经济；高传华（2017）指出，枢纽经济是传统经济枢纽（如通道经济、路桥经济）转型升级的产物，交通工具是载体，城市和综合交通枢纽是依托；枢纽经济可充分利用交通枢纽的集散效应，吸引资金、人才、资源集聚流通，同时通过生产资料的流通发展本土产业，使多种产业相互作用形成经济辐射效应。

枢纽经济本是一个很宽泛的概念，其内涵在不断演变。最初对枢纽经济的研究主要结合重庆、徐州等内陆枢纽城市进行分析，大部分文献偏重陆路交通。随着沿海城市的进一步开放以及国家加大对港口与机场的建设，研究范围开始扩大到水路与航空。以粤港澳大湾区为例进行枢纽经济研究，结合广东省交通运输厅的“将粤港澳大湾区建设成为‘一带一路’重要经济枢纽”的提议，使得该项研究具有重要实际意义。

## 1.1 枢纽经济发展的理论支持与现实依托

### 1.1.1 枢纽经济的内涵

“枢纽经济”是指在经济枢纽辐射作用下所形成的经济圈。一个城市的“枢纽经济”规模常常反映了一个城市现代化水平及对周围地区的辐射影响能力。“枢纽”意为“交通枢纽”,“交通枢纽”是一种或多种运输方式的交叉与衔接处，可以办理客货接收、中转、发送等业务。随着客货的集散与停留，大量生产要素得以聚集，人、财、物的流通可为枢纽带来巨大的经济效益。归根结底，枢纽经济与地理位置有着密不可分的联系。此外，可通过以下区域经济理论，探究枢纽经济的内涵。

在区域分工贸易方面，社会生产体系因地域差异，导致地区生产专业化、差异化，刺激地区间贸易的出现。当地区内部商品交易所产生的经济利益小于地区间贸易利益时，跨区域贸易便应运而生。大规模的跨区域贸易使大量客货资源在交通枢纽处集散，资金流转推动了枢纽经济的蓬勃发展；同时发展枢纽经济可完善当地的基础设施建设，从而刺激区域间贸易往来。在增长极理论方面，每个经济空间都有其中心或“极”,“极”所产生的吸引与排斥作用将影响周围的区域。极化效应（资金、人才、技术向中心聚集）与扩散效应（中心的生产要素向周围地区扩散）使经济中心与周围地区产生千丝万缕的联系，我们称之为“辐射效应”。作为交通枢纽来讲，政府的大量资金投入与人、财、物的流通带动区域经济发展后所产生的辐射效应，必将对区域经济发展产生影响。在点轴开发理论方面，交通区位条件对地区经济发展具有重要影响。在增长极理论的基础上，我们可以得知，中心对于周围地区有带动作用；而从点轴开发理论中我们可以进一步看到，交通枢纽是主要经济增长点，枢纽周围密布的交通干线是中心点辐射下的若干经济增长轴，“点”与“轴”交汇于一片区域形成相互促进的经济系统。

### 1.1.2 枢纽经济的发展层次

由于地缘、历史因素、政策等因素的影响，各地区的枢纽经济发展呈现出不同层次。这种层次可能在同一地区随着时间的推移呈递进态势，也可能在不同地区间同时存在。根据不同地区基础设施建设及枢纽经济产业结构的不同，可将枢纽经济划分为以下三个发展层次。

第一层次：交通枢纽城市依据地理区位优势与完善的基础设施建设，

承担经济要素的流转；区域影响力较小，以客货流通为主，无其他产业支撑，如石家庄、天津、南昌等城市。

第二层次：通过加强基础设施建设，构建信息交互平台，该层次交通枢纽城市可变被动输送为主动调配，掌握贸易主动权；同时对周围地区经济产生带动作用，如武汉、南京、长沙等城市。

第三层次：以交通枢纽城市为主要经济增长点，并发挥对周围区域的辐射作用。中心地区吸引了大量的资金、人才、技术，并在贸易过程处于主导地位，如北京、上海、广州等城市。

### 1.1.3 粤港澳大湾区发展枢纽经济的依托

枢纽性区域经济由经济中心、经济腹地、经济网络三大要素构成。

（1）经济中心方面。粤港澳大湾区一共包括 11 个城市和地区（广东省 9 市和香港、澳门特别行政区），其中香港、广州、深圳是三个重心城市，但就整个粤港澳大湾区来讲，“港深”是其中心。香港和深圳不仅均拥有世界级证券交易所，还是世界排名前五的“物流中心”“航运中心”。“广深”地区仅占大湾区总面积的 5.5%，但却占据了湾区 63%的资金。正因为区域狭小且为关键交通枢纽，使得其能更好地对周围地域产生辐射作用。

（2）经济腹地方面。粤港澳大湾区城市群总面积约 5 万平方公里，人口逾 6000 万，经济总量超过 1.4 万亿美元，且为工业聚集地及世界最大贸易出口区域，比起其他世界级湾区毫不逊色。相对于大多数交通枢纽来说，粤港澳大湾区的优势还在于其拥有强大的产业链支撑，同时大湾区在创新方面也不容小觑。由此可以看出，大湾区腹地经济的发展程度、对外开放程度都很高，更容易对中心地区的辐射做出响应，可支撑“港深”地区的高速发展。

（3）经济网络方面。粤港澳大湾区已形成以“港深”为中心的交通网络。航运方面，该地区即将形成以香港港、广州港、深圳港为核心的世界级港口群，国际集装箱班轮可通往 100 多个国家、地区 200 多个港口；陆路方面，港珠澳大桥连通了珠江东岸与西岸，大大缩短了珠江西岸赴港的时间，便于带动粤西地区发展；京广、京九等铁路线贯穿南北，横贯东西，形成了以“广深”为中心连接全国的高铁网络；正在建设中的深中通道及虎门二桥将极大缓解珠江东西岸的交通往来压力，健全粤港澳大湾区交通体系；航空方面，大湾区拥有香港国际机场、广州白云国际机场、深圳宝安机场三大国际机场，周边还有若干机场，可谓为世界最大的湾区机场群。基于此，若能合理分工、相互配合，大湾区海陆空立体交通系统可承担国际贸易中的物流大运作。

## 1.2 粤港澳大湾区发展枢纽经济路径分析

### 1.2.1 充分利用“一国两制”独特优势，创新发展体制

当前，粤港澳大湾区正呈现出多元化发展格局。由于广东省和港澳的政治制度、法律体系与经济发展模式不同，产业可能无法顺利对接。除此之外，广东与香港两地在监管制度对接方面也存在困难。粤对港澳地区的海关监管及金融政策均在逐步放宽，大力推动粤港澳大湾区内部合作、互通有无，但香港在海关监管及金融领域，对广东仍持保守态度，通关效率慢且标准严格。

粤港澳大湾区要发展枢纽经济，就要求同存异，构建统一枢纽经济发展体制。香港特别行政区政府要加强对政治制度及经济体制的掌控力度，调和粤港澳三方的利益冲突，逐步消除贸易壁垒，放开人才服务输出限制，使粤港澳地区内部资源实现共享；将内地作为经济发展的坚实依靠，充分利用港澳在国际市场的竞争力，推动广东省乃至泛珠三角地区与国际接轨，发展跨境贸易；发挥经济枢纽优势，提升粤港澳地区在国际贸易产业链中的地位。商流带动物流，粤港澳大湾区日渐形成的世界级物流枢纽，将显著提升该区域在全球供应链中的地位。

### 1.2.2 提高国际中转实力，打造国际物流通道

联邦快递的入驻，使原本默默无名的孟菲斯国际机场脱颖而出，成为美国西北航空的第三大转运中心，成为国际货运吞吐量世界排名数一数二的航空大都市，体现了物流行业对区域枢纽经济发展的巨大促进作用。中国国际经济交流中心副理事长张戴维认为，“构建枢纽经济一般可遵循以下逻辑，首先建设综合性的交通枢纽作为发展基础，紧接着发展物流业作为先导产业，最后通过发展高端服务业与制造业提高城市群的根本竞争力”。

作为“一带一路”建设的重要物流枢纽，粤港澳大湾区拥有趋于完备的立体交通体系。大湾区要在此基础上构建海陆空多式联运中心，打破信息孤岛，推动珠三角与港澳地区的基础设施一体化进程；合理配置粤港澳地区资源，发展现代物流服务业，将粤港澳地区打造成世界级供应链通道，提高该地区的国际中转能力。身为工业的集聚地，大湾区在具备物流

优势的同时还掌握实体产业。实体产业可大大提升粤港澳地区的贸易集成能力，拉动国际采购与分销，自此，枢纽经济有了通过贸易增值的可靠资本。

基于此，若能进一步扩大粤港澳大湾区的国际货运机场，增设海陆空国际货运线路，形成综合性物流网络，发展物流增值服务，打造国际物流中心，粤港澳地区便可以成为国际供应链的一个重要枢纽。

### 1.2.3 错位发展，组成“一核三轴多点”的经济发展布局

粤港澳大湾区作为一个世界级湾区城市群，既拥有如香港这样的世界级金融中心，又拥有如深圳、广州这种全国性经济中心和国际化城市；除此之外，还有东莞、佛山等经济高度发展的城市。在交通体系日益完备的情况下，大湾区内各个城市间逐渐形成了半小时到一小时的生活圈，城市之间联系越来越密切。因此，在功能定位方面，各城市应根据自身优势差别定位，优势互补、相互促进、共享资源。

以机场群定位为例，虽然大湾区拥有香港、深圳、广州三个国际机场，但由于空间限制，不应该盲目地发展多枢纽机场；身处机场群中的每个机场不应该脱离整体独自发展，各机场应相互合作、有舍有得。就目前情况来看，在香港国际机场与深圳宝安机场区域定位相似的状况下，宝安机场退而求其次推动粤港澳大湾区发展以香港国际机场为主、以深圳宝安机场为辅的双枢纽布局更易于本地区的整体发展。

未来的粤港澳大湾区将形成“一核三轴多点”的经济发展结构。一核指“港深”地区，三轴指以“香港—深圳—广州”为中轴向东西部延伸所形成的东、中、西部发展架构，多点指一核周围的其他 9 个城市和地区，在“港深”地区的带动下共同协调发展经济。

### 1.2.4 推动产业升级，培养粤、港、澳新时期增长极

作为泛珠三角地区的经济增长极，新政策、新形势对粤港澳大湾区有更高要求，当务之急便是为粤、港、澳地区培育更有带动力的高附加值主导产业。利用国际产业转移与我国制造业向内陆地区转移为契机，发展高附加值服务业与高新技术产业，创造粤港澳地区新经济增长极。产业结构的优化会提高高新技术创新能力，创新能力的提升则会带动科技产业化，形成良性循环。

伴随科技发展与产业升级的同时，还应充分利用香港国际金融中心的地位，在粤、港、澳地区建立与国际标准相对接的金融体系。运用香港与

国内国际金融联系紧密的优势，为粤、港、澳地区高新技术企业提供充足的资金支持；完善对新兴企业的孵化及投资体系，鼓励银行及企业创新科技与金融相互作用的产业模式，吸引境内境外投资者前来投资，把粤、港、澳地区打造成为世界范围内的资金流动枢纽。

### 1.3 分析及总结

随着粤港澳大湾区建设上升为国家战略，在各方利好因素的推动下，粤、港、澳三方协作有了突飞猛进的发展。面向未来，粤港澳大湾区发展枢纽经济要正视其"一国两制"的独特性，求同存异，创新发展体制，与国际标准接轨；在湾区内部按各自资源的互补性分区，错位发展；淘汰落后产能，扶持创新型企业及现代服务业以吸引各方资本流入；提高国际中转能力，不仅发展对内贸易，更要推动粤港澳大湾区成为全球供应链的重要环节。粤港澳大湾区发展枢纽经济就是要将粤港澳大湾区打造成为国际物流、金融、贸易中心。作为一个新兴湾区，粤港澳大湾区尚未形成成熟的政策与市场机制，应积极学习和借鉴纽约湾区、东京湾区、旧金山湾区等世界级湾区的发展经验，在学习、竞争、合作中寻找适合自身的发展道路。

## 2 3PL 发展模式

### 2.1 引言

粤港澳大湾区是我国开放程度最高、经济活力最强的区域之一，具有开放的经济结构、高效的资源配置能力、强大的集聚外溢功能和发达的国际交通网络等特点。粤港澳大湾区自身区位极佳、资源禀赋优异，具备建立世界级城市群的自然地理条件。依托华南这一全球规模最大的制造业集聚区域，已经发展成为中国最主要的外贸窗口和国际贸易通道，同时具有发达完善的商贸物流体系，包括最密集的高速公路网络、铁路网络、港口群和机场群。大湾区基础设施的建设发展，将进一步推动内地与港澳交通设施的有效衔接，构建高效便捷的现代综合交通运输体系，形成世界级港口群和空港群，优化高速公路、铁路、城市轨道交通网络布局，完善现代物流体系。世界三大湾区，纽约湾区、旧金山湾区和东京湾区各具特色：

纽约湾区以发达的金融业等服务全球的高端服务业为主要特征；旧金山湾区以领先全球的新兴科技业为基本特征；东京湾区则以具有全球影响力的先进制造业为主要特征；粤港湾大湾区具有明显的“贸易港湾”特性，以商贸物流为主要特征（王先庆，2007）。粤港澳湾区大部分城市正处于由工业经济向服务经济转型的阶段，物流需求有待持续释放。第三方物流（Third Party Logistics，3PL）正是专业化分工的产物，企业基于自身的核心竞争力重构价值创造体系，将价值链中增值少的部分（多为支持性活动或基本运作）外包出去。企业的业务外包催生出独立的行业，物流业即由此而产生。3PL 提供的服务，源于其他企业内部价值链分离出来的生产性服务。企业由多个价值创造环节构成，物流活动从企业的价值创造体系中剥离，由 3PL 提供更为专业的物流服务。物流业融合和衔接制造、商贸、运输、信息、金融等产业，成为国民经济产业体系中基础性、纽带性、引导性产业，能够有效促进产业升级，优化产业结构和空间布局，加速区域产业深度融合与高效衔接。基于此，探析粤港澳大湾区 3PL 的发展模式，对推动区域内各类生产要素优质、便捷、高效地流通，对区域内产业融合与结构优化具有重要意义，如图 12-1 所示。

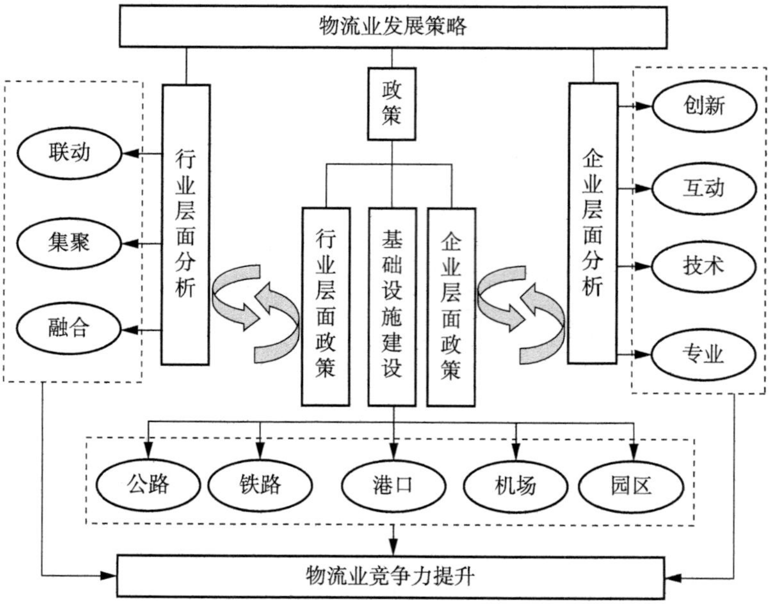


**图 12-1 3PL 发展模式**

注：“⟲⟳”表示融合关系；“——►”表示促进作用。

## 2.2 粤港澳大湾区区域物流一体化

（1）依托区域内的交通设施

粤港澳大湾区区域物流的一体化发展，离不开基础设施的互联互通，应依托以高速铁路、城际铁路和高等级公路为主体的快速交通网络、港口群和机场群，构建区域经济发展轴带，形成主要城市间高效连接的网络化空间格局。为此，要做好以下几点：更好地发挥港珠澳大桥作用，加快建设深（圳）中（山）通道、深（圳）茂（名）铁路等重要交通设施，提高珠江西岸地区发展水平，促进东西两岸协同发展；依托沿海铁路、高等级公路和重要港口，实现粤港澳大湾区与海峡西岸城市群及北部湾城市群的联动发展；依托高速铁路、干线铁路和高速公路等交通通道，深化大湾区与中南地区和长江中游地区的合作交流，加强大湾区对西南地区的辐射带动作用；引导大湾区区域机场错位发展，香港机场第三跑道建设，澳门机场改扩建和广州、深圳等机场改扩建，进一步扩大大湾区境内外航空网络，积极推动开展多式联运代码共享；依托香港金融和物流业发展优势，发展高增值货运、飞机租赁和航空融资等业务；支持澳门机场发展区域公务机业务，加强空域协调和空管协作，优化调整空域结构，提高空域资源使用效率，提升空管保障能力。

（2）优化调整区域内运输结构

升级水运系统（航道重点建设项目如表12-1所示），优化区域港口群布局，完善内河航运基础设施网络建设，加快集疏港铁路专用线建设；提升铁路运能（铁路专用线建设项目如表12-2所示）：加快推进铁路货运网络建设，提升铁路货运枢纽物流服务能力，加快大型工矿企业和物流园区铁路专用线建设，优化铁路运输组织模式；发展多式联运，多式联运型货运枢纽（物流园区）项目如表12-3所示。强化多式联运基础设施建设，推进多式联运枢纽建设，完善铁路物流枢纽布局，深入实施多式联运示范工程，推进“东盟—广东—欧洲”公铁海河多式联运、盐田港亚太—泛珠三角—欧洲国际集装箱多式联运、粤港澳大湾区“7+5”多层节点网络多式联运等国家示范工程建设，积极发展航空多式联运。完善航空枢纽集疏运体系建设，积极推动高速铁路、高速公路等接驳机场，强化空铁联运、陆空联运。

**表 12-1 航道重点建设项目**

| 序号 | 航道项目名称 | 主要内容 | 新建/改扩建 | 航道等级 | 建设里程（km） |
|---|---|---|---|---|---|
| 1 | 西江航道扩能升级工程 | 界首至肇庆段，清礁、疏浚、筑坝、护岸，航标、鱼礁、桥梁防撞工程 | 改扩建 | Ⅰ级 | 171 |
| 2 | 榕江航道整治工程 | 清礁、疏浚、筑坝、护岸，航标、桥梁防撞工程 | 改扩建 | 5000 吨海轮 | 73 |
| 3 | 磨刀门水道及出海航道整治工程 | 清礁、疏浚、航标，桥梁防撞工程 | 改扩建 | Ⅰ级（7.2km）/Ⅲ级（62.6km） | 69.8 |
| 4 | 泥湾门—鸡啼门水道航道工程 | 清礁、疏浚、筑坝、护岸，航标、桥梁防撞工程 | 改扩建 | Ⅲ级 | 51 |
| 5 | 那扶河及镇海湾出海航道整治工程 | 清礁、疏浚、航标、桥梁防撞工程 | 改扩建 | Ⅰ级 | 45 |
| 6 | 联石湾船闸工程 | 1000 吨级船闸工程 | 新建 | Ⅲ级 | — |
| 7 | 广东省航道支持保障系统工程 | 全省航道支持保障系统建设 | 续建 | — | — |

**表 12-2 铁路专用线建设项目**

（一）铁路货运干线项目（铁路部门大力支持地方铁路发展）

| 序号 | 所属路局 | 项目名称 | 建设标准 | 接轨站 |
|---|---|---|---|---|
| 1 | 广铁集团 | 广梅汕铁路龙湖南至汕头段增建二线 | 120km/h | 龙湖南，汕头 |
| 2 | 广铁集团 | 广深Ⅲ、Ⅳ线广州东至新塘段改造 | 140km/h | 广州东，新增 |
| 3 | 广铁集团 | 广州枢纽东北货车外绕线 | 120km/h | 江村编组站，石滩 |

（二）铁路专用线在建项目（铁路部门大力支持地方铁路发展）

| 序号 | 所在地市 | 项目名称 | 所属路局 | 接轨站 |
|---|---|---|---|---|
| 1 | 韶关市 | 华电南雄热电联产工程铁路专用线 | 广州局 | 赣韶线南雄站 |
| 2 | 梅州市 | 兴宁泰歌油库铁路专用线 | 广州局 | 漳龙线兴宁西站 |
| 3 | 广州市 | 南沙港疏港铁路 | 广州局 | 鹤山南 |
| 4 | 河源市 | 河源电厂二期扩建工程埔前站及厂内专用铁路扩建改造项目 | 广州局 | 京九线埔前站 |

续表

| （二）铁路专用线在建项目（铁路部门大力支持地方铁路发展） | | | | |
|---|---|---|---|---|
| 序号 | 所在地市 | 项目名称 | 所属路局 | 接轨站 |
| 5 | 佛山市 | 广东南海一汽大众铁路专用线 | 广州局 | 广珠铁路官窑站 |
| 6 | 湛江市 | 中科炼化湛江东海岛铁路专用线 | 广州局 | 东海岛铁路东海岛站 |
| （三）铁路专用线储备项目（铁路部门大力支持地方铁路发展） | | | | |
| 序号 | 所在地市 | 项目名称 | 所属路局 | 接轨站 |
| 1 | 清远市 | 神华国华清远电厂专用线 | 广州局 | 京广线冬瓜铺站 |
| 2 | 珠海市 | 珠海高栏港疏港铁路专用线二期工程 | 广州局 | 广珠铁路高栏港站 |
| 3 | 湛江市 | 湛江日光通用码头铁路专用线 | 广州局 | 东海岛线东海岛站 |
| 4 | 茂名市 | 茂名东站至博贺港区专用线 | 广州局 | 茂名东站 |
| 5 | 江门市 | 鹤山市珠西物流中心铁路专用线 | 广州局 | 广珠铁路江门北站 |
| 6 | 汕头市 | 广梅汕铁路汕头站至广澳港区铁路 | 广州局 | 汕头站 |
| 7 | 湛江市 | 东海岛铁路东海岛港区支线 | 广州局 | 东山站 |
| 8 | 湛江市 | 东海岛铁路宝满港区支线 | 广州局 | 湖光站 |
| 9 | 湛江市 | 粤海铁路乌石支线 | 广州局 | 龙门站 |
| 10 | 梅州市、潮州市 | 梅州（大埔）至潮州港疏港铁路梅州段 | 广州局 | 大埔站 |
| 11 | 梅州市 | 蕉岭县铁路专用线 | 广州局 | 丙村站 |

**表 12-3　多式联运型货运枢纽（物流园区）项目**

| 序号 | 所在地市 | 项目名称 | 项目单位 | 类型 |
|---|---|---|---|---|
| 1 | 广州市 | 广州铁路集装箱中心站 | 中国铁路广州局集团（路地合作） | 铁路多式联运物流园 |
| 2 | 广州市 | 广州增城现代化货场 | 中国铁路广州局集团（路地合作） | 铁路多式联运物流园 |
| 3 | 深圳市 | 深圳平湖南货场 | 中国铁路广州局集团（路地合作） | 铁路多式联运物流园 |
| 4 | 汕头市 | 汕头天环冷链物流仓储项目 | 汕头天环冷链物流有限公司 | 公路多式联运货运枢纽 |
| 5 | 汕头市 | 汕头广澳国际集装箱物流中心 | 柏亚有限公司 | 公路多式联运货运枢纽 |

续表

| 序号 | 所在地市 | 项目名称 | 项目单位 | 类型 |
|---|---|---|---|---|
| 6 | 韶关市 | 韶关黄岗货场 | 中国铁路广州局集团（路地合作） | 铁路多式联运物流园 |
| 7 | 河源市 | 龙川北货场 | 中国铁路广州局集团（路地合作） | 铁路多式联运物流园 |
| 8 | 梅州市 | 梅州松棚货场 | 中国铁路广州局集团（路地合作） | 铁路多式联运物流园 |
| 9 | 东莞市 | 石龙集装箱办理站 | 中国铁路广州局集团（路地合作） | 铁路多式联运物流园 |
| 10 | 茂名市 | 茂名东货场 | 中国铁路广州局集团（路地合作） | 铁路多式联运物流园 |
| 11 | 江门市 | 江门北站综合货运枢纽 | 鹤山市珠西物流枢纽中心 | 公路多式联运货运枢纽 |

## 2.3 3PL与制造业双边联动发展

联动是指若干相关联事物中的一个发生变化引起其他个体也跟着变化，蕴含关联和互动之意（吕涛 等，2007），行业之间的联动是以产业关联为基础的产业协作。物流业属于生产性服务业，生产性服务业与制造业的产业关联不言而喻。迪勒克（Dilek K.）和博卡拉昂（BoCarlaaon）（1999）研究生产性服务业与制造业之间的双向互动关系时提出，生产性服务业是对制造业的补充和支持，同时依赖于制造业的发展。弗朗索瓦（Francois）（1990）提出，生产性服务业与制造业是相互作用、互为依赖、共同发展的互补性关系。刘志彪（2006）指出，现代生产性服务业的发展需以制造业的发展为基础，并与制造业联动推进现代生产者服务业的发展。周向宇（2007）的研究表明，生产性服务业的发展能够通过一系列机制促进制造业的产业结构优化和升级，他认为生产性服务业与制造业之间存在着非常紧密的关系，两者良性互动能够促进各自的发展。随着产业分工的细化和现代市场经济的发展，传统的生产组织范式发生变革（原毅军等，2009）。物流运作最初是分散在不同部门，即运输、仓储等分属于企业的不同部门；企业的发展使物流环节的整合越发必要，企业开始对各个物流环节进行统一管理和运营，企业内部的各个物流环节从不同部门独立成为一个综合性物流部门。基于企业资源的约束和构建核心竞争力的需要，企业开始专注最为有效的运作而将物流运作外包给专业的物流公司。由此，企业物流进入专业化和社会化阶段，企业物流运作的剥离与外包催生出物流行业的形成与发展。韦琦（2011）认为物流业与制造业联动遵循物流环节分离、物流产业分离，物流业与制造业集聚联动、扩散联动的路径。随着制造业结构的变革，物流服务作为制造业的中间投入要素越来越多地被融入制造业，并支撑制造业的发展；而制造业的发展又会带动物流业发展，物流业与制造业进入了双向互动的新阶段。彭本红和冯良清（2010）研究了现代物流业与先进制造业的共生关系，指出现代物流业与先进制造业之间的合作是一种互惠互利的合作关系。彭本红（2009）分析现代物流业与先进制造业的互动关系时，借用协同学序参量演化方程探讨互动的演化机理，研究表明只有两者协同时，系统才整体稳定，因而现代物流业与先进制造业的共生与协同是产业演化的必然结果。

宏观层面的产业关联引致物流业与制造业的联动，相应的微观层面的企业联动则源于物流企业与制造企业的运作关联。制造企业是第三方物流运作服务的需求主体，大约占第三方物流需求总量的90%，物流企业更多从属制造企业，被动参与合作，远没有达到联动的状态。理论界关于企业层面联动的研究较为零散，李虹（2009）基于物流业与制造业产业的联动，认为企业层面的联动是双方之间在具体运作上的协作活动；王海萍（2012）认为联动是介于企业和市场之间的一种中间组织形态，其形成和发展源于企业对交易成本的权衡。中间组织的产生是基于市场和科层组织的失效，中间组织处于市场和科层组织的中间地带，既具有市场的价格机制，同时具有企业的组织协调机制；王佐（2009）指出联动发展的机理在于制造企业资源配置方式选择和对自营还是外包物流管理的成本权衡；德瓦拉（Devaala）和凡登（Vanden）（1998）研究发现，随着市场竞争的加剧，制造企业对贯穿于供应链的生产性服务需求在持续增加；何黎明（2009）指出制造企业与物流企业深度合作，结成战略合作伙伴关系联动发展的趋势日益显现，物流社会化程度进一步提高；麦金尼斯（Mcginnis）和科恩（Kohn）（2002）认为，随着全球经济一体化发展和企业市场竞争压力的加大，物流运作逐渐被看作是降低费用和增强服务优势的有效手段；陈（Chen）和拉巴尼（Larbani）（2005）对不同供应链联盟绩效进行了系统仿真研究，并通过算例分析了由2个供应企业、3个制造企业、2个物流企业、3个客户组成的供应链价格联盟问题，为物流企业和制造企业之间的深度合作提供了理论支持。联动源于运作关联，关联在于同一企业或行业内的运作分离。何明珂（2007）指出，由于制造企业规模的扩大和专业化分工的细化，以及外部市场竞争的加剧，企业开始专注核心竞争力的构建而将物流等业务外包，由此导致制造和物流等活动的分离。相关联的运作具有互补性，联动可以有效降低双方的成本，提升竞争优势。随着制造企业与物流企业合作程度的加深和范围的扩大，制造企业开始从战略层面考虑物流外包，双方联动的内容不仅仅局限于简单的物流活动，转而向更为复杂、个性化的战略协作发展（沈文装，2014）。物流企业在与制造企业的合作过程中，逐步调整战略定位，通过合作提升自身的运营能力和创新能力（Hertz et al.，2003），以更好地匹配制造企业的战略需求，创造客户价值。

物流业与制造业、商贸业联动发展，对于提升物流需求存量具有重要作用。在我国物流业与制造业、商贸业联动不断推进背景下，粤港澳大湾区应依托区域内完备的制造业和商贸业基础，挖掘优势产业潜力，培育物流需求，实现物流业发展；重点是按照供应链高效运行、一体发展的基本逻辑，推进物流产业与关联产业的服务联动与发展融合，实现物流业与关联产业的“共赢发展”，即物流业为相关产业提供服务保障，也进一步拓展关联产业的衍生产业链。同时，关联产业的发展也为物流业发展带来了市场需求，支撑物流业的实体发展。具体而言，一是从战略角度出发，加强具有先天基础，并具备良好发展潜力的先进制造业与物流业的联动发展；二是立足自身优势，加大商贸业与物流业的融合发展，利用先进的信息技术手段，实现现代商贸业（电子商务、网络购物等）与物流业的一体融合，联动发展；三是顺应发展趋势，加大物流业与其他新兴服务业的联动发展，如与金融、保险业等联动发展，进一步提升物流产业能级及其附加值。

物流企业要通过提高服务的标准化水平，使物流企业在单个物流服务环节做精、做大、做强，帮助企业获得规模效应降低企业服务成本。服务成本的降低一方面可以提高物流业利润率，促进物流产业发展；另一方面能够减少关联行业的物流费用，降低物流外包成本，促进联动产业的发展与物流服务的外部化。物流企业须通过提高服务的差异化水平，创造差异化竞争优势，增强服务水平，提高服务质量；同时要提供个性化物流服务，使相关联行业能将更多资源专注于自身核心竞争力，促进行业发展与物流服务的外部化。物流企业通过标准化与差异化服务提升物流服务能力，可有效化解物流业与联动行业之间的矛盾，进一步促进物流企业和关联企业形成并提升核心竞争力，从而促进相关产业释放物流服务需求，推动两业联动发展。联动行业物流服务需求的释放，使物流外包的数量和种类增加，外包数量的增加有利于物流业形成规模优势从而降低成本；外包种类的增加则有利于进一步促进物流服务专业化的发展进而提高服务质量。随着行业联动不断深入，物流业与相关联行业得到协调发展，物流业竞争力将不断提升，如图12-2所示。

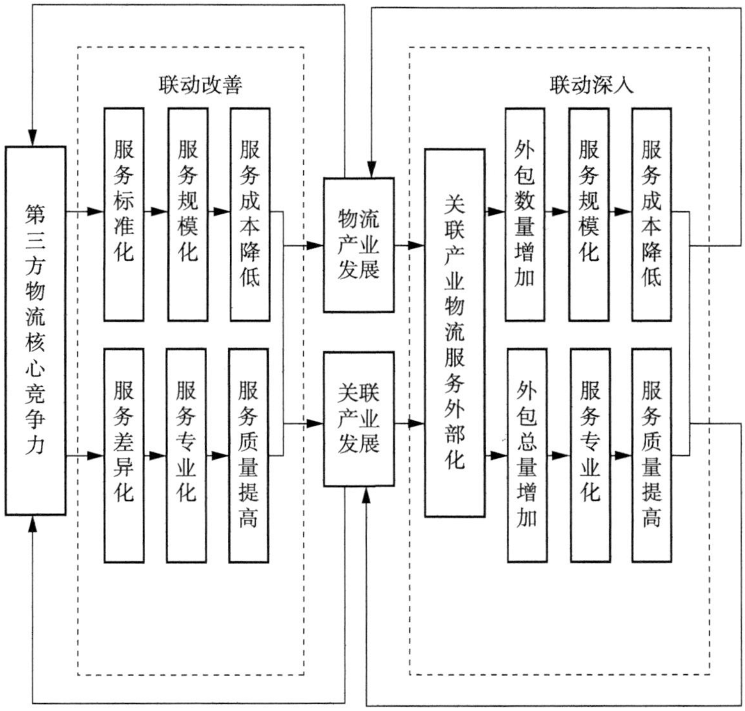


**图12-2 3PL核心竞争力与产业联动**

注："——►"表示促进作用。

## 2.4 3PL多主体开放式创新发展

物流业属于生产性服务业，为客户生产和运营提供支撑性服务，而这需要设施设备和信息系统的支持，物流技术在其中扮演了重要角色。物流技术创新是物流服务创新的重要组成部分，是推动物流企业发展的重要动力。物流技术创新与信息技术、工具、装备和设施紧密相连，涉及运输、储存、装卸、搬运、包装配送、流通加工、信息处理等各个物流环节（魏际刚，2006），具体体现在对先进的物流技术和信息通信技术的开发与应用上。技术创新本身所具有的不确定性、高风险性、技术积累和路径依赖等特征（张红波，2013），使物流技术创新更多的是渐进式应用创新（Busse et al.，2011）。物流企业的技术创新倾向于对现有技术的有效应用，以达到满足客户需求和优化企业资源配置的双重目的。物流装备与信息技术紧密结合，实现高度自动化是物流行业未来发展的趋势。创新能力对 3PL 来说至关重要，物流企业创新可以有效满足客户对物流服务深度和广度上的要求，有效降低物流服务成本和改进服务质量，提升客户的物流绩效（Tian et al.，2010）。企业的创新能力是企业获取收益、向客户传递价值的关键能力（Calantone et al.,2002），可有效推动企业在动态市场环境中获得竞争优势。创新能力是动态商业环境下企业生存发展的关键能力，已有大量研究证实了组织创新能力对组织绩效的正向作用（Panayides，2006）。

物流企业创新能力对企业互动合作有正向的促进作用：①创新能力是一种动态能力，在与制造企业合作过程中，物流企业不断地调整自身运营，动态地适应制造企业物流服务需求的变化，双方共同调整、互为适应以满足客户的需求。②物流企业创新能力的提升，可以增强其运营能力，拓宽物流服务范围，避免低端恶性竞争，从而为物流企业带来持续的竞争优势（Panayides et al.，2005）。随着物流企业服务范围的拓宽，物流企业与制造企业有更多的合作机会，甚至会嵌入彼此的价值创造网络。③物流企业创新能力的提升，可以有效满足制造企业对物流服务深度和广度上的要求，促进双方进行更深层次的合作；物流企业创新能力的提升，可以提高其运营效率与管理效率，降低制造企业的物流成本、提高物流服务质量，提高制造企业对合作的满意度，并维系双方良好的合作关系（Cousins et al.,2006）。物流服务动态性和合作主体间互动性特点，决定了有效的物流创新很难由单一物流企业完成。物流服务创新是由不同主体通过物流技术创新、组织创新、管理创新和制度创新等，实现物流服务业务的创新（周国华，2012），是多主体参与的开放式创新。物流企业的管理创新和技术创新，是新形势下企业应对环境变化和参与竞争的主要策略（Carlos Mena et al.,2008）。物流企业通过管理创新，调整、修正原有的计划、决策、控制等体系，在与合作伙伴互动过程中更新管理理念和管理方式，联结与重构资源和能力，调整原有组织结构、运作方式，优化资源配置，以此适应环境变化对物流企业提出的全新要求。

伴随分工的细化和行业的发展，生产性服务业与制造业呈现互动融合发展的趋势，信息通信技术的发展与广泛应用，使传统意义上的服务业与制造业间的界限日渐模糊，行业间的互动融合越发明显（周振华，2003）。物流业与制造业联动基于产业关联，具体表现为物流业与制造业之间的供需关系，最终目的是物流业与制造业的协调发展。然而现实情况却是中观层面供需失衡，供给不足与供给过剩并存：低端产品和服务供大于求导致恶性竞争，物流服务质量下降；高端产品和服务供不应求，制造业的物流需求得不到有效满足。究其原因，物流业的创新能力严重匮乏是主要制约因素，物流服务创新是两业联动的重要驱动力。制造企业与物流企业合作程度的加深和范围的扩大，对物流企业提出了更高的要求，专业化与创新成为制约双方互动合作的瓶颈。创新能力不足使物流企业在合作过程中只能提供传统的运输和仓储服务，缺乏提供增值服务的能力，尤其在物流方案设计及全程物流服务等个性化与创新服务领域，很难满足制造企业的物流服务需求。物流企业较少提供个性化与创新型物流服务，制约了社会物流与企业物流一体化发展，物流企业与制造企业的互动合作难以形成。物流企业创新能力的提升，一方面可以增强自身的运营能力，拓宽物流服务范围，避免低端恶性竞争，为物流企业带来持续的竞争优势；另一方面可以降低制造企业的物流成本，提高物流服务质量，为制造企业提供个性化、差异化的物流服务，提高制造企业的物流绩效，拉动制造企业主动参与双方在物流领域的合作，促进双方互动合作的形成。物流企业与制造企业间的合作，由单方主动参与到双方互动发展的机理如图 12-3 所示。

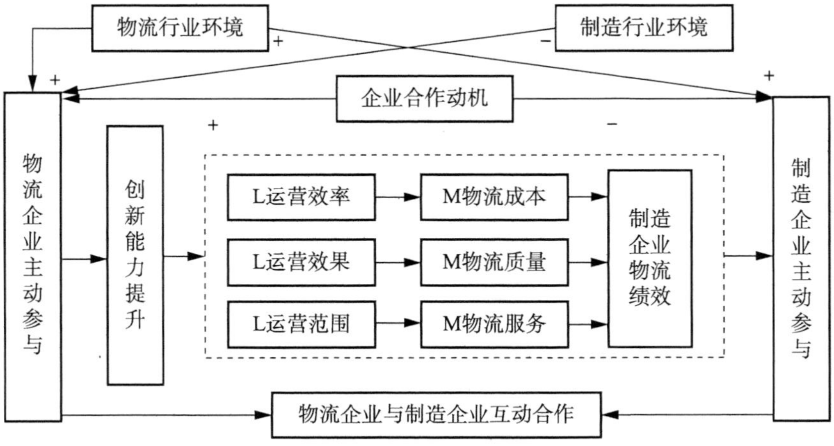


**图 12-3　L-M 单方主动到双方互动合作的机理分析**

注：L 表示物流企业；M 表示制造企业。

3PL与物流服务网络中的企业以及客户供应链上的企业，在最终客户价值创造上具有互补性。由此，物流企业的创新必然会受到其他各方行为主体的影响；同时，外部运营环境和最终客户需求也作用于物流企业的技术创新和管理创新，也就是说，物流企业创新是环境和最终客户推动下的多主体互动式创新。基于此，考虑外部运营环境的变更，将合作伙伴（横向联盟和纵向联盟）纳入物流企业的创新体系，以最终客户需求为导向，进行开放式创新，是3PL在新形势下发展模式的合理选择。

## 2.5 3PL全供应链管理

3PL提供的服务，最初源于从制造企业内部价值链中分离出来的生产性服务。企业运营过程由多个价值创造环节构成。物流活动从制造企业的价值创造体系中剥离出来，由物流企业提供更为专业的物流服务，结构性嵌入制造企业的价值链。结构性嵌入引致双方企业的价值链重构，价值链重构是制造业和物流业在微观层面进行动态匹配的具体方式，匹配源自双方行为主体的双向适应、配合以追求最佳效率。不同行业间动态匹配的本质在于产业价值链的互动、对接与协调，价值链视角的选取可以帮助我们更好地把握行业之间的互动关系与动态匹配（芮明杰 等，2012）。

物流企业与制造企业追求动态匹配，需要在价值链的多个环节界面同步进行信息、资源等交互，信息、资源等在复杂价值链体系中的有效交互需双方企业对自身价值链进行重构。物流企业与制造企业基于交互的价值链重构可以从三个方面进行理解：①制造企业优化资源配置，企业价值链上的价值创造来自特定的战略环节，企业为提升竞争优势选择保留战略环节，将部分运作剥离以优化资源结构；②物流企业嵌入制造企业的价值链，在多个环节参与协作、协调、互动；③物流企业与制造企业的价值链动态匹配。物流企业与制造企业联动是以客户价值创造为导向的双方资源和能力的优化配置过程，基于客户价值创造重构自身的资源和能力体系。物流企业与制造企业通过运营调整和互动提升客户价值。随着双方合作的加深，3PL开始对制造企业的供应链进行物流整合，随着供应链中各企业将物流运作外包而专注自身的核心业务，物流企业变被动、从属为主动与供应链中的企业进行合作，甚至作为核心企业主导供应链。伴随物流需求的增加和物流服务范围的扩大，单一物流企业难以有效满足市场需求，物流企业间联盟成为一种行之有效的中间组织形式，专注于自身的核心竞争优势，物流企业寻求与其他物流服务提供商（Logistics Service Provider，LSP）结成物流服务网络。物流服务网络实质为优势互补的多个物流企业组成的虚拟组织，以便共同为客户提供优质、高效的物流服务。网络中的核心企业可视为物流服务集成商（Logistics Service Integrator，LSI），其对整个网络进行协调，对网络中的资源进行优化配置与整合运作，物流服务集成商通过整合功能型物流服务提供商（Function Logistics Service Provider，FLSP），形成以满足产品供应链物流需求为目的的物流服务网络。物流服务网络在被动承接物流业务时，产品供应链所呈现的对物流服务的需求，是产品供应链中所有企业物流需求偏好集结；但往往只表现核心企业的偏好，而并非各个企业物流服务偏好的汇总，这一最终呈现必然忽视非核心企业物流需求的个性化诉求。当物流服务网络以LSI为核心，LSI嵌入产品供应链中企业与FLSP之间的结构洞（structure hole），通过信息集结优势与产品供应链多边联动，实施全供应链管理，从而满足了产品供应链企业对物流服务的个性化偏好，提升了产品供应链的收益。

## 2.6 启示与建议

粤港澳大湾区3PL的发展模式对区域经济和产业结构具有重要影响，通过上述对3PL联动发展模式、多主体开放式创新发展模式和全供应链管理发展模式的研究，可得到如下启示。

政府层面：

政府及行业协会是物流政策创新的重要主体，对物流服务创新及物流业和制造业的联动具有重要影响，但针对物流企业创新及两业联动来说，仍存在政策不够完善、扶持力度不够等问题。因此，对政府相关部门而言，应积极完善促进物流服务创新和两业联动的相关政策。具体建议如下：

（1）推进基础设施互联互通。强化内地与港澳交通联系，构建高效便捷的现代综合交通运输体系。发挥香港作为国际航运中心的优势，带动大湾区其他城市共建世界级港口群和空港群，优化高速公路、铁路、城市轨道交通网络布局，推动各种运输方式综合衔接、一体高效；强化城市内外交通建设，便捷城际交通，共同推进包括港珠澳大桥、广深港高铁、粤澳新通道等区域重点项目建设，打造便捷区域内交通圈；建设稳定安全的能源和水供应体系，进一步提升信息通信网络基础设施水平、扩大网络容量。

（2）引导制定促进物流创新相关政策，具体涵盖人才引进、技术开发与成果转化、企业融资等方面。从人才、资金、技术等多个层面为物流创新提供政策保障，为物流产业创新创造较为完善的政策平台；促进区域物流创新的配套产业政策，包括进一步完善信用体系、引进和培育物流相关科研机构及中介机构、培育区域创新文化、鼓励区域间交流合作等措施。

（3）优化两业联动税收环境，鼓励和扶持示范项目。税收直接影响企业的成本，合理的税收能促进物流企业和制造企业自主地进行联动。政府应出台减免制造企业因物流业务外包而得到物流成本节约额的税收政策，从而提高制造企业外包物流业务的积极性。对于制造企业外包物流业务导致税负增加的情况，经政府物流主管部门认定，可从地方税收中给予一定补助；而对于承接了制造企业物流业务的物流企业，也应给予一定的税收减免。同时，对于闲置的物流设置，应通过减免土地使用税、补贴租赁等方式，鼓励物流企业承接，促进企业利用现有物流资源更好地联动；各级政府应选择本地区对物流服务要求比较高、物流需求比较大、自身经营管理水平较高的优质生产制造企业，作为外包物流业务实施主辅分离的试点企业。选择制造业和物流业均比较发达的城市、区域作为两业联动的试点城市和地区；鼓励已经联动的制造企业和物流企业深化联动内涵，创新联动模式；对于联动效果好的制造企业和物流企业，作为示范项目进行推广，并加大政策和资金扶持力度。

（4）完善相关规划，优化两业联动环境。基于制造业和物流业均会朝产业集群方向发展的趋势，为实现制造业与物流业的低成本联动，必须对专业化的工业园区和物流园区进行合理规划，即在制造业集群周围设立配套的物流园区，以“工业园区+物流园区”的方式实现两业联动；为给制造企业和物流企业的联动提供更优越的外部环境，政府应扶持建立各类有利于物流市场对接的交易平台，建立制造业与物流业联动的公共信息平台，完善市场监管的法规政策，完善企业的信用体系，破除地方保护主义和其他垄断行为，维护公平公正的市场竞争环境。

行业协会层面：

行业协会配合政府相关部门，对促进物流服务创新和两业联动具有很大作用，但当前行业协会的作用未能充分发挥，可进一步采取以下措施：

（1）促进物流企业标准化。物流标准化是一个涉及多方面的大系统，从机械设备到管理流程、从技术标准到作业标准等，不仅要全国统一，还要与国际接轨。面对如此庞大的系统工程，物流业协会应积极配合相关部门制定物流标准，积极在物流企业中推广符合物流标准的技术和设备，督促物流企业和制造企业落实，鼓励企业在物流各环节标准化的基础上进行服务创新。

（2）促进行业内和行业间的交流。一方面，物流业和制造业行业协会应组织行业内企业多进行参观学习、会议交流等活动，介绍成功企业的经验；在各自行业内宣传先进理念和实际运作方法，促进行业内企业相互联系。另一方面，行业协会之间也应加强联系，相互配合，组织制造企业和物流企业之间的交流活动，开展有针对性的培训和参观学习活动。

3PL 层面：

3PL 应通过产业联动、多主体开放式创新和全供应链管理等发展模式，提升 3PL 的竞争力（见图 12-4）；3PL 作为发展模式的实施主体，应从运营、组织架构、创新等多个方面进行调整。

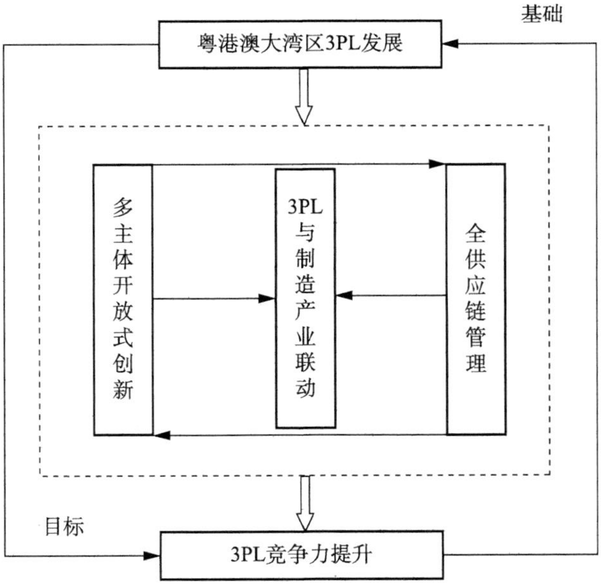


**图 12-4 3PL 发展模式与竞争力提升**

（1）基于制造企业的物流需求变化调整运营，积极主动参与合作。物流企业成功的前提是制造企业的成功，物流企业应通过合作加深对制造企业的了解，对其物流服务需求的发展趋势和可能出现的情况进行预判与管理，结合自身的运营特点和企业战略，调整适应双方的合作要求。物流运作具有服务支持性特点，这使得物流企业在提供服务时，习惯性地被动接受制造企业的要求，在需求发生变化时很难有效满足制造企业的需求，严重影响了双方的后续合作。因此，物流企业在与制造企业合作过程中，需要充分发挥自身专业化运营的优势，结合运营经验，依据制造企业的物流需求以及变化趋势，合理进行资源配置与系统优化，积极参与制造企业的项目运营，为制造企业提供针对性物流服务，努力实现优势互补和合作共赢。

（2）调整企业组织结构，加强企业内部整合。传统物流企业面对的是大众客户，一般采用物流职能一体化组织结构，高级经理直接掌握企业内物流相关部门，从而有效地整合物流资源，提高企业物流作业效率。但这种组织结构并不利于为制造企业提供定制化服务。为适应新型互动环境，物流企业必须采用矩阵式结构模式，针对与制造企业的互动业务，以项目的形式在企业内设置工作组。每个物流项目由高级别管理者牵头设置工作小组，一方面可整合企业内物流资源；另一方面能快速服务客户，并深入制造企业之中，加强与制造企业之间的互动联系。

内部整合实质上是组织内部各部门间通过信息共享，实现跨部门战略协同与运作，是把组织内不同部门作为一个整体来看待。信息技术的应用，是物流企业内部整合的先决条件和主要手段，很多企业已经建立很好的组织内、外交流信息系统，但并没有充分利用，这导致企业并没有因此获得很好的绩效。物流企业内部信息整合，保证了企业内部各部门能够对制造企业的物流需求提前预判，快速反应以提高决策速度。很多企业内部各部门“隧道视野”情况比较严重，部门间合作较难推动。在与制造企业合作初期，物流企业内部整合的动力来自外部压力，这易使企业出现管理惰性，隧道视野和管理惰性成为制约企业内部整合的瓶颈因素。物流企业想要加强内部整合，可从以下几个方面进行：①信息共享。企业内部各部门之间共享具体的运作信息，有助于企业优化运作流程，合理配置企业的资源。②运营流程调整。基于客户价值提升调整企业内部的运营流程，帮助制造企业成功、客户成功。③开展跨部门团队建设。通过组建跨部门运营团队，提高企业的运作柔性和反应速度。④转变经营理念，增加创新投入，重构企业的资源和能力体系，以企业创新能力的提升为手段避免行业内恶性竞争。

（3）加强技术应用与知识管理。物流企业的技术和知识特性不同于制造企业，以信息和组织管理技术为主，共性化程度高，不易积聚和传递，物流领域的技术创新倾向于应用创新。为此，物流企业应强化与制造企业的沟通与配合，采用新的技术或设备以满足制造企业的要求，与制造企业的技术特征相匹配；应用信息通信技术（ICT）和物流（仓储、配送等）技术，来提高企业的运营效率和部门间的协同性。在与制造企业的合作过程中，应有意识地强化企业的知识吸收能力，强化知识管理，对制造企业的知识转移进行消化、吸收；结合自身特点，为制造企业提供个性化物流服务。

（4）构建信息交流平台，加强企业内部和企业之间的信息交流。物流企业利润的实现是以制造企业价值的提升为前提的，物流企业创新能力的提升是以更好地满足客户需求为逻辑起点的，物流企业应加强与制造企业的沟通，及时获悉物流需求变化，以便更好地与制造企业的运营相适应。企业间加强沟通，可避免由于信息不对称而引致的风险，企业间的有效沟通和信息对称，是企业间良性互动的前提与保证。传统物流企业以基本物流服务为主，企业信息化程度普遍不高，成为物流企业服务创新、与优秀制造企业联动的一大障碍。为实现与制造企业无缝对接，物流企业必须建立自身的 ERP（Enterprise Resource Planning）系统，并针对不同客户开发信息系统接口，在实现自身管理信息化的同时，可强化与制造企业之间的信息化联动。

（5）组建物流联盟，提升 3PL 创新能力。物流企业是物流服务创新主体，在物流服务创新的各个方面都扮演着重要角色。当前我国大部分物流企业仍然以运输、仓储等为主要业务，服务水平不高。多主体参与能够有效促进物流企业创新能力的提升，物流企业应基于自身的运营特点和战略定位，建立或参与横向物流联盟和纵向物流联盟。物流企业与其他物流服务提供商可结成物流服务网络，为制造企业提供更优质、全面的物流服务，并可获取规模经济效应和范围经济效应；物流企业与制造企业及其上下游合作伙伴，应通过建立纵向物流联盟，将制造企业供应链上的企业的物流运营进行整合，以提供更为系统的物流服务。客户价值导向是物流企业在服务质量与服务成本之悖反组合选择中的主导逻辑，客户价值理论明示客户的价值随时间变动，物流企业应聚焦客户需求的变化，将客户价值的动态性特点作为物流企业创新能力提升的机会，将客户纳入 3PL 创新体系，实施多主体开放式创新。

## 2.7 结论

本节以粤港澳大湾区第三方物流发展模式为研究对象，通过粤港澳大湾区的经济特征分析，提出三种 3PL 发展模式：3PL 与制造业双边联动模式、多主体开放式创新模式、3PL 全供应链管理模式。三种发展模式并非孤立，而是存在内在关联与逻辑，其中 3PL 全供应链管理发展模式与多主体开放式创新发展模式相互促进，并共同促进 3PL 与制造业双边联动，三种发展模式共同推动 3PL 竞争力提升。此外，针对粤港澳大湾区包括的珠三角城市群产业带可进一步细分为东岸知识密集型产业带、西岸技术密集型产业带和沿海生态环保型重化产业带三个产业聚集区，分别提出每个区域 3PL 的主导发展模式：东岸知识密集型产业带，即广州东部和中部—东莞—深圳等地区，以现代服务业、战略性新兴产业和高科技产业为主，3PL 以全供应链管理发展模式为主导模式；西岸技术密集型产业带包括广州东部和中部—东莞—深圳等东岸地区，以现代服务业、装备制造业和优势传统农业为主，以 3PL 与相关产业双边联动发展模式为主导模式；沿海生态环保型重化产业带包括惠州—深圳—珠海—江门等三角沿海地区，以现代服务业、先进制造业为主，3PL 以多主体开放式创新发展模式为主导模式。

# 第 13 章　珠海 3PL 发展

## 1　珠海物流业竞争力

物流业是重要的基础性、纽带性、引导性行业，是城市经济发展的战略性核心行业，物流业竞争力的培育与构建，是产业结构调整与优化的战略着眼点。珠海市作为珠江口西岸核心城市，顺应现代产业体系的发展方向，积极发展高端产业，已形成“三高一特”（高端制造业、高端服务业、高新技术产业、特色海洋经济与特色农业）五大产业、六大基础产业（家用电器、电子信息、石油化工、电力能源、精密机械制造、生物医药），以及打印耗材和游艇制造两大特色产业，其产业结构合理，为物流业发展提供了良好的相关产业基础。粤港澳大湾区建设、“一带一路”倡议等的实施、港珠澳大桥建成通车、深中通道建设等，使珠海市及周边区域的物流资源得以重新整合，珠海市物流业的发展迎来前所未有的契机。珠海市物流业竞争力发展战略分析如图 13-1 所示。

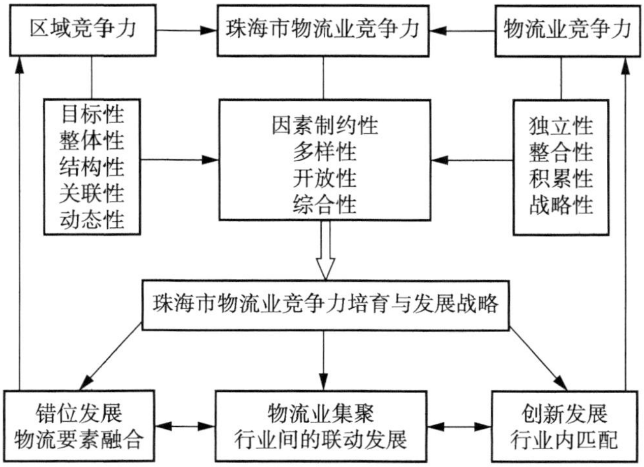


**图 13-1　珠海市物流业竞争力发展战略分析**

## 1.1 珠海市物流业竞争力

根据竞争层次的不同，竞争力可以分为企业竞争力、产业竞争力和区域竞争力，分别代表了微观、中观和宏观层次的竞争力。区域竞争力是以区域为整体，通过各组成要素之间的协同、配合而形成的，且能为区域整体带来实质性效应的竞争优势。区域作为一个非平衡、非线性的开放系统，是以经济活动为中心，由社会制度、基础设施、科学技术、文化教育、生态环境等构成的有机整体；是内在联系较为紧密，具有比较完善的经济结构，按照一定机制与外部环境进行物质、能量和信息等要素交换的区域经济系统。区域竞争力系统是由区域的各要素相互联系、相互作用而形成的具有一定运行规律和显著结构特征的系统，其大小既取决于各要素的多少和质量，又取决于各要素间的有机结合程度和结构比例。区域竞争力系统不是构成要素的简单相加，而是决定于构成要素的结构。若系统结构合理，区域竞争力水平大于构成竞争力各要素之和。区域竞争力系统具有目标性、整体性、结构性、关联性、动态性等特性。

物流业属于生产性服务业，物流业的核心竞争力是作为竞争性的物流行业经过长期培育营造形成的独特的、动态的能力资源，它支持着物流业在现在以及未来市场中可持续竞争优势的发展，是物流产业整合各种资源优势和能力的综合体现，具有独立性、整合性、积累性和战略性特点。区域竞争力和产业竞争力具有包容性与互动性，两者是互相支持、互相推动、共同实现的关系，区域竞争力最终取决于地区的产业竞争力。在市场经济条件下，区域竞争力为产业竞争力提升及可持续发展创造新型政府职能，竞争的法制环境，现代交通、动力、信息、生活环境等基础，以及人力资源培育与开发等，为产业竞争力的提升创造基础环境。产业竞争力除提升内部系统的竞争力外，还可充分利用区域竞争力创造的基础、环境和条件，聚集竞争能量，实现持续发展。珠海市物流业竞争力属于区域产业竞争力分析范畴，具有因素制约性、多样性、开放性和综合性等特征。

### 1.1.1 要素分析

区域产业竞争力深受区位、经济、政策、技术与创新等多种因素的制约，且竞争力的形成不是单项因素作用的结果，而是诸多因素共同影响、综合作用的产物。从时间上看，不同的经济发展阶段，对各因素的要求程度是不一样的；从空间上看，区域不同，其产业竞争力影响因素的综合作用就不同，其产业结构类型及产业的优化途径也就有所差异。

1.1.1.1 区位因素

区位因素对产业竞争力的影响主要通过位置、交通、通信等体现出来，是影响物流产业发展路径的重要因素，区位所拥有的自然资源禀赋是物流产业核心竞争力形成的关键。从物流产业角度来看，珠海市的区位因素具有区位竞争力强、交通支撑良好等特点。

（1）区位竞争力强。珠海市位于珠江三角洲大都市连绵区，是我国东部沿海区位条件最好的区域之一，而环珠江口区域（湾区）又是珠江三角洲区位条件最好的区域，拥有联通世界的机场群和港口群，联通长江三角洲和泛珠江三角洲地区铁路枢纽；珠海市位于珠江三角洲地区“一脊、三带、五轴”城镇群体系的“一脊”（湾区）、珠江口西岸，毗邻澳门，东距香港 36 海里，北距广州 138 公里，临近国际航道（大西水道）；在广东省范围内，珠海市位于广东省“一主、三副、六轴、六核”城镇空间布局中的“一主”，即珠江三角洲地区，是广东省区位条件最好的地区，具备成为区域物流中心的有利区位条件。

（2）交通支撑良好。珠海港是国家沿海主枢纽港，拥有生产性泊位 155 个，其中万吨级以上生产性泊位 27 个，设计年通过能力 1.52 亿吨。珠江水系的崖门、虎跳门、鸡啼门和磨刀门水道均穿过珠海市入海，珠海港通过内河航运可与桂、黔、滇广大腹地相连；广珠铁路于 2012 年建成通车，直达高栏港南水作业区，并与京广铁路连接；珠海机场按照 ICAO 4E 级标准建设，可执行 4F 级起降，航线通达 44 个城市，已成为国内干线机场；珠海已基本形成贯通口岸、港口、机场、铁路货站四大节点的道路干线交通网络，经沿海高速、广珠西线高速、京珠高速等与全国公路网相连。港珠澳大桥的建成通车进一步加强了珠海与港澳地区的联系，使珠海通过港澳参与国际经济交流更为方便有利。

1.1.1.2 经济因素

近年来，珠海市整体经济保持平稳增长，具备了一定的经济基础。2018 年，珠海市经济运行良好，增速保持平稳，产业结构不断优化，经济效益稳步提升。2018 年，珠海全市实现地区生产总值 2914.74 亿元，同比增长 8.0%。其中，第一产业增加值 50.09 亿元，增长 1.2%，对地区生产总值增长的贡献率为 0. 3%；第二产业增加值 1433. 82 亿元，增长 12. 6%，对地区生产总值增长的贡献率为 78. 5%；第三产业增加值 1430. 83 亿元，增长 3. 5%，对地区生产总值增长的贡献率为 21. 2%。三大产业的比例为 1. 7：49. 2：49. 1，第二、第三产业占比均衡且相近，产业结构良好。

第二产业中，全市工业增加值比上年增长 13. 5%，规模以上工业增加值增长 14. 1%。其中，高技术制造业增加值增长 13. 0%，先进制造业增加值增长 11. 2%，装备制造业增加值比上年增长 8. 6%。传统优势产业增加值比上年增长 22. 1%，六大高耗能行业增加值比上年增长 9. 3%。第三产业中，现代服务业增加值 861. 39 亿元，增长 1. 7%，占地区生产总值的 29. 6%；生产性服务业增加值 765. 35 亿元，增长 6. 7%，占地区生产总值的 26. 3%。全年交通运输、仓储和邮政业实现增加值 62. 37 亿元，比上年增长 13. 4%。

2018 年，珠海市人均地区生产总值达 15. 94 万元，按平均汇率折算为 2. 41 万美元，全年居民消费价格总水平上涨 2. 3%。全年社会消费品零售总额 1160. 64 亿元，比上年增长 7. 4%。一般公共预算收入 331. 47 亿元，比上年增长 5. 4%；一般公共预算支出 572. 52 亿元，增长 15. 9%。全年完成外贸进出口额 3246. 28 亿元，增长 8. 5%。其中，出口 1887. 13 亿元，增长 0. 2%；进口 1359. 15 亿元，增长 22. 5%（见表 13-1）。珠海市 2018 年对主要国家和地区进出口额及增速见表 13-2、表 13-3。

**表 13-1 2015—2018 年珠海市进出口额及增速**

| 年份 | 进出口总额（亿元） | 增速（%） | 出口总额（亿元） | 增速（%） | 进口总额（亿元） | 增速（%） |
|---|---|---|---|---|---|---|
| 2015 | 2960. 53 | -12. 30 | 1793. 28 | 0. 60 | 1167. 25 | -26. 70 |
| 2016 | 2753. 06 | -7 | 1802. 26 | 0. 50 | 950. 8 | -18. 60 |
| 2017 | 2990. 12 | 8. 60 | 1882. 98 | 4. 40 | 1107. 14 | 16. 40 |
| 2018 | 3246. 28 | 8. 50 | 1887. 13 | 0. 20 | 1359. 15 | 22. 50 |

资料来源：依据相关资料整理。

**表 13-2 珠海市 2018 年对主要国家和地区出口额及增速**

| 国家和地区 | 出口总额（亿元） | 比上年增长（%） |
|---|---|---|
| 东盟 | 226. 52 | 6. 7 |
| 欧盟 | 274. 27 | -7. 5 |

续表

| 国家和地区 | 出口总额（亿元） | 比上年增长（%） |
| --- | --- | --- |
| “一带一路”沿线 | 702.06 | 11.6 |
| 美国 | 274.49 | -5.3 |
| 中国香港 | 265.23 | -6.8 |
| 印度 | 249.57 | 28.0 |
| 日本 | 119.22 | 21.3 |

资料来源：依据相关资料整理。

**表 13-3　珠海市 2018 年对主要国家和地区进口额及增速**

| 国家和地区 | 进口总额（亿元） | 比上年增长（%） |
| --- | --- | --- |
| 东盟 | 182.88 | 13.3 |
| 欧盟 | 88.49 | 22.5 |
| “一带一路”沿线 | 470.65 | 3.8 |
| 韩国 | 185.82 | 147.0 |
| 伊朗 | 175.95 | -13.5 |
| 日本 | 94.80 | 14.5 |
| 中国台湾 | 92.02 | 10.9 |

资料来源：依据相关资料整理。

#### 1.1.1.3　珠海市产业结构因素

中共珠海市委第八次党代会提出了关于“大力实施创新驱动和开放引领战略，增强珠海发展新动能”和“加快构建以高端现代产业体系为支撑的产业大格局”的要求。珠海市始终秉持不破坏生态和不过度消耗资源的理念，在产业更迭中超前谋划、笃定前行，走出了一条科技支撑、开放合作、结构新颖、绿色环保的发展之路，形成了以先进制造业和现代服务业为主导的现代产业体系，有力地支撑了经济持续较快发展。

（1）珠海市近年来打造的电子信息、生物医药、家电电气、电力能源、石油化工和精密机械制造六大产业发展势头良好，对珠海市的经济发展提供了强有力的支撑。工业支柱行业增加值比 2017 年增长 13.1%，其中，电子信息、生物医药、家电电气、电力能源、石油化工和精密机械制造分别同比增长 7.2%、23.5%、24.8%、7.0%、8.9%和 8.9%。

（2）珠海市在《现代产业体系规划》中提出珠海建设宜业宜居城市、提升城市品位，关键在于发展有品质的现代服务业。立足创新开放高地建设，满足居民消费升级和产业转型升级需求，聚焦重点领域和发展短板，提升发展金融服务、商贸物流、旅游，培育总部经济、商务会展、文化创意、健康服务、科技信息等新兴服务业，建成对接港澳深穗、辐射大西南的珠江西岸服务经济中心。

（3）商贸物流产业集聚培育发展取得了成效，珠海市在规划中进一步明确了发展商贸物流产业，建设对接港澳、辐射大西南的商贸物流中心，支撑粤港澳大湾区航空、航运中心发展。加快发展综合性物流服务业，大力推进海港枢纽、空港枢纽、口岸枢纽等重要节点建设，形成铁路、公路、水路、民航和管道等多种运输方式合理布局、相互衔接的局面，增强服务港澳、辐射大西南的能力。依托珠海港等优良港口资源，加快建设港珠澳大桥国家级产业物流园，大力发展港口航运、保税物流。依托机场与航空产业园，发展航空物流。引进港澳地区和国际先进物流企业，支持骨干型物流企业做大做强。大力发展国际采购、国际中转、国际分拨和国际配送业务，建设区域性国际物流枢纽和供应链服务外包基地。带动跨境电子商务跨越式发展，鼓励培育引进知名电子商务企业，支持创新电子商务发展模式，大力发展“互联网+园区”，加强集聚区载体建设，重点培育一批国家级和省级电子商务示范企业。依托中葡商贸平台，搭建国内品牌迈向世界的“网上丝绸之路”。实施电子商务示范应用工程，支持生产制造企业深化应用物联网、云计算、大数据、3D 打印等技术，发展“以销定产”“个性化定制”生产方式。

（4）园区建设取得了积极成效，产业园区化格局基本形成。园区转型升级和创新发展步伐加快，形成了珠海高新区、高栏港经济区、横琴新区三大国家级园区引领产业发展的新格局。南屏、新青、三灶、富山、航空产业园、保税区、珠澳跨境工业园（珠海园区）、联港工业区等园区集聚功能进一步增强，集群效应显现。

1.1.1.4 政策因素

政策是影响区域产业竞争力最活跃的因素之一。从宏观角度来看，国家可以通过经济、法律、行政等手段，实施产业政策和区域政策，提高区域产业竞争力；从中观角度来看，一个区域可以在国家宏观政策的指导下，结合区域具体情况，制定符合区域实际的财政、投资、产业政策，以促进主导、辅助和基础产业群的形成，提高产业竞争优势；从微观角度来看，一个区域可以通过制定企业发展政策，指导优化企业结构，增强企业发展活力和竞争力，为区域产业竞争优势的形成提供微观基础。

1.1.1.5 技术与创新

产业竞争力的提高要依靠创新，且一个创新要激发多个创新，形成创新链条和创新网络。创新链条和创新网络是提高区域产业竞争力最积极、最有效的因素。在创新网络中，诸种创新因素发挥着不同作用，知识创新是基础，技术创新是根本，产品创新是核心，组织创新是源泉，管理创新是灵魂，制度创新是保障。在新经济背景下，一些传统因素（位置、自然资源、人口数量等）的作用呈下降趋势，而一些现代因素（人口素质、知识、创新能力等）的作用呈上升趋势，成为关键因素。技术因素是影响区域产业竞争力的决定性因素，具体表现在技术影响区域产业的变革、布局态势和产业的活力与竞争力。为此，要加快现代信息技术和交通运输技术在物流体系中的应用，加快传统物流发展模式创新，积极探索新型物流业态，大力推动“互联网+高效物流”发展，促进大数据、云计算、物联网等先进信息技术与物流活动深度融合，促进现代物流与工业高效联动发展。加快发展供应链管理、衍生服务等高端物流业态，提高现代物流业发展核心竞争力和服务辐射能力。

随着新技术、新业态不断涌现，信息技术和供应链管理不断发展并在物流业得到广泛运用，在为广大生产流通企业提供低成本、高效率、多样化、精益化的物流服务的同时，推动了制造业专注核心业务和商贸业优化内部分工，以新技术、新管理为核心的现代物流体系日益形成。随着城乡居民消费能力增强和消费方式转变，全社会物流服务能力和效率持续提升，物流业市场竞争加剧，物流业必将在新的起点上加速发展和转型升级。

### 1.1.2 多样性分析

影响区域产业竞争力因素的多样性，以及区域的复杂性，决定了区域产业竞争优势和产业竞争力类型的多样性。从影响区域产业竞争力的主导因素看，主要有四种类型：

（1）要素推动型。与其他区域相比，区域内一个或几个影响产业竞争力的要素非常优越，构成区域的比较优势，且这些优势的利用符合国家的产业政策（大湾区建设、“一带一路”倡议、港珠澳大桥、深中通道、横琴自贸区等）。在这些因素推动下形成的区域产业无疑具有较强的竞争力。

（2）需求拉动型。物流业属于派生需求推动的行业，相关行业的快速发展，会带动物流业的发展。珠海市经过 40 多年建设，已形成六大基础产业（家用电器、电子信息、石油化工、电力能源、精密机械制造、生物医药），以及打印耗材和游艇制造两大特色产业，具有雄厚的产业基础。

（3）产业支撑型。产业竞争优势既不是来自产业发展的比较优势，也不是来自社会需求，而是源于产业本身，即通过主导产业与辅助产业、基础产业的有机结合，使区域产业具有很强的适应性和应变能力，尤其对市场的变化能做出快速反应。

（4）企业支撑型。即拥有先进企业为区域产业竞争力提供微观支持（珠海港物流发展有限公司，5A 级企业）。

区域产业竞争力的提升，大多是由多种影响因素共同作用的结果。目前，珠海市物流业在要素推动和需求拉动共同作用下快速发展，但其他因素也起到了不可或缺的作用。

### 1.1.3 开放性分析

区域产业竞争力的形成和演变，不仅受区内环境的影响，而且受区外环境的影响，区域内外不断进行着物质、资金、技术、信息和人才的互动。区域产业的发展绝不是封闭的，总是在更大区域范围内和地域分工基础上拓展空间。珠海位于珠江西岸，是珠江口西岸的核心城市，珠海市物流业竞争力的提升在于把握了国家“一带一路”倡议以及港珠澳大桥建设通车的重要机遇。

（1）“一带一路”倡议。“一带一路”建设为广东省物流业的发展带来重大机遇，基础设施互联互通是“一带一路”建设的优先领域，粤港澳大湾区拥有全球最大的港口群和机场群，具备成为物流枢纽的基本条件，沿“带”沿“路”经济体经贸合作的加深释放了巨大的物流需求，国际物流迎来了新的发展机遇；基础设施的互联互通将大幅度提升物流运营效率，同时带来更多的“利基”市场和全新的物流需求。“一带一路”建设有利于珠海促进开放航空口岸，申报高栏港综合保税区，加快推进高栏港深水泊位建设。

（2）港珠澳大桥建成通车。港珠澳大桥，被誉为“世界第一跨海大桥”，连接香港大屿山、澳门半岛和广东省珠海市，全长 49. 97 公里。其主体工程“海中桥隧”长 35. 58 公里，其中海底隧道长约 6. 75 公里，桥梁长约 29 公里。港珠澳大桥通车后，珠海至香港的路程缩短至半小时以内，实现了珠海、澳门与香港的陆路对接，形成“1 小时交通圈”。港珠澳大桥不仅缩短了珠海与香港的距离，更使珠海成为珠江三角洲地区同时连接香港和澳门两个特别行政区的城市，把珠海从交通末梢提升到区域性中心枢纽位置，珠海由此变成香港最直接的腹地。大桥通车后，珠海的机场、港口、口岸等优势资源得以发挥作用，香港及各方投资者在珠海、珠江西岸乃至粤西地区的投资进程加快，不仅有利于珠海加快向珠江口西岸核心城市迈进，而且有利于促进泛珠三角经济区与东盟经济圈的对接互动，开创两大经济区联合发展的新局面。珠海作为桥头堡，在区域合作与国际竞争中抢占了先机。

### 1.1.4 综合性分析

分析区域产业竞争力需要从多个方面进行，具体如下：①区域产业竞争力影响因素作用的综合性。②增强区域产业竞争力，要对人口、资源、环境与产业进行协调综合，以实现区域产业的可持续发展。③提高区域产业竞争力不能只追求经济目标，而应该追求综合目标，即经济效益、社会效益和生态效益同步增长。

珠海市物流业竞争力可具体从以下三个方面进行分析：

（1）统筹规划，协调联动。做好全市物流业发展总体规划，整合物流基地、物流通道、运输装备等资源，推进多式联运发展。强化跨区域物流合作，完善区域物流网络，实现区域物流协同发展。大力延伸物流产业链条，推进现代物流业与农业、制造业、商贸业、金融业等相关产业联动发展。

（2）市场运作，政府引导。充分发挥市场在资源配置中的决定性作用，强化企业主体地位，建立和完善社会化、专业化的物流服务体系，形成物流主体多元化、物流服务专业化的发展格局。强化政府在现代物流业发展战略、规划、政策、标准等方面的引导，营造现代物流业发展的良好政策环境。

（3）强调资源环境的约束。随着社会物流规模快速扩大、能源消耗和环境污染加重、城市交通压力加大，传统物流运作模式已难以为继。按照建设生态文明的要求，必须加快运用先进运营管理理念，不断提高信息化、标准化和自动化水平，促进一体化和网络化经营，大力发展绿色物流，推动节能减排，切实降低能耗、减少排放、缓解交通压力。

## 1.2 珠海市物流业发展战略

珠海市物流业竞争力是在多种因素综合作用下形成的，物流业竞争力的培育与发展，可以从物流业内部的匹配与创新、物流业集聚发展、城市间物流要素的融合与错位发展三个层面进行分析。珠海市物流业竞争力培育与发展如图 13-2 所示。

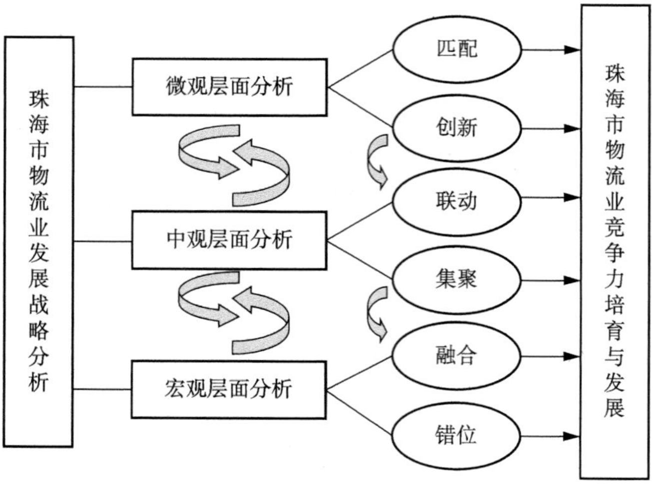


**图 13-2 珠海市物流业竞争力培育与发展**

## 1.2.1 物流业内部的匹配与创新

### 1.2.1.1 内部匹配发展

物流业的内部匹配体现在珠海市物流设施与物流资源的匹配、物流资源与物流策略的匹配、物流策略与珠海市发展战略的匹配、珠海市发展战略与国家发展建设的匹配，具体情况如表 13-4 所示。

**表 13-4 珠海市物流业的资源匹配发展**

| 国家发展建设 | 珠海市发展战略 | 珠海市物流业匹配发展 | | |
|---|---|---|---|---|
| | | 物流策略 | 物流资源 | 物流设施 |
| "一带一路" | 共建"川贵广—南亚国际物流大通道";促进与瓜达尔港商贸物流合作 | 重点发展国际物流、保税物流 | 高栏港 | 高栏港物流园 |
| | | | 桂山港 | 桂山港物流中心 |
| | | | 广珠铁路 | 铁路西站物流园 |
| | | | 珠海机场 | 物流公共信息平台 |
| | 积极参与"中拉"合作 | | 横琴自贸区 | 联手澳门的中葡商贸平台 |
| | | | 珠澳跨境工业园 | |
| | 积极参与欧美日韩物流合作 | 发展跨境物流尤其是跨境电商物流 | 珠海机场 | 空港物流园 |
| | | | 高速公路 | 物流公共信息平台 |

**续表**

<table>
<tr><th rowspan="2">国家发展建设</th><th rowspan="2">珠海市发展战略</th><th colspan="3">珠海市物流业匹配发展</th></tr>
<tr><th>物流策略</th><th>物流资源</th><th>物流设施</th></tr>
<tr><td rowspan="2">港珠澳大桥</td><td rowspan="2">参与打造珠港澳“一小时经济圈”</td><td>深化港珠澳物流合作</td><td rowspan="2">港珠澳大桥<br>洪湾港<br>横琴自贸区<br>珠海保税区<br>珠澳跨境工业区<br>港珠澳大桥人工岛</td><td rowspan="2">洪湾通关综合服务中心<br>联手澳门的中葡商贸平台</td></tr>
<tr><td>积极发展跨境物流尤其是跨境电商物流</td></tr>
<tr><td rowspan="2">深中通道</td><td rowspan="2">建立国际高端创新基地和科技成果转化基地，壮大高新技术产业集群</td><td>积极发展珠三角高新技术制造物流</td><td>衔接深中通道的城市快线</td><td>金鼎物流中心</td></tr>
<tr><td>衔接深中通道，开放航空口岸</td><td>珠海机场货运口岸开放</td><td>空港物流园</td></tr>
<tr><td rowspan="3">珠西先进装备制造产业带</td><td rowspan="3">发展临港产业集群和港口物流需求，提高珠海港区域竞争力和辐射力</td><td>深化高栏港与内陆港多式合作</td><td>珠海港</td><td>高栏港物流园</td></tr>
<tr><td rowspan="2">联动发展珠西先进装备制造物流</td><td rowspan="2">广珠铁路</td><td>铁路西站物流园</td></tr>
<tr><td>富山物流中心</td></tr>
</table>

资料来源：依据相关资料整理。

#### 1.2.1.2 创新发展

物流服务创新是不同主体通过物流技术创新、物流组织创新、物流管理创新和物流制度创新等，充分利用中介机构的社会资源和平台，实现物流服务业务创新，开展促进物流产业内质飞跃的创新活动。物流服务创新是一个多主体作用的过程，通过多主体作用的方式实现物流业务创新，促进整个物流产业的发展。物流服务创新战略可以分为基础性物流服务创新战略和综合性物流服务创新战略。基础性物流服务创新主要是以标准化为主要手段，以降低物流成本、提高物流效率为主要目的的物流服务创新。由于基础性物流服务需求差异性小，物流市场进入门槛低，竞争激烈，因而降低成本和提高物流效率是竞争的主要手段。在技术创新方面，注重通用物流设施设备和信息系统的开发与应用；在知识创新方面，紧密联系物流行业，注重知识的精与专；在管理创新方面，注重流程的通畅，通过对流程的梳理与规章制度的制定实现管理的全局化、信息化和标准化；在政策创新方面，鼓励企业的兼并重组行为，促进规模效应的形成，加快专业型物流人才的培养与引进。另外，在鼓励企业创新和规范市场管理方面则会出台一些创新性政策。综合性物流服务创新是以整合性个性化为主要手段，以提供高质量、差异化的物流服务为目的的物流服务创新。综合性物流服务创新重在运作流程的控制，不仅涉及多种物流服务的整合，而且常常涉及金融、IT 等关联服务，这就要求管理更加灵活，信息交流更加通畅，对于物流知识创新、管理创新和技术创新都提出了更高的要求。珠海市物流业的创新发展如表 13-5 所示。

**表 13-5 珠海市物流业的创新发展**

| 创新战略选择 | | 基础性物流服务创新战略 | 综合性物流服务创新战略 |
|---|---|---|---|
| 创新方向 | | 标准化 | 差异化 |
| 创新维度 | 技术创新 | 开发与应用通用物流设施设备和信息系统 | 开发与应用专用物流设施设备，特别是信息系统 |
| | 知识创新 | 物流专业知识创新，注重知识的精与专 | 整合型知识创新，注重物流与金融、营销、IT 等多领域的融合 |
| | 管理创新 | 梳理组织流程，注重流程的通畅与分工的明确，实现管理的全局化、信息化与标准化 | 注重管理的柔性，及时调整组织结构，对客户需求做出快速响应，实现管理的一体化、信息化与柔性化 |
| | 政策创新 | 鼓励物流企业兼并，促进规模效应；规范市场管理，改善市场环境；鼓励企业创新，给予财政优惠；加大专业化物流人才培养力度 | 加大政府扶植，促进产业发展；规范市场管理，改善市场环境；鼓励企业创新，给予财政优惠；加大综合化物流人才培养力度 |
| 创新效益 | | 通过在单个物流环节领域做精、做大、做强，实现服务的规模化，获得规模经济，降低制造业成本 | 通过提供个性化、一体化的物流服务，实现服务的多样化，增强服务的灵活性，提高对制造业的服务水平与质量 |

### 1.2.2 物流业集聚发展

物流产业集聚发展是指促进形成物流企业在空间上相对聚集、功能上匹配和衔接的发展格局，从而带来物流运行的规模效应，实现物流服务的功能完善，以及成本的降低和效率的提升，为物流业发展质量的提高奠定基础。充分发挥政府及市场的积极作用，以企业为核心，推进珠海市物流业及相关产业的跨越发展与升级。在物流产业内部加强既有存量部分的资源整合与要素配置，重点围绕海港、空港等既有优势物流资源，形成物流系统运作层面的资源组合，充分发挥既有存量的功能与效用；加强相对有限的资源在物流业与其他产业之间的整合发展，从整体效能最大化角度出发，实现资源在产业间，包括传统产业、新兴产业以及物流等生产性服务业之间的优化配置；突破珠海市行政区划，围绕港珠澳大桥、广珠铁路等重大项目，从整个珠江三角洲地区乃至更广阔的范围角度推进区域物流产业以及物流资源的优化整合，依托区域乃至国际物流要素资源的整合发展，实现珠海市物流产业的整体提升。充分利用珠海市自身物流资源禀赋条件，实现物流资源与要素在区域范围内的高效聚集，提高物流设施设备的共用程度，以及物流资源的共享水平，进而有效减少物流组织中的无效环节以及降低整体物流成本，形成物流业聚集发展的规模效应；通过物流资源与要素的聚集改善整个产业布局、流通环境，实现相关产业在该区域的有效聚集，更为充分、快捷地形成相关产业的聚集经济和规模经济效益，使物流聚集成为产业聚集、经济要素聚集的重要手段和发展条件，形成物流服务业引领产业发展的创新模式，推动珠海市经济和产业的快速提升。珠海物流产业集群需要同时考虑交通与产业的发展情况，尤其需要从物流与工商产业集群的系统发展角度进行考虑。具体而言，依托交通枢纽，引进和培育服务于港口航运的物流企业，形成成熟的航运服务物流企业集群。在高栏港国际物流园区，重点围绕航运、铁路运输、产业链龙头，引进具有区域、国际影响力的航运公司、铁路运输公司等企业总部；在空港国际物流园区，重点围绕航空货运、高新技术产业物流、临空产业物流，引进具有区域、国际影响力的航空货运公司、第三方物流公司等，形成物流产业集群；依托制造业（富山工业园），系统引进和培育服务于电器制造、电子产品制造、临港装备制造的物流企业，围绕公铁联运、家电产业链等制造业龙头，引进具有区域、国际影响力的联运公司和第三方物流企业，形成制造物流产业集群；依托商贸业（珠港澳国际物流园区），构建面向港澳地区、以农产品为突破口的城市商贸物流集群平台，推进农产品加工企业在珠海国家农业科技园的集聚，形成产业链，以此吸引和培育物流企业提供全供应链服务，形成商贸物流产业集群。

### 1.2.3 城市间物流要素的融合与错位发展

#### 1.2.3.1 区域联系增强

珠海所在的珠江三角洲地区密集分布着广州、深圳、佛山、东莞、中山、珠海、惠州、江门、肇庆 9 个城市和深汕特别合作区，毗邻香港、澳门，是中国三大城市群之一，已跨入世界级城市群行列。港珠澳大桥跨越珠江口伶仃洋海域，将珠江三角洲地区内的城市与香港、澳门直接联通了。港珠澳大桥的建成，使珠江三角洲地区经由香港、澳门参与国际交流变得更加便捷。正在开发的横琴新区，为“一国两制”下探索粤港澳合作新模式的示范区、深化改革开放和科技创新的先行区以及促进珠江口西岸地区产业升级的新平台。横琴新区的开发，使珠江三角洲地区成为国内开放程度最高的经济特区。一体化的区域布局、最为开放的经济政策、便捷的交通联系，使珠海与周边城市之间在空间上相互融合，发展关系日益密切。这必将为珠海市建设辐射国际国内的区域性物流中心城市带来良好机遇，为物流业的发展提供了更加广阔的市场。

1.2.3.2 物流要素的融合与错位

珠海与周边的中山、江门、佛山及澳门特别行政区相比，区域地位更加突出，交通网络更加完善，物流业发展的环境和条件具有一定优势，可提供辐射范围更广、运作更加便利的物流服务。珠海作为西岸核心城市，可依托建设自身物流体系和改善物流条件来吸引西岸地区的物流需求，与相邻区域的物流要素相融合，系统构建、优势互补，提升在区域物流服务系统中的地位。珠海与珠江口东岸城市在地理位置上距离较远，相对于西岸城市，联系不那么紧密。港珠澳大桥建成后，使珠江口两岸的城市联系更加紧密，特别是珠海与香港的陆路距离大大缩短，城市之间的关系发生深刻变化。珠江口西岸的珠海市、中山市、江门市乃至佛山市的远距离海运货物，大多需要在珠海市集结出海或经珠海中转至香港或深圳集结；反向货物亦然。因此，就珠江口西岸城市的物流服务，珠海市同深圳市以合作关系为主，物流要素相互融合发展；而珠江口西岸城市之外的广东、湖南、广西、贵州、云南等更广阔区域是珠海市和深圳市辐射的重叠区域，对上述区域的物流服务而言，珠海市同深圳市以竞争关系为主，宜错位发展。

珠海市依托海港、空港及其集疏运网络，在珠江口西岸地区形成具有一定区域优势的交通基础，以港珠澳大桥为龙头，以铁路、口岸、机场、港口为支撑的现代综合交通枢纽格局初显，搭建江—海—公—铁—空立体集疏运体系。广珠铁路北接京广线、贵广线，将高栏港连入国家铁路干线网络，沿线聚拢的大宗干散货、集装箱可直达湖南、江西等华东华中及云南、贵州等西南地区，辐射范围深入内陆腹地；高栏港高速公路、珠海大道、金港路等将高栏港直接纳入由西部沿海高速公路、江珠高速公路、京珠高速公路等形成的高速公路网，使高栏港与珠江三角洲西岸的腹地城市群相连；整治后的西江航道 5000 吨级船舶可达肇庆，3000 吨级船舶可达广西梧州，使珠海港经内河水运集疏运的辐射范围延伸至广西、湖南、贵州等地；珠海机场连接广佛江珠城际轨道、珠海机场城际轨道、机场高速、机场北路等，可快速直达珠江三角洲西部与中部主要城市，与高栏港也在半小时车程范围内。依托多式联运通道，珠海市正形成海铁联运、公水联运、江海联运、陆空联运、海空联运以及管道运输等多种运输方式相互配套支持的完善立体交通网。但在加强珠海港疏港公路与区域高速公路网的衔接时，需要注意城市的线路规划，在建设高效通畅的港口公路疏运系统过程中，避免干扰城市交通。在东部，通过港珠澳大桥连接深中通道，把高新区打造为对接深圳的“桥头堡”。在西部，推进金海大桥、香海大桥、洪鹤大桥等节点工程，加快珠海市区至珠海机场轨道建设，解决东西部交通瓶颈，谋划建设黄茅海大桥，完善辐射大西南的交通网络。在北部，加快与中山路网紧密对接，推动广佛江珠城轨建设，融入珠江三角洲西岸交通一体化体系。在南部，加快珠澳口岸人工岛、粤澳新通道等跨境大型基础设施建设，优化与澳门连接通道，推动广珠城轨延长线与澳门轻轨的对接。在融入周边城市物流系统的基础上，还应注意竞争的差异化与分工协作。珠海周边港口林立，香港为国际航运中心，承担着全球集装箱枢纽港功能，以国际中转为主；深圳是我国集装箱运输系统的枢纽港口之一，主要支撑香港航运市场的后移和为香港集疏转运，以集装箱外贸运输为主；广州是珠江三角洲地区唯一的综合性枢纽港，不仅是我国集装箱枢纽港口之一，也是煤炭、油气、矿石、粮食等大宗物资的接卸中转储运基地港。珠海港应与这些区域和国际大港形成错位和差异化发展，定位于细分市场，重点发展油气化工品、煤炭、矿石、天然气等大宗散货和集装箱运输，主要为临港重化工、海洋装备制造等产业提供配套物流服务。珠江三角洲地区是我国机场分布最密集的区域之一，在1万平方公里左右的地域范围内集中了香港、澳门、广州、深圳和珠海五个民用机场，空域资源相对紧张，航空运输市场竞争较为激烈。港珠澳大桥珠海连接线作为大桥在内地的连接点，极大地缩短了香港到珠海的物流时间，珠海应利用这一优势，加强与口岸联检单位的协调，创新通关监管模式，主动对接香港物流行业特别是香港机场的服务需求；加速建设具有完整产业链支撑的快速高效空港物流系统，提升机场的综合竞争力，夯实省骨干机场地位，逐步实现其复合型国际干线机场的远期战略目标，为城市和区域现代物流发展提供重要支撑。

# 2 珠海物流发展重点领域

近年来，珠海区位竞争力强、交通支撑良好、区域口岸众多等优势日益凸显，特别是在国家“一带一路”、港珠澳大桥的建成通车、粤港澳大湾区建设、省部共建珠西先进装备制造产业带、深中通道建设等利好带动下，物流业迎来了前所未有的发展机遇。截至 2018 年，珠海全市交通运输、仓储、邮政增加值 62.37 亿元，增长 13.4%。珠海全市货物运输总量 13447.5 万吨，同比增长 11.1%。其中，铁路运输 868.7 万吨，同比增长 36.2%；公路运输 9760.3 万吨，同比增长 1.7%；水路运输 2817 万吨，同比增长 50%；航空运输 1.4 万吨，同比下降 7%（见表 13-6）。珠海港完成货物吞吐量 13799 万吨，同比增长 1.6%；其中外贸货物吞吐量 2922 万吨，下降 1.9%；内贸货物吞吐量 10876 万吨，增长 2.6%。完成港口集装箱 231 万标准箱，同比增长 1.6%。多式联运综合物流服务能力进一步提高，物流网点布局日渐完善，航线资源配置进一步优化。

**表 13-6 2013—2018 年各种运输方式完成货物运输量** 单位：万吨

| 年份 | 货运总量 | 比上年增长(%) | 铁路货运量 | 比上年增长(%) | 公路货运量 | 比上年增长(%) | 水路货运量 | 比上年增长(%) | 民航货运量 | 比上年增长(%) |
|---|---|---|---|---|---|---|---|---|---|---|
| 2013 | 8567.95 | 13 | 109.73 | — | 7049 | 9.8 | 1408 | 21.1 | 1.22 | 2.5 |
| 2014 | 11175.2 | 12.1 | 300.2 | 173.7 | 8241 | 9.3 | 1633 | 16 | 1 | -4.1 |
| 2015 | 11925.6 | 7.1 | 298 | -2.5 | 8917.8 | 7.5 | 1708.5 | 6.5 | 1.2 | 3.8 |
| 2016 | 11395.2 | 5.3 | 524.4 | 76.1 | 9244 | 4.1 | 1625 | -1.2 | 1.5 | 21.1 |
| 2017 | 12109.66 | 6.3 | 637.67 | 21.5 | 9599.33 | 3.8 | 1871.25 | 15.2 | 1.41 | -5.4 |
| 2018 | 13447.45 | 11 | 868.73 | 36.2 | 9724 | 1.3 | 2816.99 | 50.5 | 1.39 | -7.3 |

资料来源：依据相关资料整理。

## 2.1 港口物流——珠海港口物流能力综合评价与分析

港口作为经济全球化下供应链的重要节点，在国际贸易中占据着重要地位，如何衡量港口的综合物流能力是热门话题。目前，描述港口物流能力的指标体系庞杂、相关性强且重复率高，只能得到对港口物流能力模糊的评价。因此，根据港口物流运作情况初步建立港口物流能力综合评价体系，并根据主成分分析法，对 2008—2018 年珠海港港口物流能力的发展态势进行分析，具有重要的现实意义。

随着经济全球化及区域经济一体化的不断推进，国际贸易总量持续增长，全球范围的供应链已形成。海运凭借运量大、运距远等优势，在国际贸易中占有举足轻重的地位。港口是海运的起点、中转站以及终点，物流供应链中的很多环节都要通过港口来实现。珠海市秉承“港兴市兴，港城共荣”港口经济战略，通过提高港口物流能力变交通末端为交通枢纽，不断吸引人流、物流、资金流等，带动区域经济发展。港口的流通能力虽然能反映港口物流能力，但评价港口物流能力只通过港口的吞吐量这一个指标是远远不够的。随着港口的物流运输枢纽地位在国际贸易中日益凸显，其物流增值服务在向现代化物流体系不断拓展，我们在评价港口物流能力时，也就是在评价港口的综合物流服务能力。如何充分全面吸纳影响港口物流能力的各方面指标，同时精练指标信息，将复杂的问题简单化，直观地分析港口所存在的具体问题，是当前急需解决的问题。本书旨在将衡量物流能力的复杂指标简单化，建立港口物流能力指标体系，并结合珠海港当前的物流情况进行分析与评价，为珠海港的港口物流系统建设提供参考意见。

### 2.1.1 文献回顾

建立港口物流能力体系主要涉及集中于港口物流能力对腹地经济的影响、评价指标体系指标的选择原则、港口物流能力层次结构、体系可行性检验等问题。论证方法十分丰富，各有利弊，在现代物流高速发展的背景下，广泛地讨论衡量港口物流能力的方法，对港口物流发展极具现实意义。

龙建辉等（2014）将物流能力分为与设施设备有关的基础设施能力和与管理运作能力有关的运作能力两个方面，并以宁波市1985—2011年的数据为样本，实证阐述了港口物流能力对经济增长的推动作用；吴竞鸿、吕能芳和孟飞荣（2018）分别以芜湖和湛江港为例，运用线性回归模型及灰色关联性模型论证了港口物流能力与区域产业经济发展的相关性；瓦伦蒂纳斯·纳维卡斯（Valentinas Navickas）和莱拉·苏杰塔（Leila Sujeta）（2012）认为港口物流体系的建立有利于解决区域经济发展不均衡问题，物流能力的不断提高，保证了港口物流系统生产力的提高和港口竞争力的提高；阿维斯（Arvis J. F.）等认为影响港口物流的因素十分复杂，这些错综复杂的因素从侧面反映了地区的竞争力。因此，在经济全球化背景下，有必要建立港口物流能力体系，为提升区域竞争力提供建议。综上所述，构建港口物流能力评估体系对提升区域港口物流能力、促进区域经济发展具有一定的指导意义。

美杜特（Meidute）（2012）根据国内与国际层面的港口活动范围，将港口物流体系分为微观体系和宏观体系。从微观角度对港口物流系统进行目标分析可分为子系统、连接及元素，从宏观角度可分为物流网络、物流通道及物流链；冯彦明（2015）表示，建立港口物流能力指标体系的原则为选取运输量等量化指标、选取不同角度层次中有代表性的指标、具有时代性的指标以及能反映物流成本的指标，且外部环境与内部建设要两手抓；马金凤（2014）在参照确立指标原则的基础上，确定了一级指标为港口物流量、港口物流基础设施、港口主要腹地贡献、港口物流可持续发展能力四大类，并采取主成分分析法，将多个指标转化为综合指标，化繁为简以便于分析讨论；童慧玲（2010）根据层次分析法，把港口物流综合能力指标分为要素能力、规模能力、运作能力、创新能力、腹地服务能力，通过向有关专家发放问卷的方式，为各指标设置了权重，增强了该体系的权威性与科学性；王千思等（2009）将港口物流能力体系划分为三个等级指标，充分考虑了影响港口物流能力的客观及主观因素。体系建立后又进一步建立了港口物流能力的多级模糊综合评价模型，对大连、天津、青岛、上海、深圳五个港口的情况进行了分析评价。

### 2.1.2 珠海港港口物流概况

#### 2.1.2.1 珠海港简介

珠海港呈“一港七区”布局，即以高栏港区为主，洪湾、万山港区为辅，九洲、斗门、香洲、唐家港区为补充的基本格局。2018 年，全港累计完成集装箱吞吐量 231 万标准箱，同比增长 1.6%。其中，外贸集装箱吞吐量完成 56 万标准箱，同比下降 7.8%；内贸集装箱吞吐量完成 175 万标准箱，同比增长 5.1%，如图 13-3 所示。

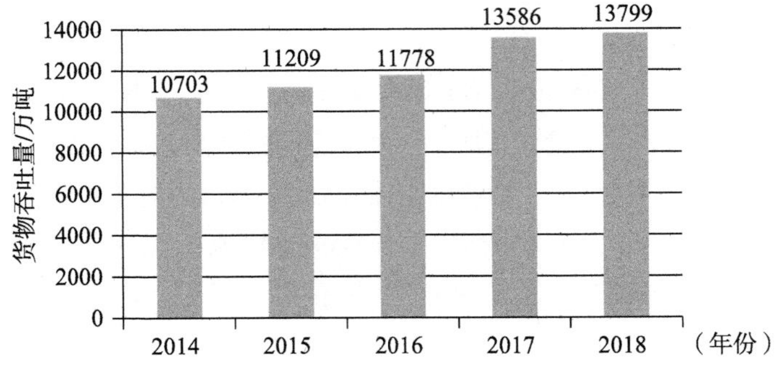


**图 13-3 2014—2018 年珠海港完成货物吞吐量**

资料来源：依据相关资料整理。

近年来，珠海港全面推进以贸易和物流为中心的第三代国际港口建设，珠海港的物流基础设施及配套能力得到了普遍提升。

2.1.2.2 构建“一带一路”物流大通道

自2014年底起，珠海港为扭转货源腹地与广州港、深圳港等重叠及产业基础薄弱的劣势，积极融入“一带一路”发展倡议，将来自西南地区的货物集聚贵州，再从珠海中转对接国际市场，构建“贵州—珠海—巴基斯坦”物流大通道。此举使珠海港得以与广州港、深圳港等实现错位发展，开辟了新的发展道路。2016年初，珠海港签署了《共建21世纪海上丝绸之路川贵广—南亚国际物流大通道战略合作框架协议》，使面向南亚的国际物流通道再次扩展。2017年初，珠海港方与巴西维多利亚港务局签署了《中国—巴西跨境电子商务与服装贸易一体化项目合作备忘录》，共同推进拉美供应链物流枢纽中心项目。同年7月，珠海港—维多利亚港直航航线正式开通。此次合作进一步提高了珠海港的贸易地位，为珠海港在南美地区寻找新的合作伙伴奠定了基础。

2.1.2.3 打造多式联运物流枢纽

珠海港发挥铁路直通港区和位于西江主出海口的优势，不断布局新航线，建设新物流网点，以海铁联运为主，积极打造多式联运物流枢纽。2017年，珠海港开拓北方经济腹地，开通了“营口—高栏—衡阳”海铁联运大通道。随着多式联运通道的增加，珠海港对于货物的集聚力不断增强。2017年9月，珠海港控股集团等三方投资签约共同投资15亿元建设多式联运物流中心。该项目建成后，珠海港将可以面向其经济腹地提供“一站式”物流服务，为珠江西岸地区、海南、北部湾等地提供短驳装卸、集装箱拆拼、区域分拨等服务；其智能冷链物流仓库将使珠海港成为珠江西岸最大的冷链中心之一，为珠海港打造第三代国际物流中心进一步加码。

### 2.1.3 港口物流能力评价指标选取原则与体系建立

2.1.3.1 指标选取原则

（1）代表性。涉及港口物流的指标种类繁多，范围广泛，无法将所有相关指标一一列举。因此，在构建港口物流能力评价体系时，应选择各方面最有代表性，能准确、直接反映港口物流能力水平的指标。同时，珠海港正处于更新迭代之际，衡量指标杂乱无序，所选指标应具有系统性与稳定性，短时间内不会被其他指标所代替。

（2）定量性。为直观了解港口物流的能力，指标信息要通过数据反映。一方面要选取可量化的港口物流运输量方面的指标；另一方面无法直接用数据表达的指标也要通过数字工具将其量化。只有将模糊性的评价变成统一标准，才能公平衡量港口物流的能力。

（3）经济性。构建指标体系还需考虑获取数据的成本，原则上体系应维持在中等大小。过小的指标体系会导致信息不充分，引致评价结果错误或出现偏差；过大的指标体系又会造成数据收集成本过高。所以指标体系应根据港口及港口企业的实际情况与指标数据可获得的程度合理制定。

（4）社会性。任何港口都不能脱离经济发展腹地单独存在，在选择体系指标时，应充分体现经济腹地的发展水平。珠海市实行“港兴市兴，港城共荣”的港口经济战略，港口发展与城市经济发展息息相关，经济腹地的发展水平也体现了港口的发展潜力。

#### 2.1.3.2 港口物流能力评价指标体系的建立

通过简单的货物吞吐量指标并不能准确地反映港口物流能力的整体水平，要从多个角度衡量影响珠海港物流能力的因素。选取的指标既要相互独立又要相互影响，形成系统，才能反映珠海港口物流的整体发展水平。对港口物流能力的判断有助于今后的港口建设。结合港口物流运作特点与指标选取原则，港口物流指标可分为以下几类：

（1）港口物流规模。包括货物吞吐量、外贸货物吞吐量及集装箱吞吐量。货物吞吐量是港口行业一个重要统计指标，它可以直观反映一段时间内经水运输入、输出港区的货物总量；外贸吞吐量反映了港口的装载出口运输能力，高的外贸吞吐量意味着港口拥有更广阔的国际市场、在全球供应链中拥有较高的地位；集装箱吞吐量反映了港口标准化与服务能力，以及与世界范围内大型船舶公司的合作水平。

（2）港口配套设施。包括泊位长度、生产性泊位总数、万吨级以上生产性泊位总数以及设计年总通过能力。泊位长度包括船舶长度及船与船之间的安全距离总长，它反映了泊位的大小是否便于船只进入；泊位的数量与大小是衡量港口规模的重要标志，所以该体系又引进了生产性泊位总数、万吨级以上生产性泊位总数两个指标，同时增加了港口设计年总通过能力，共同衡量港口基础设施水平。

（3）港口物流可持续发展能力。包括货物吞吐量增速、外贸货物吞吐量增速以及集装箱吞吐量增速。以港口物流规模三个指标的增速反映珠海港口物流的发展潜力。

（4）港口经济腹地经济情况。包括直接经济腹地 GDP 与直接经济腹地外贸进出口总额。经济腹地的经济状况与港口发展相辅相成，是港口物流繁荣与否的基础。因为间接腹地无法准确划分且经常变化，所以依据货物流向，选取珠海、佛山、中山、江门与肇庆几个珠江西岸城市作为珠海港的直接经济腹地。珠海市港口物流能力评价指标体系如表 13-7 所示。

**表 13-7　珠海市港口物流能力评价指标体系**

| | | |
|---|---|---|
| 珠海市港口物流能力评价指标体系 | 港口物流规模 | 货物吞吐量 |
| | | 外贸货物吞吐量 |
| | | 集装箱吞吐量 |
| | 港口配套设施 | 泊位长度 |
| | | 生产性泊位总数 |
| | | 万吨级以上生产性泊位总数 |
| | | 设计年总通过能力 |
| | 港口物流可持续发展能力 | 货物吞吐量增速 |
| | | 外贸货物吞吐量增速 |
| | | 集装箱吞吐量增速 |
| | 港口经济腹地经济情况 | 直接经济腹地 GDP |
| | | 直接经济腹地外贸进出口总额 |

资料来源：依据相关资料整理。

### 2.1.4　运用主成分分析法对珠海港进行分析

#### 2.1.4.1　主成分分析法基本原理

主成分分析法是将多个相关性较强的变量降维后，重新进行线性组合，生成少数几个综合性指标，使其能尽量多地提取原有变量信息。所选取的第一个线性组合代表第一主成分 $F_1$，主成分所承载的信息用成分的方差表示，$F_1$ 应当尽可能多地反映指标信息，也就是说，$F_1$ 应拥有最大的方差。如果 $F_1$ 所承载的信息不足以代表整个指标体系，就应选取 $F_2$、$F_3 \cdots F_n$ 等作为第二、第三……第 $n$ 个主成分。分析时往往会选取较大的几个主成分，一般来说只要主成分累计贡献率超过 80%即可接受。这样做虽然会丧失少部分信息，但在分析时抓住了最主要信息，不会对结果产生很大影响。

#### 2.1.4.2 对港口物流能力指标体系进行分析（见表 13-8）

**表 13-8　2008—2018 年珠海港港口物流指标体系原始资料**

| 年份 | 货物吞吐量（万标准箱） | 外贸货物吞吐量（万标准箱） | 集装箱吞吐量（万标准箱） | 泊位长度（km） | 生产性泊位总数（个） | 万吨级以上生产性泊位总数（个） | 设计年总通过能力（万吨） | 货物吞吐量增速（%） | 外贸货物吞吐量增速（%） | 集装箱吞吐量增速（%） | 直接经济腹地 GDP（亿元） | 直接经济腹地外贸进出口总额（亿元） |
|---|---|---|---|---|---|---|---|---|---|---|---|---|
| 2008 | 4086. 22 | 1329. 15 | 65. 5 | 10703 | 113 | 14 | 4757 | 10. 1 | 12. 09 | 3. 8 | 8730. 32 | 1319. 31 |
| 2009 | 4406. 8 | 1804. 62 | 56. 39 | 11600 | 118 | 15 | 5215 | 7. 8 | 35. 77 | -13. 9 | 9618. 2 | 1148. 29 |
| 2010 | 6056. 27 | 1678. 76 | 70. 27 | 12390 | 122 | 16 | 5775 | 12. 63 | -6. 97 | 25 | 11341. 47 | 1449. 84 |
| 2011 | 7169. 97 | 1699. 1 | 81. 49 | 12864 | 126 | 17 | 7001 | 18. 39 | 1. 21 | 15. 97 | 13602. 6 | 1701. 26 |
| 2012 | 7745. 44 | 1724. 31 | 81. 28 | 14787 | 136 | 21 | 11663 | 8. 03 | 1. 48 | -0. 26 | 14024. 15 | 1653. 7 |
| 2013 | 10022. 98 | 2036. 05 | 88. 11 | 17098 | 148 | 27 | 13515 | 29. 3 | 18. 08 | 8. 41 | 14971. 73 | 1805. 96 |
| 2014 | 10703. 1 | 2140. 19 | 117. 67 | 17819 | 155 | 27 | 15213 | 6. 79 | 5. 11 | 33. 55 | 16260. 1 | 1889. 94 |
| 2015 | 11208. 78 | 2075. 16 | 133. 77 | 17266 | 147 | 27 | 15248 | 4. 7 | -3. 04 | 13. 68 | 17248. 96 | 1770. 24 |
| 2016 | 11778. 74 | 2523. 31 | 165. 35 | 18346 | 152 | 27 | 15500 | 5. 08 | 21. 6 | 23. 61 | 18561. 95 | 1695. 91 |
| 2017 | 13585. 66 | 2980. 76 | 227. 04 | 19194 | 156 | 28 | 15966 | 15. 34 | 18. 1 | 37. 31 | 20455. 5 | 1811. 87 |
| 2018 | 13799 | 2922 | 231 | 19354 | 157 | 28 | 16000 | 1. 6 | -1. 97 | 1. 6 | 21636. 79 | 1815. 16 |

资料来源：依据相关资料整理。

**表 13-9　2008—2018 年珠海港直接经济腹地 GDP**

单位：亿元

| 城市 | 2008 年 | 2009 年 | 2010 年 | 2011 年 | 2012 年 | 2013 年 | 2014 年 | 2015 年 | 2016 年 | 2017 年 | 2018 年 |
|---|---|---|---|---|---|---|---|---|---|---|---|
| 珠海 | 992. 06 | 1037. 70 | 1277. 00 | 1418. 50 | 1503. 81 | 1662. 38 | 1861. 53 | 2024. 98 | 2226. 37 | 2564. 73 | 2966. 00 |
| 佛山 | 4333. 30 | 4814. 50 | 5638. 47 | 6788. 20 | 6709. 02 | 7010. 17 | 7544. 34 | 8003. 92 | 8630. 00 | 9549. 60 | 9935. 88 |
| 中山 | 1408. 52 | 1564. 40 | 1826. 00 | 2225. 30 | 2447. 40 | 2638. 93 | 2857. 43 | 3010. 03 | 3202. 78 | 3450. 31 | 3632. 70 |
| 江门 | 1280. 59 | 1355. 30 | 1550. 00 | 1879. 40 | 1910. 08 | 2000. 18 | 2120. 59 | 2240. 02 | 2418. 78 | 2690. 25 | 2900. 41 |
| 肇庆 | 715. 85 | 846. 30 | 1050. 00 | 1291. 20 | 1453. 84 | 1660. 07 | 1876. 21 | 1970. 01 | 2084. 02 | 2200. 61 | 2201. 80 |
| 总计 | 8730. 32 | 9618. 20 | 11341. 47 | 13602. 60 | 14024. 15 | 14971. 73 | 16260. 10 | 17248. 96 | 18561. 95 | 20455. 50 | 21636. 79 |

资料来源：依据相关资料整理。

**表 13-10　2008—2018 年珠海港直接经济腹地外贸进出口总额**

单位：亿美元

| 城市 | 2008 年 | 2009 年 | 2010 年 | 2011 年 | 2012 年 | 2013 年 | 2014 年 | 2015 年 | 2016 年 | 2017 年 | 2018 年 |
|---|---|---|---|---|---|---|---|---|---|---|---|
| 珠海 | 468. 37 | 374. 4 | 434. 8 | 516. 39 | 456. 69 | 542. 81 | 549. 98 | 476. 61 | 417. 16 | 442. 49 | 462 |
| 佛山 | 422. 14 | 383. 39 | 516. 55 | 608. 97 | 610. 58 | 639. 35 | 688. 18 | 657. 2 | 663. 78 | 704. 27 | 695. 03 |
| 中山 | 259. 09 | 244. 7 | 311. 19 | 341. 86 | 335. 2 | 356. 29 | 369. 61 | 356. 03 | 338. 67 | 380. 54 | 353. 9 |
| 江门 | 131. 61 | 110. 4 | 143. 4 | 176. 92 | 187. 71 | 197. 34 | 203. 75 | 198. 3 | 206. 43 | 226. 66 | 241. 17 |
| 肇庆 | 38. 1 | 35. 4 | 43. 9 | 57. 12 | 63. 52 | 70. 17 | 78. 42 | 82. 1 | 69. 87 | 57. 91 | 63. 06 |
| 总计 | 1319. 31 | 1148. 29 | 1449. 84 | 1701. 26 | 1653. 7 | 1805. 96 | 1889. 94 | 1770. 24 | 1695. 91 | 1811. 87 | 1815. 16 |

资料来源：依据相关资料整理。

2.1.4.3 指标选取

通过对表 13-8、表 13-9、表 13-10 中数据进行整理，我们对表 13-11 中的 12 个指标进行因子分析，从港口物流规模、港口配套设施、港口物流可持续发展能力、港口经济腹地的经济情况四个方面反映港口的物流能力，并对各项能力进行综合打分。

**表 13-11 指标选取**

| 指标 | 变量 | 指标 | 变量 |
|---|---|---|---|
| 货物吞吐量 | $x_1$ | 设计年总通过能力 | $x_7$ |
| 外贸货物吞吐量 | $x_2$ | 货物吞吐量增速 | $x_8$ |
| 集装箱吞吐量 | $x_3$ | 外贸货物吞吐量增速 | $x_9$ |
| 泊位长度 | $x_4$ | 集装箱吞吐量增速 | $x_{10}$ |
| 生产性泊位总数 | $x_5$ | 直接经济腹地 GDP | $x_{11}$ |
| 万吨级以上生产性泊位总数 | $x_6$ | 直接经济腹地外贸进出口总额 | $x_{12}$ |

本书采用珠海港 2008—2018 年的有效数据进行建模，计算珠海港港口物流能力的综合得分，用于评价珠海港港口的物流能力。

2.1.4.4 数据整理

由于各项数据所对应的单位、大小存有显著差异，我们对数据进行标准化处理（见表 13-12）。本书采用的处理方法为无量纲化处理，首先计算各指标样本的算术平均值：

$$x_j = \frac{1}{n}\sum_{i=1}^{n} x_{ij} \tag{13-1}$$

方差：

$$\sigma^2 = \frac{1}{n}\sum_{i=1}^{n}(x_{ij} - x_j) \tag{13-2}$$

标准化处理：

$$x_{ij}^* = \frac{x_{ij} - x_j}{\sigma_j} \tag{13-3}$$

**表 13-12 标准化结果**

| 年份 | 货物吞吐量（万吨） | 外贸货物吞吐量（万吨） | 集装箱吞吐量（万吨） | 泊位长度（km） | 生产性泊位总数（个） | 万吨级以上生产性泊位总数（个） | 设计年总通过能力（万吨） | 货物吞吐量增速（%） | 外贸货物吞吐量增速（%） | 集装箱吞吐量增速（%） | 直接经济腹地 GDP（亿元） | 直接经济腹地外贸进出口总额（亿元） |
|---|---|---|---|---|---|---|---|---|---|---|---|---|
| 2008 | -1. 4643 | -1. 42611 | -0. 86387 | -1. 52136 | -1. 56853 | -1. 43997 | -1. 40583 | -0. 10067 | 0. 21969 | -0. 62626 | -1. 51941 | -1. 36954 |
| 2009 | -1. 37145 | -0. 52667 | -1. 00879 | -1. 24175 | -1. 26794 | -1. 26965 | -1. 3095 | -0. 39478 | 2. 0346 | -1. 76613 | -1. 30868 | -2. 09548 |
| 2010 | -0. 89373 | -0. 76476 | -0. 78799 | -0. 99551 | -1. 02747 | -1. 09933 | -1. 19172 | 0. 22285 | -1. 24114 | 0. 73901 | -0. 89967 | -0. 81547 |
| 2011 | -0. 57117 | -0. 72628 | -0. 60951 | -0. 84776 | -0. 787 | -0. 92901 | -0. 93387 | 0. 95941 | -0. 61419 | 0. 15749 | -0. 36299 | 0. 25174 |
| 2012 | -0. 4045 | -0. 67859 | -0. 61285 | -0. 24835 | -0. 18582 | -0. 24774 | 0. 04665 | -0. 36537 | -0. 5935 | -0. 88772 | -0. 26294 | 0. 04986 |
| 2013 | 0. 25513 | -0. 08888 | -0. 50421 | 0. 47201 | 0. 53559 | 0. 77418 | 0. 43617 | 2. 35453 | 0. 67878 | -0. 32937 | -0. 03803 | 0. 69617 |
| 2014 | 0. 45211 | 0. 10811 | -0. 03398 | 0. 69675 | 0. 95642 | 0. 77418 | 0. 7933 | -0. 52394 | -0. 31528 | 1. 28963 | 0. 26776 | 1. 05265 |
| 2015 | 0. 59856 | -0. 0149 | 0. 22213 | 0. 52438 | 0. 47548 | 0. 77418 | 0. 80066 | -0. 7912 | -0. 93993 | 0. 01001 | 0. 50246 | 0. 54455 |
| 2016 | 0. 76364 | 0. 83285 | 0. 72448 | 0. 86102 | 0. 77607 | 0. 77418 | 0. 85366 | -0. 7426 | 0. 94857 | 0. 6495 | 0. 81409 | 0. 22904 |
| 2017 | 1. 28697 | 1. 69819 | 1. 70581 | 1. 12535 | 1. 01654 | 0. 94449 | 0. 95167 | 0. 56939 | 0. 68031 | 1. 53177 | 1. 26352 | 0. 72126 |
| 2018 | 1. 34875 | 1. 58704 | 1. 7688 | 1. 17522 | 1. 07665 | 0. 94449 | 0. 95882 | -1. 18761 | -0. 85792 | -0. 76793 | 1. 5439 | 0. 73522 |

资料来源：依据相关资料整理。

### 2.1.4.5 分析过程

至此，我们已经对研究所需的原始数据完成了初步的处理，接下来采用主成分分析法对数据进行因子分析。

**表 13-13 公因子方差**

| 指标 | 初始 | 提取 |
|---|---|---|
| 货物吞吐量 | 1.000 | 0.993 |
| 外贸货物吞吐量 | 1.000 | 0.911 |
| 集装箱吞吐量 | 1.000 | 0.865 |
| 泊位长度 | 1.000 | 0.987 |
| 生产性泊位总数 | 1.000 | 0.968 |
| 万吨级以上生产性泊位总数 | 1.000 | 0.941 |
| 设计年总通过能力 | 1.000 | 0.937 |
| 货物吞吐量增速 | 1.000 | 0.914 |
| 外贸货物吞吐量增速 | 1.000 | 0.936 |
| 集装箱吞吐量增速 | 1.000 | 0.576 |
| 直接经济腹地 GDP | 1.000 | 0.970 |
| 直接经济腹地外贸进出口总额 | 1.000 | 0.935 |

资料来源：依据相关资料整理。

公因子方差越大，因子分析模型越能解释原变量。如表 13-13 所示，公因子方差最大为 0.993，由此可知，12 个变量间有一定的相关性，而个别变量间的相关性很强，表示变量中存有重复信息；仍有一些变量间的相关性较弱，可以通过主成分分析法简化为因子变量，但需要进行主成分矩阵旋转，解释的总方差如表 13-14 所示。

**表 13-14 解释的总方差**

| 成分 | 初始特征值 | | | 提取平方和载入 | | | 旋转平方和载入 | | |
|---|---|---|---|---|---|---|---|---|---|
| | 合计 | 方差百分比（%） | 累计百分比（%） | 合计 | 方差百分比（%） | 累计百分比（%） | 合计 | 方差百分比（%） | 累计百分比（%） |
| 1 | 8.442 | 70.349 | 70.349 | 8.442 | 70.349 | 70.349 | 8.189 | 68.244 | 68.244 |
| 2 | 1.322 | 11.015 | 81.364 | 1.322 | 11.015 | 81.364 | 1.514 | 12.614 | 80.857 |
| 3 | 1.167 | 9.729 | 91.093 | 1.167 | 9.729 | 91.093 | 1.228 | 10.235 | 91.093 |
| 4 | 0.607 | 5.054 | 96.147 | — | — | — | — | — | — |

续表

| 成分 | 初始特征值 | | | 提取平方和载入 | | | 旋转平方和载入 | | |
|---|---|---|---|---|---|---|---|---|---|
| | 合计 | 方差百分比（%） | 累计百分比（%） | 合计 | 方差百分比（%） | 累计百分比（%） | 合计 | 方差百分比（%） | 累计百分比（%） |
| 5 | 0.365 | 3.039 | 99.186 | — | — | — | — | — | — |
| 6 | 0.050 | 0.420 | 99.606 | — | — | — | — | — | — |
| 7 | 0.029 | 0.243 | 99.850 | — | — | — | — | — | — |
| 8 | 0.012 | 0.103 | 99.953 | — | — | — | — | — | — |
| 9 | 0.005 | 0.038 | 99.991 | — | — | — | — | — | — |
| 10 | 0.001 | 0.009 | 100.000 | — | — | — | — | — | — |
| 11 | 0.000 | 0.000 | 100.000 | — | — | — | — | — | — |
| 12 | 0.000 | 0.000 | 100.000 | — | — | — | — | — | — |

资料来源：依据相关资料整理。

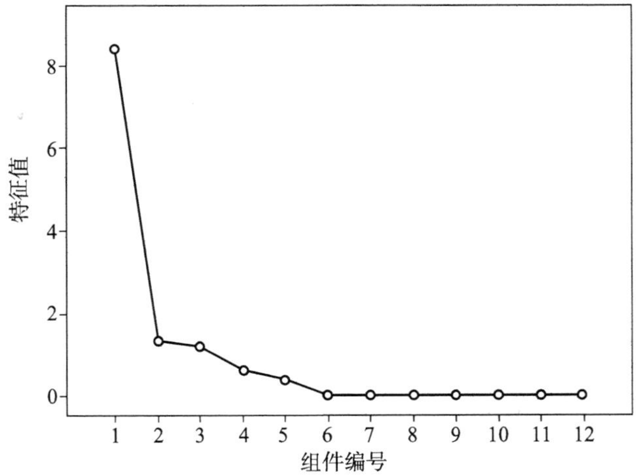


**图 13-4　碎石图**

本章提取特征根大于1的主成分，通过观察碎石图（见图13-4）及表13-14，特征根大于1的主成分有3个，其累计贡献率达到91.093%，经过旋转后特征根大于1的因子有3个，其累计贡献率依然为91.093%。由这3个因子的特征值以及累计贡献率可知，我们选取的3个成分可以较好地展现原始数据所包含的信息，所以我们设$F_1$、$F_2$、$F_3$为第一、第二和第三主成分。通过观察碎石图可以发现，前3个因子的特征值较大，从第4个开始趋于平缓，即前3个因子包含了绝大部分信息。下面我们对旋转成分矩阵进行研究。

通过旋转主成分矩阵我们可以发现旋转后的主成分矩阵中，哪些指标对应的主成分因子作用大，也就是说，每个主成分包含了哪些方面的指标。本章我们使用最大方差法对主成分矩阵进行旋转，结果显示，旋转在第 6 次迭代后收敛，由此得出旋转成分矩阵如表 13-15 所示。

**表 13-15 旋转成分矩阵**

| 指标 | 成分 | | |
|---|---|---|---|
| | 1 | 2 | 3 |
| 货物吞吐量 | 0.983 | 0.164 | -0.004 |
| 外贸货物吞吐量 | 0.940 | -0.113 | -0.118 |
| 集装箱吞吐量 | 0.900 | 0.039 | -0.230 |
| 泊位长度 | 0.987 | 0.107 | 0.028 |
| 生产性泊位总数 | 0.972 | 0.140 | 0.066 |
| 万吨级以上生产性泊位总数 | 0.959 | 0.110 | 0.097 |
| 设计年总通过能力 | 0.958 | 0.141 | 0.003 |
| 货物吞吐量增速 | -0.148 | -0.097 | 0.939 |
| 外贸货物吞吐量增速 | 0.023 | -0.953 | 0.166 |
| 集装箱吞吐量增速 | 0.441 | 0.480 | 0.389 |
| 直接经济腹地 GDP | 0.966 | 0.170 | -0.094 |
| 直接经济腹地外贸进出口总额 | 0.790 | 0.483 | 0.278 |

资料来源：依据相关资料整理。

通过分析每个主成分因子的载荷，可以看出各主成分因子的解释能力较好。除此之外，我们可以获得主成分得分系数矩阵，如表 13-16 所示。

**表 13-16 主成分得分系数矩阵**

| 指标 | 成分 | | |
|---|---|---|---|
| | 1 | 2 | 3 |
| 货物吞吐量 | 0.119 | 0.005 | -0.007 |
| 外贸货物吞吐量 | 0.147 | -0.198 | -0.087 |
| 集装箱吞吐量 | 0.122 | -0.071 | -0.185 |
| 泊位长度 | 0.127 | -0.041 | 0.022 |
| 生产性泊位总数 | 0.121 | -0.016 | 0.052 |
| 万吨级以上生产性泊位总数 | 0.123 | -0.039 | 0.078 |
| 设计年总通过能力 | 0.119 | -0.011 | 0.001 |

续表

| 指标 | 成分 | | |
| --- | --- | --- | --- |
| | 1 | 2 | 3 |
| 货物吞吐量增速 | -0.004 | -0.103 | 0.772 |
| 外贸货物吞吐量增速 | 0.123 | -0.746 | 0.182 |
| 集装箱吞吐量增速 | 0.005 | 0.297 | 0.297 |
| 直接经济腹地 GDP | 0.116 | 0.015 | -0.080 |
| 直接经济腹地外贸进出口总额 | 0.054 | 0.261 | 0.208 |

资料来源：依据相关资料整理。

根据主成分得分系数矩阵，我们可以得到三个主成分的表达式（$X$ 采用标准化后数据）：

$$F_1=0.119x_1+0.147x_2+0.122x_3+0.127x_4+0.121x_5+0.123x_6+0.119x_7-0.004x_8+0.123x_9+0.005x_{10}+0.116x_{11}+0.054x_{12} \quad (13-4)$$

$$F_2=0.005x_1-0.198x_2-0.071x_3-0.041x_4-0.016x_5-0.039x_6-0.011x_7-0.103x_8-0.746x_9+0.297x_{10}+0.015x_{11}+0.261x_{12} \quad (13-5)$$

$$F_3=-0.007x_1-0.087x_2-0.185x_3+0.022x_4+0.052x_5+0.078x_6+0.001x_7+0.772x_8+0.182x_9+0.297x_{10}-0.08x_{11}+0.208x_{12} \quad (13-6)$$

2.1.4.6. 权重确定

本书按照主成分的贡献率，采取归一法来确定每一个主成分的权重。将每个主成分的贡献率除以各个主成分的累计贡献率获得具体权重，如表 13-17所示。

**表 13-17 权重**

| 指标 | $F_1$ | $F_2$ | $F_3$ | 总和 |
| --- | --- | --- | --- | --- |
| 贡献率（%） | 68.244 | 12.614 | 10.235 | 91.093 |
| 权重 | 0.750 | 0.138 | 0.112 | 1.000 |

由表 13-17 可以得出评价模型的综合表达式：

$$F=0.75F_1+0.138F_2+0.112F_3 \quad (13-7)$$

通过式（13-4）、式（13-5）、式（13-6）及式（13-7），计算得到 2008—2018 年珠海港港口物流能力综合得分，并将综合得分作为评价依据，对 2008—2018 年珠海港港口物流能力进行排名，如表 13-18 所示。

**表 13-18 综合得分排名**

| 年份 | $F_1$ | $F_2$ | $F_3$ | 综合得分 | 排名 |
|---|---|---|---|---|---|
| 2017 | 1. 38012 | −0. 46527 | 0. 74616 | 1. 05 | 1 |
| 2018 | 1. 23447 | 0. 20312 | −1. 58982 | 0. 78 | 2 |
| 2016 | 0. 93132 | −0. 66703 | −0. 31657 | 0. 57 | 3 |
| 2014 | 0. 51674 | 0. 85073 | 0. 23764 | 0. 53 | 4 |
| 2013 | 0. 33195 | −0. 67352 | 2. 18889 | 0. 40 | 5 |
| 2015 | 0. 38639 | 0. 85752 | −0. 65269 | 0. 34 | 6 |
| 2012 | −0. 40515 | 0. 42435 | −0. 48136 | −0. 30 | 7 |
| 2011 | −0. 78493 | 0. 74519 | 0. 80338 | −0. 40 | 8 |
| 2010 | −1. 14051 | 1. 21301 | 0. 12422 | −0. 67 | 9 |
| 2008 | −1. 44222 | −0. 22362 | −0. 32063 | −1. 15 | 10 |
| 2009 | −1. 00819 | −2. 26448 | −0. 73921 | −1. 15 | 11 |

为直观分析 2008—2018 年珠海港港口物流发展情况，根据综合得分排名制作折线图，如图 13-5 所示。

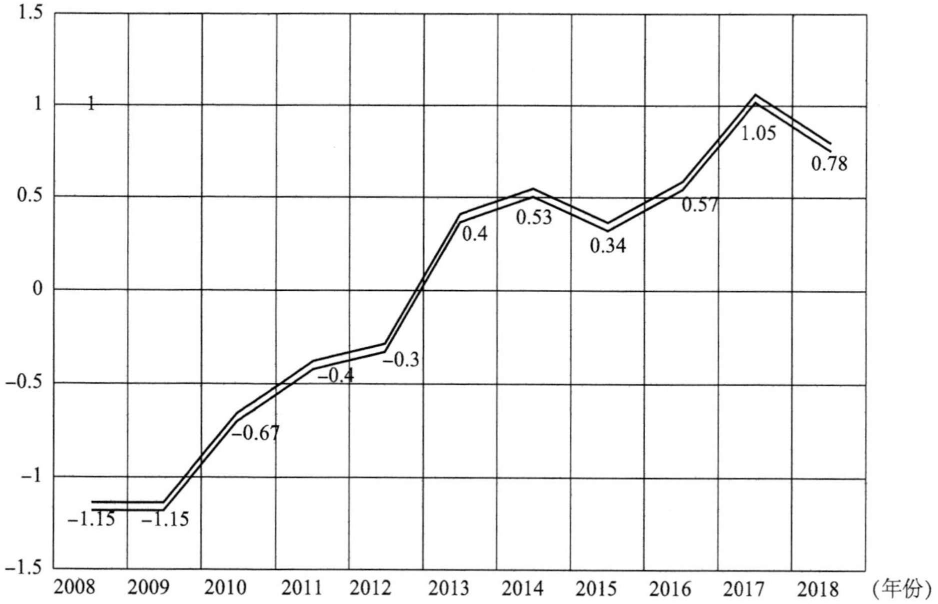


**图 13-5 2008—2018 年珠海港港口物流能力综合得分**

##### 2.1.4.7 结果分析

观察综合得分折线图并联系实际情况，我们可以看出，2015 年由于香洲、九洲港区货运功能搬迁，造成了部分码头与航线停运，另外，受国际金融危机的影响，我国经济下行明显，同年珠海港生产增速明显放缓，负载货物吞吐量增速、外贸货物吞吐量增速、集装箱吞吐量增速、直接经济腹地外贸进出口总额信息的主成分 $F_3$呈下降趋势，综合物流能力评分下降。2016 年起，随经济回暖及码头、航线恢复，运营评分持续上升。2018 年起受国家环保政策影响，珠海港煤炭运量呈现明显下降并将长期呈下降趋势，$F_3$评分下降趋势明显。总体来说，2008—2018 年珠海港港口物流发展整体呈上升趋势，但根基仍不够牢固，港口物流水平仍受到多重外界因素影响。珠海港应尽快提高自身综合实力，增强港口抵御风险的能力，维持港口物流能力发展态势。

### 2.1.5 结语

通过建立港口物流评价指标体系，运用主成分分析法分析比较 2008—2018 年珠海港港口物流能力的发展状况，发现珠海港港口物流能力 11 年间总体呈上升趋势，但易受外部环境干扰，外贸货源不稳定，反映珠海港吸附货源能力不足。针对上述情况，提出如下建议：

##### 2.1.5.1 大力发展集装箱业务

目前，年集装箱吞吐量占比珠海港全港吞吐量已超 30%，但仍有较大的发展空间。面对大宗散杂货运输量持续下降的趋势，珠海港应尽快布局开展集装箱中转业务，充分利用运力与地理优势开辟新的外贸航线，拓宽港口国际间接性腹地，保持货源稳定。

##### 2.1.5.2 全面推动多式联运建设

经过 20 余年发展，珠海港已初步建立综合交通体系。2017 年珠海市推动陆港公司牵头申报的项目，入选国家第二批多式联运示范工程，珠海港多式联运物流通道不断增加，多式联运量不断上升，多式联运建设颇具优势。面对当前多式联运的大好形势，珠海港需完善物流服务网络，拓宽航线及铁路线规模，畅通多种运输方式的衔接节点，推动多式联运又好又快地发展，降低物流运输费用。同时发展多式联运有利于珠海港融入“一带一路”物流大通道，从而进一步拓宽内陆乃至欧洲、南亚、南美洲等经济腹地。

#### 2.1.5.3 合理规划高栏港保税区内部设施建设

2018年2月5日，国务院批准成立高栏港综合保税区，将对整个珠江西岸城市群产生辐射作用。高栏港区应加强港区内部基础设施建设，立足与港口相关的各项建设工作，提高快速通关效率；加强保税仓储、船舶维修、跨国贸易等附加功能建设，吸引国际货物中转；尽快创建与国际惯例接轨的贸易制度，将“引进来”与“走出去”相结合，加速珠海港的资源流通，带动港口物流产业成长，进一步提高珠海港的物流综合竞争力。

## 2.2 航空物流互补发展

### 2.2.1 目的与意义

2017年7月1日，国家主席习近平出席《深化粤港澳合作推进大湾区建设框架协议》签署仪式。这个世界第四大湾区被视为我国经济、贸易、交通、科技发展的排头兵与示范地。粤港澳大湾区不仅是我国层次最高、影响最大的湾区，也是国家建设世界级城市群和参与全球竞争的重要空间载体，从国务院到地方政府都在全力推动粤港澳大湾区建设落地。而机场群作为湾区面向全球的窗口，是湾区国际化发展的重要基础平台。在难得的时代机遇面前，珠海机场必须全力融入和推动粤港澳大湾区世界级机场群的建设。对比其他世界级湾区，粤港澳大湾区人口数量、土地面积和港口集装箱吞吐量、机场旅客吞吐量均位具四大湾区首位。据国际航空运输协会预测，到2030年，粤港澳大湾区客货运需求量将分别达到3.87亿人次和2000万吨。随着粤港澳大湾区经济社会的不断发展，未来国内、国际交流会更加频繁，从世界范围来看，一流的湾区都有世界级机场群支撑。珠海机场成为真正可以为香港、深圳等周边大型机场分担“客货流量”的高效率机场，既是挑战，也是趋势，更是要求。

粤港澳大湾区地处中国沿海开放前沿，以泛珠三角区域为发展腹地，在“一带一路”建设中具有重要地位。区位优势是粤港澳大湾区的发展基础，这里拥有香港国际航运中心和吞吐量位居世界前列的广州、深圳等重要港口，以及香港、广州、深圳等具有国际影响力的航空枢纽。广东省委省政府印发的《中共广东省委、广东省人民政府关于贯彻落实〈粤港澳大湾区发展规划纲要〉的实施意见》、推进粤港澳大湾区建设领导小组印发的《广东省推进粤港澳大湾区建设三年行动计划（2018—2020年）》，都明确提出要建设粤港澳大湾区世界级机场群。未来广东省将重点打造“5+4”骨干机场，并新建一批通用机场。“5+4”骨干机场指珠三角地区打造广州白云机场、深圳宝安机场、珠三角新干线机场、珠海金湾机场、惠州平潭机场5大机场，粤东西北打造揭阳潮汕机场、湛江机场、梅县机场、韶关机场4个机场。再加上香港和澳门两个国际机场，粤港澳大湾区便拥有了“5+2”世界级机场群。相关数据显示，2018年，粤港澳大湾区五大机场共完成旅客吞吐量2亿人次，货邮吞吐量830万吨。预估2020年广东民用运输机场旅客吞吐能力超过1.4亿人次，货邮吞吐能力达到610万吨，全省国际机场开通国际航线达210条以上。珠海拟将珠海机场建设成为国际航空货运枢纽港，珠海机场拥有自己的竞争优势：周围有50平方公里可以满足货运枢纽所需要的仓储用地，4E级机场可以起降世界上最大的飞机，每年10万架次的运营保障能力足以形成大规模货运机场，而其西部的广湛高速、广珠西线等高速运输网极大改善空、陆运输的衔接，这些构成了珠海机场发展现代物流的核心竞争力。

如何找准珠海机场在区域发展中的位置，将其发展为粤港澳大湾区机场体系的重要组成部分，很大程度上决定了珠海临空产业未来的走向。珠海应积极融入粤港澳大湾区建设，携手共建世界级机场群。在区域合作功能平台方面，通过积极融入和深化“粤港澳”及“泛珠三角”合作圈，积累经验，利用国内国际资源，引进人才和技术，吸收先进的生产文化和经营理念；提高管理和服务水平，推动深化合作和创新发展，使空港经济区成为珠海市参与“一带一路”建设和粤港澳大湾区合作的试验田，为区域经济的发展发挥更大作用。

### 2.2.2 可行性分析

#### 2.2.2.1 港珠澳大桥作用日益凸显

2018年港珠澳大桥开通之后，珠海成为内陆唯一一个与港澳直接相连的城市。港珠澳大桥补齐了珠海区位立体综合交通短板，珠海往返香港更加便捷，而通达能力的提高必将加速区域人员、物资、资金的双向流动，进而提高珠海承接香港产业转移的能力。以国际货运为例，香港机场的航空货运商可以将拟扩大或现有业务迁至珠海，以自贸区优惠政策、口岸便捷性和跨海大桥等综合优势弥补其在距离、时间方面的不足，这在经济层面上越发变得可行。双向接驳具体是指，除了承接香港国际航空货源的转移外，利用珠海机场的国内航线和陆路交通，提高香港机场对内地二三线城市航空货源地的辐射能力，配合日渐兴起的跨境电商，利用珠海机场航空货运便捷通道转运境外货物到消费地。

2.2.2.2 港澳机场容纳客货能力即将饱和

澳门机场由于自身限制条件，不足以承接将要到来的客货增量需求；香港机场也面临同样的问题，受土地资源限制，仅维持5%~6%的客货量增长。珠海在政策、规划、设施、空间等多维度均有着珠三角其他城市无法比拟的优势，由珠海承接香港相关产业的战略性转移是最佳选择。利用自贸区优惠政策和港珠澳大桥带来的交通优势，可适度引导在港的货运航班、低成本航企、公务机迁至珠海机场，为香港机场释放短期很难拓展的核心航空资源。珠海机场可以借鉴澳门低成本航空运营及香港机场的业务管理模式，使人、物、事同向发展，确保硬件与软件相适配。

2.2.2.3 大胆创新、先行先试

国务院印发的《粤港澳大湾区发展规划纲要》提出：支持珠海、佛山等城市充分发挥自身优势，深化改革创新，增强城市综合实力，形成特色鲜明、功能互补、具有竞争力的重要节点城市。同时构建现代化的综合交通运输体系，提升珠三角港口群国际竞争力，建设世界级机场群，增强珠海等机场功能，推进大湾区机场错位发展和良性互动；依托香港金融和物流优势，发展高增值货运、飞机租赁和航空融资业务等；深化低空空域管理改革，加快通用航空发展，稳步发展跨境直升机服务，建设珠海通用航空产业综合示范区。

为了充分发挥港澳独特优势，创新完善各领域开放合作体制机制，深化内地与港澳互利合作，国务院要求为港珠澳大桥便捷通关创新模式，增强港珠澳大桥作用，以及研究港澳与内地通关和配套交通管理新措施，促进交通物流发展。诸如扩大澳门单牌机动车在内地行驶范围；制定香港单牌机动车进入内地行驶的政策措施；完善粤港、粤澳两地牌机动车管理政策措施，允许两地牌机动车通过多个口岸出入境等。

### 2.2.3 具体实施路径

珠三角机场群所依托的腹地约18万平方公里，远小于京津冀和长三角机场群，但是其机场密度、空域密度以及旅客和货运吞吐量却远高于京津冀机场群和长三角机场群。与国际先进机场群相比，虽然珠三角机场群总吞吐量占优，但由于珠三角机场群各大机场定位不太清晰，在资源相对紧缺的状态下，机场之间竞争激烈，使得机场群的枢纽连通性及客源集中度远不及世界成熟的枢纽机场，其国际枢纽竞争能力与国际先进枢纽相比尚有较大差距。建设世界级机场群，巩固提升香港国际航空枢纽地位，强化航空管理培训中心功能，提升广州和深圳机场国际枢纽竞争力，增强澳门、珠海等机场功能，推进大湾区机场错位发展和良性互动，是目前主要的发展方向。

#### 2.2.3.1 港珠澳三地机场货运接驳模式

港珠澳三地机场货运的接驳离不开海关政策支持。《海关总署与香港海关、澳门海关开展港珠澳大桥口岸合作互助备忘录》提出一种将内地海关“跨境快速通关”模式与香港海关“多式联运转运货物便利计划”对接的快速通关对接合作模式。在该模式中，粤港海关应用同一把电子锁及全球定位系统设备，以“跨境一锁，分段监管”为原则，分别依据内地与香港法规对经陆路转运的货物进行监管，进口货物可从香港机场起运，通过港珠澳大桥抵达珠海保税区，入区拆包、理货后，完成进口货物分拨办理手续；出口则通过与香港机场深度合作，以“先查验、后打板、口岸直通、机场直载”模式使各项手续前置到珠海保税区，通过珠港双方机场安检互认，实现香港机场空运货站前移，节约了通关时间、简化了通关程序。

珠海和澳门机场推出客货车“一站式”新型通关模式，其系统与海关公路舱单系统、金关二期智能卡口无缝连接，辅以对司机的人脸识别、指纹识别、红外体温检测等智能化设备设施，自动识别车牌并抓取车辆、人员备案信息，并推送至“一站式”平台。当车辆进入检验区域进行智能设备扫描识别时，信息会进行关联匹配，以验证合法性。

港珠澳大桥珠海公路口岸检查单位通过一次性“并联”作业，实现“一次读取、分别处置、一次抬杆、高效验放”，为粤港澳三地车辆提供快速通关保障，使得进出境货物真正进入秒放时代，粤港澳三地的物流时效得到明显提升，为实现粤港澳大湾区跨境货物陆空运输的无缝对接和协同发展提供了坚实基础。

#### 2.2.3.2 共同打造国际性公务机运营中心

作为重要的国际金融和商业中心，提供完备的公务机保障服务是香港机场必备的功能，但这势必会占用本已捉襟见肘的空域和时刻资源，制约机场商业运输能力的提升。港珠澳大桥的通车使香港机场公务机业务转移成为可能，可以利用两地机场管理和利益相通的优势，共同打造旨在服务粤港澳、辐射东南亚、直连欧美澳的国际性公务机运营中心。充分利用珠海机场的空域、时刻、机坪、维保等优势，通过接驳直升机，为高端商务旅客提供“门到门”私人定制式粤港澳往返世界各地的奢华、私密、快捷出行解决方案。另外，珠海现有的公务机制造、销售、维护、租赁等业务也可借此打通产业链，最终实现珠港互惠、合作共赢。

#### 2.2.3.3 合力打造粤港澳低成本航空枢纽

低成本航空模式加速了世界民航市场的低价化，让民航运输大众化成为可能。目前，在全球前十大国内低成本航空市场上，低成本航空运营了其所在国家及地区超过50%的客舱座位数。珠港合作引入低成本航空，在增加珠海机场航线、航班的同时，提供大量低价座位产品选择，粤港澳的价格敏感性旅客选择从珠海机场出行将成为大概率事件。珠海有理由、有能力发展成为粤港澳低成本航空枢纽，与澳门、香港合作实施低成本航空模式甚至超低成本航空模式。

#### 2.2.3.4 珠海机场与周边城市机场互动发展

珠海机场航线网络通达全国77个航点，地面通达性持续改善，机场快线覆盖珠中江澳。珠海机场可积极联系中山和江门地区，利用丰富的空域资源和较强的航运能力吸引两地区的物流、人流、资金流，打造珠中江澳一体化空港经济。

香港机场和澳门机场的国际航线较多，国内航线偏少，珠海机场的国内航线丰富，因此可利用港珠澳大桥一小时生活圈的便利条件，发挥三地机场航线互补优势，促进机场业务发展。白云机场、宝安机场等大型国际机场运能和空域非常紧张，梅州、揭阳机场对珠三角地区吸引力较弱，难以有效舒缓广州、深圳方面的压力，为此，珠海机场可与白云机场、宝安机场协调合作，积极引入溢出的资源，舒缓广州、深圳的航空运输压力。

粤港澳大湾区是中国开放程度最高、经济活力最强的区域之一，无论是经济规模还是区域一体化水平，粤港澳大湾区均已具备建成国际一流湾区和世界级机场群的基础条件。开放的经济结构、高效的交通枢纽、整合性协同发展等，这些是湾区经济发展源源不断的核心动力。建设世界级机场群，构建便捷高效的航空运输网络，是大湾区发展最重要的战略支撑之一。以机场群建设为重点，不仅能够为航空业的发展开拓空间，还能够提升服务业的发展规模和质量，优化大湾区的产业结构。另外，从目前大湾区机场设施的建设情况以及客货运输量来看，仍存在发展的可行性。相比于世界其他三大湾区，粤港澳大湾区具有得天独厚的港口资源、土壤资源和矿产资源。只要从组织管理、信息技术、基础设施和服务质量等方面对大湾区机场群不断完善优化，有效对接粤港澳大湾区的战略定位，多方共同发力，就一定能使大湾区早日发展成为“一带一路”建设的重要支撑区域、具有活力的经济区域及示范区域。

2.2.3.5　打造空港国际智慧物流园

空港国际智慧物流园项目将重点发展多式联运业务，业务形态主要有三个：全货机业务、冷链物流业务及跨境电商业务。珠海机场作为空港，在粤港澳大湾区和物流业飞速发展的背景下，积极发展航空服务业和物流业，响应落实珠海市关于深化与港澳机场合作，构建“空港+自贸区”特色空港经济区的指示精神，在珠江口西岸地区打造集航空货站中心、冷链处理中心、快件处理中心、电商仓储中心、保税物流中心等于一体的国际航空物流服务中心，推动珠海机场空港国际智慧物流园成为粤西地区航空货运枢纽；同时利用珠海机场优质空域资源、航线资源、地域资源，推进开放珠海机场国际货运口岸，联结港澳机场，将空港国际智慧物流园发展成为国际货机枢纽机场。

## 2.3　珠海多式联运发展战略

珠海是大湾区七个节点城市之一，在《粤港澳大湾区规划纲要》中，珠海的定位是国际创新资源进入内地的“中转站”和建设粤港澳大湾区的桥头堡与创新高地。珠海应依托新建成的港珠澳大桥，成为大湾区服务于香港和澳门的战略要地，全面融入粤港澳大湾区的基础设施网络建设中，着力构建“海陆空铁协同”的大交通体系；应加强对接珠三角东岸、辐射珠三角西岸的能力，打造承接港澳、辐射粤西、连通全国的珠江西岸综合交通枢纽城市。

### 2.3.1　珠海多式联运基础设施现状

珠海市具有“双港一铁”即海港（珠海港）、空港（珠海机场）和广珠铁路，以及完善的公路网络，已基本形成贯通口岸、港口、机场、铁路货站四大节点的道路干线交通网络。

（1）港口。珠海港呈“一港七区”布局，即以高栏港区为主，洪湾、万山港区为辅，九洲、斗门、香洲、唐家港区为补充的基本格局。2018年，全港累计完成集装箱吞吐量 231 万标准箱，同比增长 1.6%。其中外贸集装箱吞吐量完成 56 万标准箱，同比下降 7.8%；内贸集装箱吞吐量完成 175 万标准箱，同比增长 5.1%。

（2）机场。2018 年，珠海机场完成年旅客吞吐量 1122.1 万人次，同比增长 21.7%；货邮吞吐量 46393 吨，同比增长 24.1%；运输起降 81137 架次，同比增长 16.4%。旅客吞吐量、货邮吞吐量以及运输起降架次均创珠海机场历史新高。

（3）铁路。广珠货运铁路于 2012 年建成通车，直达高栏港南水作业区，使珠海与内陆腹地的交通联系得到加强。2018 年铁路货运量为 868.73 万吨，比上年增长 36.2%。

（4）公路。形成“五横五纵”干线高速公路网。“五横”为粤西沿海高速、珠海大道、香海大道、港珠澳大桥延长线、金海大道；“五纵”为高栏港高速、机场高速、江珠高速、广珠西线、金琴高速。2018 年末，公路通车里程 1560.54 公里，增加 7.2%。其中，高速公路通车里程 171.81 公里，增加 26.1%。

（5）港珠澳大桥。港珠澳大桥建成通车使珠海市的区位优势进一步提升，珠海市由原来的交通末梢城市，一跃成为内地唯一一座与港澳陆路相连的区域枢纽城市。因此，珠海乃至整个珠江口西岸地区所具备的劳动力资源和土地资源等优势更为凸显，尤其是珠海的机场、港口、口岸等优势资源将得以更好地发挥作用，从而极大地带动和促进珠海物流业的发展。港珠澳大桥方便了香港、珠海之间的公路货物运输，珠海去香港的行车时间和行车成本明显降低；珠海通过港珠澳大桥与我国两纵两横大动脉相连，包括西江流域的内河港开发，云、贵、川（渝）的货物可直接运至珠海抵达香港，大大拓展了珠海物流的腹地空间；在空港方面，珠海机场与香港机场的距离大大缩短，为两个空港的进一步合作创造了条件。由此可见，港珠澳大桥为珠海市成为对接港澳、辐射内地珠三角新的重要国际物流与贸易中心提供了更大可能。

珠海市已滚动投入 1500 多亿元开展“交通大会战”，以港珠澳大桥为龙头，以铁路、口岸、机场、港口为支撑的现代综合交通枢纽格局初显，搭建起了江—海—公—铁—空立体集疏运体系。香港机场第三跑道建设和深中通道建设离最终完成还有一段时间，这构成了港珠澳大桥建成通车后珠海市物流业发展乘势而上的一个重要“窗口期”。但珠海的交通体系仍需进一步完善，特别是各种运输方式之间的有机衔接是交通体系“补短板”的关键所在，发展多式联运对珠海至关重要。

### 2.3.2 珠海多式联运发展趋势

#### 2.3.2.1 陆空联运

珠海机场拥有稳定增长的货运需求，多样化的服务内容，优惠的政策，相对廉价的土地资源。港珠澳大桥建成通车后，对于容量已近饱和且和内地合作有限的香港机场而言，珠海机场是最佳合作对象，且双方已开展托管合作多年。珠海市委八届六次全会提出，要用好港珠澳大桥，推进粤港澳物流园、广丰跨境电商产业园建设，发展拓展珠港陆空联运业务，打造大桥经济区。积极探索珠港陆空联运通关模式，率先将保税区建设成为承接港澳物流产业的重要枢纽，以实现粤港澳大湾区跨境货物陆空运输的无缝对接和协同发展。

珠海保税区珠港陆空联运运作模式，为粤港两地备案的跨境运输车辆加挂“安全指挥所”，将广东省海关的跨境快速通关业务与香港海关的多式联运转运货物便利计划进行对接。

#### 2.3.2.2 海铁联运

珠海港过去主要货源腹地为广东珠三角区域，长期以煤炭、铁矿石、油气化学品等大宗干散货类产品为主，产业和经济发展水平对比深圳和广州欠发达。因此，珠海港进出口货源集装箱使用率较低，集疏运方式仍以传统单边公路、水路，或者公水、水水运输为主，较少涉及铁路段运输。

近年来，珠海港大力发展多式联运业务，已开通21条海铁联运通道线路。港捷联运是珠海港集团实施多式联运战略的重要平台，公司自成立以来，积极发挥铁路直达港区和位于西江主出海口的双通道联运优势，深化与沿铁、沿江的广铁集团、船公司、货代公司合作，并通过沿线设立无水港的方式吸收西江流域及湘南地区货源，陆续开通覆盖湖南、云南、贵州等地的海铁联运通道。2018年上半年，港捷联运联合中远海运开通高栏—郴州南站的海铁路线，新开拓湖南、贵州海铁两条线路，货种涵盖玉米、煤炭、陶瓷等多种大宗货物。

2.3.2.3 公铁联运

2018 年 11 月 15 日，珠海市政府常务会议审议并原则通过的《珠海市干线路网规划》（以下简称《珠海规划》）提出，规划新增深珠（伶仃洋）通道，并确定路线基本方案。为尽快促进这一跨江通道规划落实，深圳此前已启动研究向西对接通道的预留接口。根据《珠海规划》，深珠通道起于深圳前海、对接广深沿江高速和南坪快线，跨越伶仃洋至珠海唐家北边界，途经中山五桂山、斗门莲洲，向西延伸至珠海高栏港和江门台山及粤西，珠海市内的线路已基本明确。2018 年 6 月，深圳市交通委员会出台的《深圳市高快速路网优化及地下快速路布局规划》（以下简称《深圳规划》）发布了 8 条高快速路规划设计方案。其中提及为应对粤港澳大湾区国家战略，实施西延南坪快速路二期，与广深沿江高速互通衔接，并预留对接深珠公铁复合通道接口。《深圳规划》认为，南坪快速路作为承担深圳第二圈层东西向沿线各组团快速联系及对外交通功能的快速通道，是深圳中心城区对接珠江西岸最为合适的干线道路，先行启动南坪快速西延工程，可促进这一跨江通道规划尽快落实。根据既有的规划，作为串联深圳西部南北向发展轴的沿江高速，在前海片区仅能通过月亮湾大道节点转换，与南坪二期无交换功能，这将严重制约西部高、快速路网交通服务。为充分预留未来西延对接深珠通道的规划条件，《深圳规划》重点规划南坪快速路与沿江高速公路的衔接方式，并提出了海上高架互通立交、前海陆域地面互通立交、水下互通立交三个方案，并做进一步比选。

2.3.2.4 江海联运

高栏港经济区是珠江口西岸首个国家级经济技术开发区，也是西江及南海通向世界的门户。近年来，高栏港经济区抢抓国家南海开发、“一带一路”建设、港珠澳大桥建成、粤港澳大湾区建设等重大机遇，科学谋划、错位发展，形成了以先进装备制造、清洁能源、现代化工和港口物流为主导的“3+1”现代临港产业格局。同时，构建完善江海联运、海铁联运、海公联运、海空联运、管道运输五大多式联运体系，初步形成华南区域乃至全国重要影响力的清洁能源、液化储运、纸浆分拨、建材、粮油、水果六大物流中心，全力打造国家能源接卸港、西江流域龙头港、华南区域性国际物流中心，进一步夯实高栏港国家综合交通运输枢纽地位。

### 2.3.3 发展多式联运路径

#### 2.3.3.1 优化基础设施空间布局

珠海市应全面融入粤港澳大湾区基础设施网络，着力构建海陆空铁协同的大交通体系，加强对接珠三角东岸、辐射珠三角西岸能力，打造承接港澳、辐射粤西、连通全国的珠江西岸综合交通枢纽城市。应提升信息能源水利基础设施水平，建设一体化、便捷化、智能化的现代基础设施体系。综合考虑珠海市对外交通通道、城市总体空间布局、产业布局、交通条件等要素，珠海市应优先重点建设临港物流枢纽与航空产业园。

（1）临港物流枢纽。高栏港经济区（高栏港片区），依托珠海港、广珠铁路、综保区、高栏港口岸优势，交通基础设施雄厚，对外交通衔接性好，辐射国际东南亚及国内广东、西江和西南地区的干线海运、海铁联运、江海联运的国际国内运输组织，以及大湾区内港澳地区及珠江西岸的区域分拨配送，可为高栏港经济区制造业、加工业提供供应链物流服务；同时通过港珠澳大桥发展经济带高速公路连接线可为珠海市西部周边地区的富山工业园、横琴开发区、香洲中心城区提供商贸分拨集散。高栏国际物流园将与富山工业园物流中心等就开展铁路物流服务互为补充、协调发展，共同构建珠海市水铁联运设施系统，并与珠江内河港口相关物流设施联动发展，主导构建珠海市江海联运设施系统。在此基础上，以珠海市物流信息平台的核心支撑信息系统建设为依托，整合珠海区域内其他物流设施。

（2）航空产业园。航空港片区，依托珠海机场以及与澳门、香港机场的合作协同，推进大湾区机场错位发展和良性互动。珠海航空产业园建设将深度融入大湾区物流网络体系，打造大湾区国际航运中心、航空网络，为大湾区高端制造业、能源加工、商品流通提供现代物流服务支撑；同时，带动珠海市及其周边城市物流业快速发展。

#### 2.3.3.2 构建综合交通网络

（1）集疏运系统。珠海市应全面构建综合交通网络，打造“一江、两横、三纵”物流集疏运通道。一江：依托西江走廊，构筑珠海江海联运物流通道。两横：一是依托西部沿海高速—京珠高速，构筑珠海东连珠三角湾区、西接粤西的物流通道；二是依托港珠澳大桥及西延线，加强珠海区域物流枢纽地位，构建珠海东连香港、西接粤西及大西南地区的物流通道。三纵：重点依托广珠铁路及高栏港高速、机场高速—江珠高速和广珠西线，构建珠海连接。

（2）路网建设。加快珠海交通网络建设，完善与港珠澳大桥相衔接的东西向高快速路网，加快推进洪鹤大桥及港珠澳大桥西线等项目建设，积极配合广东省加快推动黄茅海通道建设。积极谋划深（圳）珠（海）通道，加强与大湾区东岸城市的直通联系。着力构建西联东拓、南北贯通的市区骨干路网，推动香海大桥及其支线、鹤港高速、金海大桥、金琴快线、兴业快线等重要通道全线建成通车，形成中心城区快速路环。

（3）干线通道与区域集散网络。干线通道建设主要依托川贵广—港澳—南亚国际物流大通道、国际航线、沿海干线、西江驳船支线连接国际国内重要节点城市。国际节点城市主要包括巴基斯坦瓜达尔、孟加拉国吉大港、斯里兰卡汉班托塔、东非吉布提等；国内节点城市主要包括四川遂宁、贵州黔南州等内陆地区，开放新高地以及天津港、青岛港、广州港、上海港等沿海港口。区域集散网络以服务粤港澳大湾区为主，以珠海港作为全面开放核心枢纽港，重点联通中山、江门、香港、澳门等重要节点城市和口岸，构建珠海国家物流枢纽发展格局。港捷公司作为珠海港集团唯一的多式联运统一经营平台，已累计开通 21 条珠海港至粤北、湘南、云贵地区的铁水联运通道，并设立 9 个驻外办事处，覆盖粮食、煤炭等大宗货种，形成以高栏母港为核心，对外连通我国沿海及世界各地，对内连接粤北、湘南及滇、黔、桂等西南地区的江、海、铁多式联运体系。基于现有主要业务模式，川贵广—南亚国际物流大通道、北粮南运海铁大通道以及梧州—珠海通道应进一步创新发展，拓宽辐射范围。

（4）协同合作。随着粤港澳大湾区建设和“一带一路”倡议的深入推进，珠海港应通过公铁联运、海铁联运等方式，利用港口、铁路优势，加快实现连接西南、辐射全国、通达欧亚的目标。国外方面已经与日本、澳大利亚、越南、马来西亚等建立了经贸联系；国内方面则加强了与青岛港、天津港、上海港、广州港等的合作。内陆方面，与四川遂宁、贵州黔南州等地州市共建川贵广—南亚物流大通道，货物经铁路运输至珠海，通过粤港澳大湾区进入南亚地区，连接泰国林查班、孟加拉国吉大港、斯里兰卡汉班托塔、印度古吉拉特、巴基斯坦瓜达尔、东非吉布提等节点城市。依托粤港澳大湾区的优惠政策和已经通车的港珠澳大桥，鼓励企业发展物流业务，重点对接香港机场物流业务，发展珠海港陆空联运业务，提供集货、仓储、中转、打板等物流配套服务；加快建设洪湾通关综合服务中心，完善港珠澳大桥出入境查验及装卸服务区的物流设施和服务配套；加快推进港珠澳大桥申报进境食用水生动物、进境冰鲜水产品、进口水果、进口肉类等指定口岸工作，为大桥跨境货运提供通关、查验、交易、甩挂、冷链等综合配套服务；紧抓澳门建设葡语国家食品集散中心的机遇，承接澳门物流相关业务，形成服务于港澳经济的物流枢纽；加强与中山、江门、阳江、肇庆等各园区互动协作和联系，围绕“西江战略”的实施，使物流枢纽腹地延伸至广西、云贵川一带；依托政策优势、资源优势、产业优势，推动形成集货效应，形成以珠海港资源为核心，以驳船运输、江海联运为主线，物流为支撑，码头为依托的西江流域快速物流通道；在服务珠江—西江经济带发展的同时，促进珠海港集疏运网络建设，提升自身的生产经营能力和港口综合竞争力。

（5）推广多式联运组织模式。推广多式联运等运输组织模式，提升区域物流发展水平，有效改善综合交通运输服务，深化巩固珠海市交通区位优势；进一步增强货物运输能力、提高运输效率、降低运输成本，为推进经济社会发展、产业空间布局优化等提供重要支撑。通过发挥多式联运的整体优势和组合效率，开拓更大的市场范围、增进地域间紧密联系，显著提升珠海市资源要素的积聚能力和对周边城市的辐射带动作用；加快促进区域间经济社会的交流整合，培育新的经济增长点，带动区域经济快速健康发展。

（6）干线物流组织服务。川贵广—南亚国际物流大通道由四川遂宁市、贵州黔南州和广东珠海市发起，是连通西南内陆和东南沿海，融入“一带一路”和“中巴经济走廊”国际商贸物流大通道；货物经过贵州、黔南州南下珠海港出海，全面延伸至南亚地区。该大通道是衔接国内外市场和贯通各大经济区的走廊，能有效降低社会物流成本，南亚国家均对大通道表现积极，大通道为物流双通道（海上、陆路）开辟了新的市场，降低了物流成本，实现了优势互补。

（7）公铁海多式联运转运组织。以珠海港、广珠铁路珠海西站为依托，配备专用联运转运设施装备，加强与四川、贵州的业务联动，提供集装箱拆拼集并、装载工具转换、货物临时仓储、区域配送等服务，从而实现公铁海运输方式的有效衔接。要充分利用广珠铁路与高栏港紧密衔接的优势，以及周边高速公路网密集的有利条件，积极开展水铁、公铁联运服务。

通过创新各种联运服务产品，全面提升综合运输服务水平，充分发挥公路、铁路、水路、航空等交通方式的比较优势，促进各种运输方式紧密衔接和高效集散，进一步优化货物运输企业生产流程。通过合理调配运力，科学组织运输过程，全面提高服务管理，系统提升企业运输效率、管理水平和服务质量，进一步降低企业生产运营成本，提升区域物流发展水平。

# 参考文献

[1] AMELIA S. CARR, HALE KAYNAK. Communication methods, information sharing, supplier development and performance: An empirical study of their relationships [J]. International Journal of Operations & Production Management, 2007, 27 (4): 346-370.

[2] ARMISTEAD C., MAPES J. The impact of supply chain integration on operating performance [J]. Logistics Information Management, 1993 (6): 9-19.

[3] ARTUR ŚWIERCZEK. The snowball effect in the transmission of disruptions in supply chains [J]. The International Journal of Logistics Management, 2010 (3): 1002-1038.

[4] AUTRY, CH W., GRIFFIS S. Supply chain capital: The impact of structural and relational linkages on firm execution and innovation [J]. Journal of Business Logistics, 2008, 29 (1): 157-173.

[5] BAGCHI P. K., Virum H. Logistical alliances: Trends and prospects in integrating Europe [J]. Journal of Business Logistics, 1998, 19 (1): 191-213.

[6] BAOFENG HUO. The impact of supply chain integration on company performance: An organizational capability perspective [J]. Supply Chain Management, 2012, 17 (6): 596-610.

[7] BARRETO I. Dynamic capabilities: A review of past research and an agenda for the future [J]. Journal of Management, 2010, 36 (1): 256-480.

[8] BARRINGER B. R., Harrison J. S. Walking a tightrope: Creating value through interorganizational relationships [J]. Journal of Management, 2000, 26 (3): 367-403.

[9] BASK A. H. Relationships between 3PL providers and members of supply chains-a strategic perspective [J]. Journal of Business and Industrial Mar-

keting, 2001, 16 (6): 470-486.

[10] BERGLUND M., VAN LAARHOVEN, P. Sharman, et al. Third party logistics: Is there a future? [J]. International Journal of Logistics Management, 1999, 10 (1): 59-70.

[11] BHATNAGAR R., Viswanathan S. Re-engineering global supply chains: Alliances between manufacturing and global logistics service providers [J]. International Journal of Physical Distribution & Logistics Management, 2000, 30 (1): 13-34.

[12] BIENSTOCK C. C. Understanding buyer information acquisition for the purchase of logistics services [J]. International Journal of Physical Distribution & Logistics Management, 2002, 32 (8): 636-648.

[13] BOLUMOLE Y. A. The supply chain role of third-party logistics providers [J]. International Journal of Logistics Management, 2001, 12 (2): 87-102.

[14] BOLUMOLE Y. A. Evaluating the supply chain role of logistics service providers [J]. International Journal of Logistics Management, 2003, 14 (2): 93-107.

[15] BOWERSOX D. J., MORASH, et al. The integration of marketing flows in channels of distribution [J]. European Journal of Marketing, 1989, 23 (20): 58-67.

[16] BOWERSOX D. J., CLOSS D. J. , COOPER M. B. Supply Chain Logistics Management [M]. New York: McGraw-Hill/Irwin, 2002.

[17] BOYSON S., CORSI T., DRESNER M. E. , et al. Managing effective 3PL relationships: What does it take? [J]. Journal of Business Logistics, 1999, 21 (1): 73-100.

[18] BRAUNSCHEIDEL M. J., SURESH N. C. The organizational antecedents of a firm's supply chain agility for risk mitigation and response [J]. Journal of Operations Management, 2009, 27 (2): 119-140.

[19] BURT R. S. Structural Holes: The Social Structure of Competition

[M]. Harvard University Press, 1992.

[20] CALANTONE R. S., CAVUSGIL T., ZHAO Y. Learning orientation, firm innovation capability, and firm performance [J]. Industrial Marketing Management, 2002, 31 (6): 515-524.

[21] CAMPBELL A. J. Do internal departmental relationships influence buyers expectation about external supply partnerships? [J]. J Bus Ind Mark, 1998, 13 (3): 199-214.

[22] CAPALDO A. Network structure and innovation: The leveraging of a dual network as a distinctive relational capability [J]. Strategic Management Journal, 2007, 28 (6): 585-608.

[23] CARLOS MENA, et al. Innovation in Logistics [R]. Innovation in Logistics Services, 2008: 14-19.

[24] CARR A. S., KAYNAK H. Communication methods, information sharing, supplier development and performance [J]. International Journal of Operations & Production Management, 2007, 27 (4): 346-370.

[25] CHAPMAN R. L., SOOSAY C., KARDAMPULLY. Innovation in logistics services and the new business model: A conceptual framework [J]. International Journal of Physical Distribution & Logistics Management, 2003, 33 (7): 630-650.

[26] CHEE YEW WONG, SAKUN BOON-ITT. The influence of institutional norms and environmental uncertainty on supply chain integration in the Thai automotive industry [J]. International Journal of Production Economics, 2008, 115 (2).

[27] CHEN I. J., PAULRAJ A., LADO A. Strategic purchasing, supply management, and firm performance [J]. Journal of Operations Management, 2004, 22 (5): 505-523.

[28] CHEN I., PAULRAJ A. Understanding supply chain management: Critical research and a theoretical framework [J]. International Journal of Production Research, 2004 (42): 131-163.

[29] CHEN Y. W., LARBANI M. Simulating the performance of supply

chain with various alliances [J]. International Journal of Advanced Manufacture Technology, 2005, 25 (7/8): 803-810.

[30] CHING-CHIAO YANG. Assessing the moderating effect of innovation capability on the relationship between logistics service capability and firm performance for ocean freight forwarders [J]. International Journal of Logistics Research and Applications, 2012, 7 (2): 71-84.

[31] CHRISTIAN BUSSE, CARL MARCUS WALLENBURG. Innovation management of logistics service providers: Foundations, review, and research agenda [J]. International Journal of Physical Distribution & Logistics Management, 2011, 41 (2): 187-218.

[32] CHRISTOPHER M. Logistics and supply chain management, 3rd ed. [M]. London: Pearson Education, 2005.

[33] CLOSS D., SAVITSKIE K. Internal and external logistics information technology integration [J]. International Journal of Logistics Management, 2003 (14): 63-76.

[34] COUSINS P. D., MENGUC B. The implications of socialization and integration in supply chain management [J]. Journal of Operations Management, 2006, 24 (5): 604-620.

[35] COUSINS P. D., HANDFIELD R. B., LAWSON B., et al. Creating supply chain relational capital: The impact of formal andinformal socialization processes [J]. Journal of Operations Management, 2006, 24 (6): 851-863.

[36] COX A. Relational competence and strategic procurement management [J]. European Journal of Purchasing & Supply Management, 1996, 2 (1): 57-70.

[37] CRISTINA GIMENEZ, EVA VENTURA. Logistics-production, logistics-marketing and external integration: Their impact on performance [J]. International Journal of Operations & Production Management, 2005, 25 (1): 20-38.

[38] DANNEELS E., KLEINSCHMIDT E. J. Product innovativeness from the firm's perspective: Its dimensions and their relation with product selection and performance [J]. The Journal of Product Innovation Management, 2001, 18

(6): 357-373.

[39] DAS A., NARASIMHAN R., TALLURI S. Supplier integration—finding an optimal configuration [J]. Journal of Operations Management, 2006, 24 (5): 563-582.

[40] DEEPEN J. M., GOLDSBY T. J., KNEMEYER A. M. , et al. Beyond expectations: An examination of logistics outsourcing goal achievement and goal exceedance [J]. Journal of Business Logistics, 2008, 29 (2): 75-105.

[41] DEVAALA, VANDEN. Producer services, economic geography and services tradability [J]. Journal of Regional Science, 2000.

[42] DILEK, CETINDAMENT K., BO CARLAAON. Manufacturing in decline? A matter of definition [J]. Economics of Innovation and New Technology, 1999, 8 (3): 175-196.

[43] DIXON D. F. Marketing as production: The development of a concept [J]. Journal of the Academy of Marketing Science, 1990, 18 (4): 337-343.

[44] DROGE C., JAYARAM J., Vickery S. K. The effects of internal versus external integration practices on timebased performance and overall firm performance [J]. Journal of Operations Management, 2004, 22 (6): 557-573.

[45] DYER J. H. , SINGH H. The relational view : Cooperative strategy and sources of inter - organizational competitive advantage [J]. Academy of Management Review , 1998, 23 ( 4) : 660-679.

[46] EMILY BOYLE. A process model of brand cocreation: Brand management and research implications [J]. Journal of Product & Brand Management, 2007, 16 (2).

[47] ETGAR M. A descriptive model of the consumer co-production process [J]. Journal of the Academy Marketing Science, 2008, 36 (1): 97-108.

[48] FABBE-COSTES N., JAHRE M. Supply chain integration improves performance: The emperor's new suit? [J]. International Journal of Physical Distribution & Logistics Management, 2007, 37 (10): 835-855.

[49] FABBE-COSTES N., JAHRE M. Performance and supply chain inte-

gration-a review of the empirical evidence [J]. International Journal of Logistics Management, 2008, 19 (2): 130-154.

[50] FLINT, DANIEL J., John T. Mentzer. Logisticians as marketers: Their role when customers desired value changes [J]. Journal of Business Logistics, 2000, 21 (2): 19-45.

[51] FLINT, DANIEL J., ROBERT B., et al. Exploring the customer desired value change phenomenon in a business-to-business context [J]. Journal of Marketing, 2002, 66 (4): 102-117.

[52] FLINT, DANIEL J., EVERTH LARSSON, et al. Logistics innovation: A customer value-oriented social process [J]. Journal of Business Logistics, 2005, 26 (1): 113-147.

[53] FLYNN B. B., HUO B., ZHAO X. The impact of supply chain integration on performance: A contingency and configuration approach [J]. Journal of Operations Management, 2010, 28 (1): 58-71.

[54] FORRESER J. W. Industrial dynamics [M]. Boston: Pegasus Communications, 1999.

[55] FRANCOIS J. R. Producer services, scale, and the division of labor [J]. Oxford Economic Papers, 1990 (42): 715-729.

[56] FYNES B. , VOSS C. The moderating effect of buyer-supplier relationships on quality practices and performance [J]. International Journal of Operations & Production Management, 2002 ( 22 ) : 589-613.

[57] GADDE, L. -E., HULTHEN K. Improving logistics outsourcing through increasing buyer-provider interaction [J]. Industrial Marketing Management, 2009: 38633-38640.

[58] GADREY. J., GALLOUJ F. The Provider—customer interface in business and professional services [J]. The Service Industries Journal, 1998, 18 (2): 1-15.

[59] GALE B., WOOD R. Managing customer value: Creating quality and service that customer can see [M]. New York : Free Press, 1994.

[60] GERMAIN R., IYER K. N. The interaction of internal and downstream integration and its association with performance [J]. Journal of Business Logistics, 2006, 27 (2): 29-52.

[61] GIMENEZ C., VENTURA E. Logistics-production, logistics-marketing and external integration: Their impact on performance [J]. International Journal of Operations and Production Management, 2005, 25 (1): 20-38.

[62] GOLICIC S. L., MENTZER J. T. An empirical examination of relationship magnitude [J]. Journal of Business Logistics, 2006, 27 (1): 81-108.

[63] GRAWE S. J., CHEN H., DAUGHERTY P. J. The relationship between strategic orientation, service innovation, and performance [J]. International Journal of Physical Distribution and Logistics Management, 2009, 39 (4): 282-300.

[64] GULBRANDSEN B., SANDVIK K., HAUGLAND S. Antecedents of vertical integration: Transaction cost economics and resource based explanations [J]. Joumal of Purchasing and supply Management, 2009, 15 (2): 89-102.

[65] HALLDORSSON A., SKJØTT-LARSEN T. Developing logistics competences through third party logistics relationships [J]. International Journal of Operations & Production Management, 2004, 24 (2): 192-206.

[66] HALLDORSSON A., SKJØTT-LARSEN T. Dynamics of relationship governance in TPL arrangements—a dyadic perspective [J]. International Journal of Physical Distribution & Logistics Management, 2006, 36 (7): 490-506.

[67] HALLDORSSON A., TAGE S. Developing logistics competencies through third party logistics relationships [J]. International Journal of Operations & Production Management, 2004, 24 (2): 192-206.

[68] HAOZHE CHEN, DANIEL D. MATTIODA, PATRICIA J. DAUGHERTY. Firm-wide integration and firm performance [J]. The International Journal of Logistics Management, 2007, 18 (1): 5-21.

[69] HEE-SUNG BAE. The relationships between environment, integration

and performance in supply chain contexts [J]. The Asian Journal of Shipping and Logistics, 2011, 27 (1).

[70] HELFAT C. E., FINKELSTEIN S., MITCHELL W. Dynamic capabilities: Understanding strategic change in organizations [M]. Oxford: Blackwell Publishing, 2009: 16.

[71] HERTZ S., ALFREDSSON M. Strategic development of TPL providers [J]. Industrial Marketing Management, 2003 (32): 139-149.

[72] HILLEBRAND B., BIEMANS W. G. The relationship between internal and external cooperation: literature review and propositions [J]. Journal of Business Research, 2003 (56): 735-743.

[73] HIPP C., GRUPP H. Innovation in the service sector: The demand for service-specific innovation measurement concepts and typologies [J]. Research Policy, 2005, 34 (4): 517-535.

[74] HOFENK D., SCHIPPER R., SEMEIJN J., et al. The influence of contractual and relational factors on the effectiveness of third party logistics relationships [J]. Journal of Purchasing & Supply Management, 2011, 17 (3): 167-175.

[75] HOGAN S. J., et al. Reconceptualizing professional service firm innovation capability: Scale development [J]. Industrial Marketing Management, 2011, 40 (8): 1264-1273.

[76] HOMBURG C., STOCK R. M. The link between salespeople's job satisfaction and customer satisfaction in a business-to-business context: A dyadic analysis [J]. Journal of Academy of Marketing Science, 2004, 32 (2): 144-158.

[77] HONGYI SUN, WENBIN NI. The impact of upstream supply and downstream demand integration on quality management and quality performance [J]. International Journal of Quality & Reliability Management, 2012, 29 (8): 872-890.

[78] HOUSE R. G., Stank T. P. Insights from a logistics partnership [J]. Supply Chain Management, 2001, 6 (1): 16-20.

[79] HUGHES M., Perrons R. K. Shaping and re-shaping social capital in buyer-supplier relationships [J]. Journal of Business Research, 2011 (64): 164-171.

[80] JEFFREY PFEFFER, GERALD SALANCIK. The external control of organizations: A resource dependence perspective [M]. New York: Harper and Row, 1978.

[81] JENSSEN J. I., RANDOY T. Factors that promote innovation in shipping companies [J]. Maritime Policy and Management, 2002, 29 (2): 119-133.

[82] JOHNSON J. L. Strategic integration in industrial distribution channels: Managing the interfirm relationship as a strategic asset [J]. Journal of Academy of Marketing Sciences, 1999, 27 (1): 4-18.

[83] JOHNSTON D. A., MCCUTCHEON D. M., STUART F. I., et al. Effects of supplier trust on performance of cooperative supplier relationships [J]. Journal of Operations Management, 2004, 22 (1): 23-38.

[84] JUDITH M. WHIPPLE, JOSEPH ROH. Agency theory and quality fade in buyer-supplier relationships [J]. International Journal of Logistics Management, 2010, 21 (3): 338-352.

[85] KERN T., Willcocks L. Exploring information technology outsourcing relationships: Theory and practice [J]. Journal of Strategic Information System, 2000 (9): 320-350.

[86] KIM K., PARK S., RYOO S., et al. Inter-organizational cooperation in buyer-supplier relationships: Both perspectives [J]. Journal of Business Research, 2009.

[87] KNEMEYER A. M., CORSI T. M., MURPHY P. R. Logistics outsourcing relationships: Customer perspective [J]. Journal of Business Logistics, 2003, 24 (1).

[88] KNEMEYER A. M., MURPHY P. R. Evaluating the performance of third-party logistics arrangements: A relationship marketing perspective [J]. Journal of Supply Chain Management, 2004, 40 (1): 35-51.

[89] KNEMEYER A. M., MURPHY P. R. Exploring the potential impact of relationship characteristics and customer attributes on the outcomes of 3PL arrangements [J]. Transportation Journal, 2005, 44 (1): 5-19.

[90] KOUFTEROS X., VONDEREMBSE M., JAYARAM J. Internal and external integration for product development: The contingency effects of uncertainty, equivocality, and platform strategy [J]. Decision Sciences, 2005, 36 (1): 97-133.

[91] KOUFTEROS X. A., CHENG T. C. E., LAI K. H. Black-box and gray box supplier integration in product development: Antecedents, consequences and the moderating role of firm size [J]. Journal of Operations Management, 2007, 25 (4): 847-870.

[92] LAARHOVEN P., VAN, SHARMAN G. Logistics alliances: The european experience [J]. The McKinsey Quarterly, 1994, 4 (1): 39-49.

[93] LAMBERT D. M., EMMELHAINZ M. A., GARDNER J. T. Building successful logistics partnerships [J]. Journal of Business Logistics, 1999, 20 (1): 165-181.

[94] LAWSON B., SAMSON D. Developing innovation capability in organizations: A dynamic capabilities approach [J]. International Journal of Innovation Management, 2001, 5 (3): 377-400.

[95] LAWSON B., TYLER B. B., COUSINS P. D. Antecedents and consequences of social capital on buyer performance improvement [J]. Journal of Operations Management, 2008, 26 (3): 446-460.

[96] LIEB R. C. The use of third-party logistics services by large American manufacturers [J]. Journal of Business Logistics, 1992 (13): 29-42.

[97] LIEB R., KENDRICK S. The use of third party logistics services by large american manufacturers, the 2002 survey [J]. Supply Chain Forum, 2002, 3 (2): 2-11.

[98] LOGAN M. S. Using agency theory to design successful outsourcing relationships [J]. International Journal of Logistics Management, 2000, 11

(2): 21-32.

[99] LUSCH R. F., VARGO S. Service-dominant logic: Continuing the evolution [J]. Journal of the Academy Marketing Science, 2008, 6 (1): 1-10.

[100] M. CANI TEST. Power and dependence perspectives on outsourcing decisions [J]. Eur. Manage. Journal, 2009 (27): 402-417.

[101] MALONI M. J., CARTER C. R. Opportunities for research in third-party logistics [J]. Transportation Journal, 2006, 45 (2): 23-38.

[102] MARASCO A. Third party logistics: A literature review [J]. The International Journal of Production Economics, 2008, 113 (1): 127-147.

[103] MARQUEZ A. C., BIANCHI C., GUPTA J. N. D. Operational and financial effectiveness of e-collaboration tools in supply chain integration [J]. European Journal of Operational Research, 2004, 159 (2): 348-363.

[104] MCGRATH R., SPARKS W. L. The importance of building social capital [J]. Quality Progress, 2005, 38 (22): 45-49.

[105] MCGINNIS M. A., KOHN J. W. Logistics strategy-revisited [J]. Journal of Business Logistics, 2002, 23 (2): 1-17.

[106] MENTZER J. T., MIN S., BOBBITT M. Toward a unified theory of logistics [J]. International Journal of Physical Distribution & Logistics Management, 2004, 34 (8): 606-627.

[107] MOORE K. R., Cunningham W. A. Social exchange behavior in logistics relationships: A shipper perspective [J]. International Journal of Physical Distribution & Logistics Management, 1999, 29 (4): 103-121.

[108] MORASH E. A., CLINTON S. R. Supply chain integration: Customer value through collaborative closeness versus operational excellence [J]. Journal of Marketing Theory and Practice, 1998, 6 (4): 104-120.

[109] MURPHY P. R., Poist R. F. Third-party logistics usage: An assessment of propositions based on previous research [J]. Transportation Journal, 1998, 37 (4): 26-35.

[110] MURPHY P. R., R. F. POIST. Third-party logistics: Some user

versus provider perspectives [J]. Journal of Business Logistics, 2000, 21 (1): 121-133.

[111] NAHAPIET J. , GHOSHAL S. Social capital, intellectual capital, and the organizational advantage [J]. Academy of Management Review, 1998, 23 (2): 242-266.

[112] NARASIMHAN R., KIM S. W. Effect of supply chain integration on the relationship between diversification and performance: Evidence from japanese and korean firms [J]. Journal of Operations Management, 2002 , 20 (3): 303-323.

[113] NASUTION H. N., MAVONDO F. T. Organisational capabilities: Antecedents and implications for customer value [J]. European Journal of Marketing, 2008, 42 (3/4): 477-501.

[114] NATHALIE FABBE-COSTES, MARIANNE JAHRE, CHRISTINE ROUSSAT. Supply chain integration: The role of logistics service providers [J]. International Journal of Productivity and Performance Management, 2008, 58 (1): 71-91.

[115] NICOLAI J. FOSS, KELD LAURSEN, TORBEN PEDERSEN. Linking customer interaction and innovation: The mediating role of new organizational practices [J]. Organization Science , 2011, 22 (4): 980-999.

[116] NGO L. V., O'CASS A. Creating value offerings via operant resource-based capabilities [J]. Industrial Marketing Management, 2009 (38): 45-59.

[117] NYAGA G. N., WHIPPLE J. M., LYNCH D. F. Examining supply chain relationships: Do buyer and supplier perspectives on collaborative relationships differ? [J]. Journal of Operations Management, 2010, 28 (2): 101-114.

[118] PANAYIDES P. Enhancing innovation capability through relationship management and implications for performance [J]. European Journal of Innovation Management, 2006, 9 (4): 466-483.

[119] PANAYIDES P. M. The impact of organizational learning on relationship orientation, logistics service effectiveness and performance [J]. Industrial Marketing Management, 2007, 36 (1): 68-80.

[120] PAGELL M. Understanding the factors that enable and inhibit the integration of operations, purchasing and logistics [J]. Journal of Operations Management, 2004, 22 (5): 459-487.

[121] PETERSEN K., HANDFIELD R., RAGATZ G. Supplier integration into new product development: Coordinating product, process, and supply chain design [J]. Journal of Operations Management, 2005, 23 (3/4): 371-388.

[122] PHILIP SELZNICK. TVA and the grass roots: A study in the sociology of formal organization [M]. Berkeley: University of California Press, 1949: 56-88.

[123] R. DUANE IRELAND, MICHAEL. A hitt, and deepa vaidyanathan alliance management as a source of competitive advantage [J]. Journal of Management , 2002 , 28 (3) : 413-446.

[124] R. GLENN RICHEY JR, HAOZHE CHEN, RAHUL UPRETI, et al. The moderating role of barriers on the relationship between drivers to supply chain integration and firm performance [J]. International Journal of Physical Distribution & Logistics Management, 2009, 39 (10): 826-840.

[125] RAGATZ G. L., HANDFIELD R. B., PETERSEN K. J. Benefits associated with supplier integration into new product development under conditions of technology uncertainty [J]. Journal of Business Research, 2002, 55 (5): 389-400.

[126] RAJESHA, PUGAZHENDHI, GANESH, et al. Perceptions of service providers and customers of key success factors of third-party logistics relationships-an empirical study [J]. International Journal of Logistics: Research and Application, 2011, 14 (7): 221-250.

[127] ROBIN VON HAARTMAN, LARS BENGTSSON. Supplier selection or collaboration? Determining factors of performance improvement when outsourcing manufacturing [J]. Journal of Purchasing and Supply Management, 2009, 15 (3): 143-153.

[128] RODRIGUES A., STANK T., LYNCH D. Linking strategy, struc-

ture, process, and performance in integrated logistics [J]. Journal of Business Logistics, 2004 (25): 65-94.

[129] ROSENZWEIG E. D., ROTH A. V., DEAN J. R. The influence of an integration strategy on competitive capabilities and business performance: An exploratory study of consumer products manufacturers [J]. Journal of Operations Management, 2003, 21 (4): 437-456.

[130] RUDOLF O. LARGE, NIKOLAI KRAMER, RAHEL KATHARINA HARTMANN. Customer-specific adaptation by providers and their perception of 3PL-relationship success [J]. International Journal of Physical Distribution & Logistics Management, 2011, 41 (9): 822-838.

[131] RUDOLF O. LARGE. Partner-specific adaptations, performance, satisfaction, and loyalty in third-party logistics relationships [J]. Logist. Res, 2011 (3): 37-47.

[132] SAEED K., MALHOTRA M., GROVER V. Examining the impact of inter-organizational systems on process efficiency and sourcing leverage in buyer Csupplier dyads [J]. Decision Sciences, 2005 (36): 365-396.

[133] SANDERS N., PREMUS R. Modeling the relationship between firm IT capability, collaboration, and performance [J]. Journal of Business Logistics, 2005 (26): 1-23.

[134] SAWHNEY R. Interplay between uncertainty and flexibility across the value chain: Towards a transformation model of manufacturing flexibility [J]. Journal of Operations Management, 2006, 24 (5): 476-493.

[135] SCANNELL T. V., VICKERY S. K., DROGE C. L. Upstream supply chain management and competitive performance in the automotive supply chain industry [J]. Journal of Business Logistics, 2000, 21 (1): 23-48.

[136] SELVIARIDIS K. SPRING M. Third party logistics: A literature review and research agenda [J]. International Journal of Logistics Management, 2007, 18 (1): 125-150.

[137] SELVIARIDIS K., SPRING M. The dynamics of business service

exchanges: Insights from logistics outsourcing [J]. Journal of Purchasing and Supply Management, 2010, 16 (3): 171-184.

[138] SIMONIN B. L. The importance of collaborative know-how: An empirical test of the learning organization [J]. Acad Manage J , 1997, 40 (5): 1150-1174.

[139] SMITH K. G. , CARROLL S. J. , ASHFORD S. J. Intra- and interorganizational cooperation: Toward a research agenda [J]. Acad Manage J, 1995, 38 (1): 7-23.

[140] SONG M., DI BENEDETTO C. A. Supplier's involvement and success of radicalnew product development in new ventures [J]. Journal of Operations Management, 2008, 26 (1): 1-22.

[141] STANK T. P., DAUGHERTY P. J., Ellinger A. E. Information exchange, responsiveness and logistics provider performance [J]. International Journal of Logistics Management, 1996, 7 (2): 43-57.

[142] STANK T. P., DAUGHERTY P. J. The impact of operating environment on the formation of co-operative logistics relationships [J]. Transportation Research: Part E, 1997, 33 (1): 53-65.

[143] STANK T. P., KELLER S. B., DAUGHERTY P. J. Supply chain collaboration and logistical service performance [J]. Journal of Business Logistics, 2001, 22 (1): 29-48.

[144] STANK T. P. T. , J. GOLDSBY S. K. VICKERY. Logistics service performance: Estimating its influence on market share [J]. Joumal of Business Logistics, 2003, 24 (1): 27-55.

[145] STEVEN S. , LUIYIN-YEE WONG, LIU W. Asset specificity roles in interfirm cooperation: Reducing opportunistic behavior or increasing cooperative behavior? [J]. Journal of Business Research, 2009 (62): 1214-1219.

[146] SWINK M., NARASIMHAN R., WANG C. Managing beyond the factory walls: Effects of four types of strategic integration on manufacturing plant per-

formance [J]. Journal of Operations Management, 2017, 25 (1): 148-164.

[147] TACO VAN DER VAART, DIRK PIETER VAN DONK, CRISTINA GIMENEZ. Modelling the integration - performance relationship: Collaborative practices, enablers and contextual factors [J]. International Journal of Operations & Production Management, 2012, 32 (9): 1043-1074.

[148] TIAN Y., ELLINGER A. E., CHEN H. Third-party logistics provider customer orientation and customer firm logistics improvement in China [J]. International Journal of Physical Distribution & Logistics Management, 2010, 40 (5): 356-376.

[149] TEECE D. J., PISANO G. , SHUEN A. Dynamic capabilities and strategic management [J]. Strategic Management Journal, 1997, 18 (7): 509-533.

[150] VALENTINAS NAVICKAS, LEILA SUJETA. The application of decision-making theory to increase the effectiveness of port logistics systems [J]. Economics and Management, 2012, 17 (2).

[151] VAN DER VALK, W. WYNSTRA F., AXELSSON B. An empirical investigation of interaction processes between buyers and sellers of business services [J]. IMP Journal, 2008, 2 (22): 3-24.

[152] VAN DER VAART T., VAN DONK D. A critical review of survey-based research in supply chain integration [J]. International Journal of Production Economics, 2008, 111 (42): 42-55.

[153] VAN DER VALK W., WYNSTRA F., AXELSSON B. Effective buyer-supplier interaction patterns in ongoing service exchange [J]. International Journal of Operations & Production Management, 2009, 29 (8): 807-833.

[154] VAN LAARHOVEN P., BERGLUND M., PETERS M. Third party logistics in Europe-five years later [J]. International Journal of Physical Distribution & Logistics Management, 2000, 30 (5): 425-442.

[155] VICKERY S. K., JAYARAM J., DOGE C. , et al. The effects of an integrative supply chain strategy on customer service and financial performance:

An analysis of direct versus indirect relationships [J]. Journal of Operations Management, 2003, 21 (5): 523-539.

[156] VICKERY S. K. C., DROGE T. P. STANK, T. J. GOLDSBY., et al. The performance implications of media richness in a business-to-business service environment: Direct versus indirect effects [J]. Management Science, 2004, 50 (8): 1106-1119.

[157] VILLENA V. H., REVILLA E., CHOY T. Y. The dark side of buyer-supplier relationships: A social capital perspective [J]. Journal of Operations Management, 2011, 29 (6): 851-863.

[158] WALLENBURG C. M. Innovation in logistics outsourcing relationships: Proactive improvement by logistics service providers as a driver of customer loyalty [J]. Journal of Supply Chain Management, 2009, 45 (2): 75-93.

[159] WALLENBURG C. M., LUKASSEN P. Proactive improvement of logistics service providers as driver of customer loyalty [J]. European Journal of Marketing, 2011, 45 (3): 438-454.

[160] WANG C. L., AHMED P. K. The development and validation of the organizational innovativeness construct using confirmatory factor analysis [J]. European Journal of Innovation Management, 2004, 7 (4): 303-313.

[161] WARD P., ZHOU H. Impact of information technology integration and lean/just in time practices on lead - time performance [J]. Decision Sciences, 2006, 37 (2): 177-203.

[162] WIEGMANS B. W., HEKKERT M., LANGSTRAAT M. Can innovations in rail freight transhipment be successful? [J]. Transport Reviews, 2007, 27 (1): 103-122.

[163] WIERCAEK A. The impact of supply chain integration on the snowball effect in the transmission of disruptions: An empiricalevaluation of the model [J]. International Journal of Production Economics, 2014 (157): 89-104.

[164] WOLFGANG U. Customer value in business markets: An agenda for inquiry [J]. Industrial Marketing Management, 2001, 30 (4): 315-319.

[165] WONG C. Y., BOON-ITT S., WONG C. W. The contingency effects of environmental uncertainty on the relationship between supply chain integration and operational performance [J]. Journal of Operations and Production Management, 2011, 29 (6): 604-615.

[166] WYNSTRA F., AXELSSON B., VAN DER VALK W. An application-based classification to understand buyer-supplier interaction in business services [J]. International Journal of Service Industry Management, 2006, 17 (5): 474-496.

[167] YAM R. C. M., LO W., TANG E. P. Y., et al. Analysis of sources of innovation, technological innovation capabilities, and performance: An empirical study of Hong Kong manufacturing industries [J]. Research Policy, 2011 (40): 391-402.

[168] ZEITHAML V. A. Consumer perceptions of price, quality, and value: A means-end model and synthesis of evidence [J]. The Journal of Marketing, 1988, 52 (3): 2-22.

[169] ZHAO X., HUO B., FLYNN B. B., et al. The impact of power and relationship commitment on the integration between manufacturers and customers in a supply chain [J]. Journal of Operations Management, 2008, 26 (3): 368-388.

[170] ZHAO X., HUO B., SELEN W. The impact of internal integration and relationship commitment on external integration [J]. Journal of Operations Management, 2011, 29 (1): 17-32.

[171] 包凌雁. 宁波谋求转型枢纽经济 [N]. 中国水运报, 2017-05-24 (007).

[172] 彼得·M. 布劳. 社会生活中的交换和权力 [M]. 李国武译. 北京: 商务印书馆, 2008.

[173] 边燕杰, 丘海雄. 企业的社会资本及其功效 [J]. 中国社会科学, 2000 (2): 87-99.

[174] 布尔迪厄. 文化资本与社会炼金术 [M]. 包亚明译. 上海: 上海人民出版社, 1997.

［175］蔡淑琴，梁静．供应链协同与信息共享的关联研究［J］．管理学报，2007（2）：157－162，179．

［176］曹智，霍宝锋，赵先德．供应链整合模式与全球视角［J］．科学与科学技术管理，2012，33（7）：44－52．

［177］陈李红，严新锋，高长春．客户价值创造的理论分析——基于消费者参与视角［J］．中国商论，2015（26）：94－97．

［178］陈正林，王或．供应链集成影响上市公司财务绩效的实证研究［J］．会计研究，2014（2）：49－56．

［179］戴冰．当代青年工作的价值导向研究［D］．上海：上海师范大学，2014．

［180］樊春，胡胜蓉，魏江．知识密集型服务企业与制造企业互动创新绩效影响因素的实证研究［J］．技术经济，2010，29（10）：12－18．

［181］范林根．基于客户价值创造的企业竞争战略模式研究［J］．现代管理科学，2014（4）：111－114．

［182］高志军，邵晴晴，朱卫平．第三方物流嵌入全球供应链的网络协调者作用［J］．企业经济，2019（5）：92－101．

［183］郭凤志．价值、价值观念、价值观概念辨析［J］．东北师范大学学报，2003（6）：41－46．

［184］郭劲光．网络嵌入：嵌入差异与嵌入绩效［J］．经济评论，2006（6）：24－30．

［185］国世平：粤港澳大湾区规划和全球定位［M］．广州：广东人民出版社，2018．

［186］韩莹，陈国宏．多重网络嵌入与产业集群知识共享关系研究［J］．科学学研究，2016，34（10）：1498－1506．

［187］胡宗良．企业创新的本质是价值创造［J］．经济纵横，2007（1）：68－70．

［188］霍宝锋，曹智，李丝雨．供应链内部整合与外部整合的匹配研究［J］．系统工程理论与实践，2016，36（2）：363－373．

［189］何黎明．2008 年中国物流发展特点与 2009 年展望［J］．中国物

流与采购，2009（2）：14-17.

［190］何明珂．服务于区域物流发展需要 服务于现代物流理论研究——评《湖南现代物流发展研究报告（1997—2005）》［J］．湖南商学院学报，2007（3）．

［191］胡查平．制造企业知识密集服务网络嵌入与企业绩效的关系——企业吸收能力的调节作用［J］．企业经济，2019（9）：5-13，2.

［192］贾生华，吴波，王承哲．资源依赖、关系质量对联盟绩效影响的实证研究［J］．科学学研究，2007，2（25）：334-339.

［193］简兆权，王晨，陈键宏．战略导向、动态能力与技术创新：环境不确定性的调节作用［J］．研究与发展管理，2015，27（2）：65-76.

［194］蒋晓荣，李随成．企业间关系承诺对信息分享的影响研究［J］．科技管理研究，2011（19）．

［195］雷超．基于价值分类的多品牌战略探析——以宝洁和欧莱雅集团为例［J］．发展，2014（2）：85-86.

［196］李虹．制造业与物流业联动发展对策分析［J］．生产力研究，2009（10）：103-106.

［197］李平，蒲晓敏，田善武．嵌入式创新范式研究［J］．管理评论，2019，31（7）：3-12.

［198］李国武，李璐．企业间合作关系研究的理论视角：述评与比较［J］．科学决策，2011（10）：78-94.

［199］李仉辉，康海燕．基于客户价值的零售企业竞争力体系探讨［J］．华东经济管理，2014，28（1）：143-146.

［200］李霞，王明杰．成都经济发展新思考：枢纽经济［J］．中共成都市委党校学报，2014（4）：79-82.

［201］李瑶，刘益，张钰．治理机制选择与创新绩效——交易持续时间的调节作用实证研究［J］．华东经济管理，2014，28（1）：103-107.

［202］梁娟，陈国宏．多重网络嵌入与集群企业知识创造绩效研究［J］．科学学研究，2015，33（1）：90-97.

［203］梁育民，邱雪情．发挥“一国两制”竞争优势，提升粤港澳大

湾区在全球价值链的地位［J］. 广东经济，2017（7）：55-58.

［204］林南．社会资本——关于社会结构与行动的理论［M］. 张磊译，上海：上海人民出版社，2005：15-18.

［205］林亚清，赵曙明．构建高层管理团队社会网络的人力资源实践、战略柔性与企业绩效——环境不确定性的调节作用［J］. 南开管理评论，2013，16（2）：4-15，35.

［206］刘丽文．供应链管理思想及其理论和方法的发展过程［J］. 管理科学学报，2003，6（2）：81-88.

［207］刘淑莲．企业价值评估与价值创造战略研究——两种价值模式与六大驱动因素［J］. 会计研究，2004（9）：67-71.

［208］刘志彪．基于制造业基础的现代生产者服务业发展［J］. 江苏行政学院学报，2006（5）：41-44.

［209］吕涛，聂锐．产业联动的内涵理论依据及表现形成［J］. 工业技术经济，2007，26（5）：2-4.

［210］罗珉．组织间关系：界面规则与治理机制［J］. 中国工业经济，2006（5）：87-95.

［211］罗珉．组织间关系理论最新研究视角探析［J］. 外国经济与管理，2007，29（1）：25-32.

［212］罗珉，李亮宇．互联网时代的商业模式创新：价值创造视角［J］. 中国工业经济，2015（1）：95-107.

［213］骆温平．第三方物流与供应链管理互动研究［M］. 北京：中国发展出版社，2007.

［214］骆温平，高永琳．多边视角的物流企业与制造企业联动机理［J］. 中国流通经济，2015，29（10）：1-6.

［215］骆温平．基于制造业与物流业联动分析的物流产业划分［J］. 企业经济，2015（5）：5-10.

［216］马迎贤．资源依赖理论的发展和贡献评析［J］. 甘肃社会科学，2005（1）：116-119，130.

［217］马迎贤．组织间关系：资源依赖视角的研究综述［J］. 管理评

论，2005，17（2）：55-62.

［218］彭本红．现代物流业与先进制造业的协同演化研究［J］．中国软科学，2009，增刊（上）：149-153.

［219］彭本红，冯良清．现代物流业与先进制造业的共生机理研究［J］．商业经济与管理，2010（1）：18-25.

［220］乔纳森·H. 特纳．社会学理论的结构［M］．邱泽奇，张茂元译．北京：华夏出版社，2008.

［221］邱泽奇．社会学是什么［M］．北京：北京大学出版社，2005.

［222］权明富，齐佳音，舒华英．客户价值评价指标体系设计［J］．南开管理评论，2004（3）：17-23.

［223］任浩，甄杰．管理学百年演进与创新：组织间关系的视角［J］．中国工业经济，2012（12）：89-101.

［224］日波．分工思想何以被忽略——以马歇尔为中心的思想史考察［J］．经济理论与经济管理，2012（1）：29.

［225］芮明杰，赵小芸．产业发展与结构转型研究——基于上海生产性服务业与先进制造业动态匹配研究［M］．上海：上海财经大学出版社，2012.

［226］邵兵家，邓之宏，李黎明．组织间关系形成的动因分析［J］．中国科技论坛，2005（3）：110-114.

［227］沈文装．物流业与制造业联动关系影响因素研究——基于物流企业的实证研究［D］．杭州：浙江工商大学，2014.

［228］宋波，赵良杰，徐飞．基于网络嵌入的战略性新兴产业新熊彼特式发展的动力学机制［J］．系统管理学报，2019，28（4）：615-624.

［229］宋娟娟，刘伟，高志军．物流服务供应链子网络间关系及其对集成商绩效的影响［J］．上海海事大学学报，2017，38（2）：39-45，65.

［230］孙慧．基于纵向联盟的港航物流一体化研究［D］．青岛：中国海洋大学，2012.

［231］孙帅，王悦，吕鸿江．客户价值创造视角的商业模式演进研究［J］．价值工程，2013，32（2）：6-8.

［232］汪鸣．国家三大战略与物流业发展机遇［J］．中国流通经济，2015（7）：5-9.

［233］王海萍．物流外包合作关系的理论框架［J］．研究经济问题探索，2012（1）：61-67.

［234］王坤庆．论价值、教育价值与价值教育［J］．华中师范大学学报（人文社会科学版），2003（4）：128-133.

［235］王琳．KIBS 企业——客户互动对服务创新绩效的作用机制研究［D］．杭州：浙江大学，2012.

［236］王鸣华．供应链整合对企业绿色创新影响实证研究——环境不确定性的调节作用［J］．商业经济研究，2017（16）：112-115.

［237］王先庆．粤港澳大湾区新解［J］．物流时代周刊，2007（10）.

［238］王佐．制造业与物流业联动发展的本源和创新［J］．中国流通经济，2009（2）：16-19.

［239］韦琦．制造业与物流业联动关系演化与实证分析［J］．中南财经政法大学学报，2011（1）：115-119.

［240］魏际刚．物流技术的创新选择和演进［J］．中国流通经济，2006（3）：8-11.

［241］文风，成龙，冯华．供应链整合跨度与强度二维互动演进机理研究［J］．重庆大学学报（社会科学版），2016（4）：81-87.

［242］吴剑峰，吕振艳．资源依赖、网络中心度与多方联盟构建——基于产业电子商务平台的实证研究［J］．管理学报，2007，4（4）：509-513.

［243］吴明隆．结构方程模型——AMOS 的操作与应用［M］．重庆：重庆大学出版社，2010.

［244］吴涛，李必强，海峰．供应链集成的新思路：管理界面集成［J］．中国管理科学，2003，11（3）：36-41.

［245］谢琍，戴君．基于供应链关系管理的中国第三方物流整合实证研究［J］．数理统计与管理，2014，33（1）：93-105.

［246］谢泗薪，侯蒙．“一带一路”战略架构下基于国际竞争力的物流发展模式创新［J］．中国流通经济，2015（8）：33-39.

[247] 熊伟，孙林岩，李一．供应商和客户参与对供应链绩效的影响，[J]．工业工程与管理，2014，19（2）：1-8.

[248] 徐光辉．从“价值创造”开始——论中国经济战略转型［J］．管理世界，2011（11）：1-11.

[249] 许德惠，李刚，孙林岩，等．环境不确定性、供应链整合与企业绩效关系的实证研究［J］．科研管理，2012，33（12）：40-49.

[250] 严兴全，周庭锐，李雁晨．信任、承诺、关系行为与关系绩效：卖方的视角［J］．管理学报，2010，7（7）：1032-1038.

[251] 严兴全，周庭锐，李雁晨．信任、承诺、关系行为与关系绩效：买方的视角［J］．管理评论，2011，23（3）：71-81.

[252] 闫玉荣．基于协同管理的物流纵向战略联盟构建及风险防控探讨［J］．河北能源职业技术学院学报，2016（4）：58-60.

[253] 杨建华，高卉杰，郭龙．横向物流联盟伙伴相似性、关系承诺与联盟绩效的关系研究［J］．软科学，2016（4）：60-64.

[254] 杨彤骥，杨红玉，王新海．关于客户价值创造的前置条件的研究［J］．情报杂志，2010，29（1）：203-207.

[255] 杨小国．环境不确定性下的供应链整合与企业绩效关系研究［D］．广州：广东外语外贸大学，2017.

[256] 姚士谋，于春．试论城市枢纽经济新的发展层面［J］．城市规划汇刊，2002（5）：17-19，24-79.

[257] 叶飞，徐学军．供应链伙伴关系间信任与关系承诺对信息共享与运营绩效的影响［J］．系统工程理论与实践，2009，29（8）：36-49.

[258] 易朝辉．网络嵌入、创业导向与新创企业绩效关系研究［J］．科研管理，2012，33（11）：105-115.

[259] 原毅军，刘浩．中国制造业服务外包与服务业劳动生产率的提升［J］．中国工业经济，2009（5）：67-76.

[260] 余长春．基于价值链的服务模块化价值创造机理研究［D］．南昌：江西财经大学，2012.

[261] 张红波．不确定环境下物流技术创新的决策机制——基于制造

业与物流业联动的视角［J］. 中国流通经济，2013（10）：40-46.

［262］张良卫．“一带一路”战略下的国际贸易与国际物流协同分析——以广东省为例［J］. 财经科学，2015（7）：81-88.

［263］赵丽，孙林岩，李刚，等．中国制造企业供应链整合与企业绩效的关系研究［J］. 管理工程学报，2011（3）：1-8.

［264］周丹，魏江．制造企业——知识型服务机构互动作用于运营绩效的机理研究［J］. 科研管理，2013，34（12）：8-16.

［265］周丹．制造企业——知识型服务机构互动、资源重构与绩效研究［D］. 杭州：浙江大学，2012.

［266］周国华．物流企业服务创新的影响因素研究［D］. 武汉：华中科技大学，2012.

［267］周健，李必强．供应链组织的复杂适应特征及其推论［J］. 运筹与管理，2004（4）：120-125.

［268］周叶，罗明，彭本红．基于生命周期的供应链绩效评价指标体系研究［J］. 中国管理科学，2007，15（1）：437-443.

［269］周向宇．生产服务业发展与制造业产业结构的升级［D］. 湘潭：湘潭大学，2007.

［270］周振华．产业融合：产业发展及经济增长的新动力［J］. 中国工业经济，2003（4）：46-52.

［271］詹姆斯·科尔曼．社会理论的基础［M］. 邓方译．北京：社会科学文献出版社，1990.

［272］朱海鹏，郑克俊，邹小平．基于商业生态系统的智慧物流产业园的构建研究——以珠海德昌顺智慧物流产业园为例［J］. 现代商业，2016（31）：17-19.

# 重要术语索引